优塾

科创沉思录

洞见科技产业估值逻辑

上海塔坚信息科技有限公司 / 著

图书在版编目（CIP）数据

科创沉思录：洞见科技产业估值逻辑 / 上海塔坚信息科技有限公司著 . —上海：上海科学技术文献出版社 ,2019（2024 .4重印）

ISBN 978-7-5439-8025-9

Ⅰ . ①科… Ⅱ . ①上… Ⅲ . ①高技术产业—估价—研究—中国 Ⅳ . ① F276.44

中国版本图书馆 CIP 数据核字 (2019) 第 249854 号

责任编辑：苏密娅

科创沉思录：洞见科技产业估值逻辑
KECHUANG CHENSILU: DONGJIAN KEJI CHANYE GUZHI LUOJI
上海塔坚信息科技有限公司　著
出版发行：上海科学技术文献出版社
地　　址：上海市长乐路 746 号
邮政编码：200040
经　　销：全国新华书店
印　　刷：河北环京美印刷有限公司
开　　本：889×1194　1/32
印　　张：13.5
字　　数：374 000
版　　次：2020 年 3 月第 1 版　2024 年 4 月第 2 次印刷
书　　号：ISBN 978-7-5439-8025-9
定　　价：198.00 元
http://www.sstlp.com

目 录

第一部分

半导体

中微半导体

高通、高盛、三星为何押下重注

天要研究的这家公司，最热的科创板公司之一，做的是半导体设备中的核心——蚀刻机，其技术实力不容小觑。

这家公司，是唯一一家出现在美国技术咨询委员会向美国总统提交的《确保美国半导体的长期领导地位》报告中的中国企业。它更是一手使美国打破《瓦森纳协议》，放弃“限制对华出口蚀刻设备”。

拿精细度来看，其主打产品已经做到7纳米(nm)，已经打入世界第一晶圆代工厂台湾积体电路制造股份有限公司（简称：台积电）的生产线。并且，从精细度来看，7nm并不是它的极限，它最低能做到5nm，已经不输于国际巨头拉姆研究（Lam Research)、应用材料(Applied Materials)。

其对标的公司，正是美国股市的蚀刻机超级巨头——拉姆研究（美国股市代码LRCX），大家可以感受一下它在美国股市的走势:

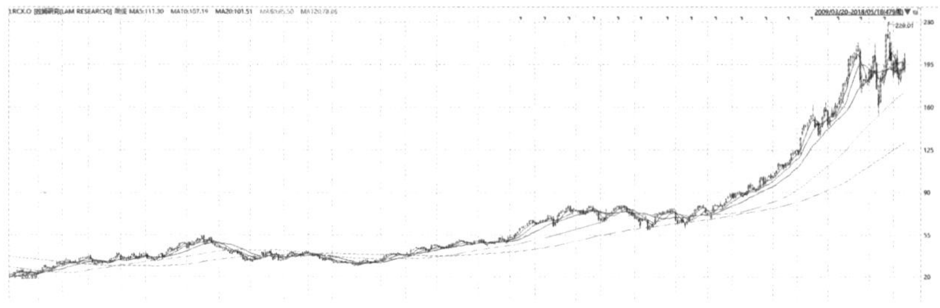

图1：拉姆研究股价图
来源：wind

而放眼A股，另一家做蚀刻机的公司——北方华创，技术还停留在28nm，只进入了中芯国际的生产线。

本案的名字，为中微半导体。可以说，它代表中国半导体设备技术的最高水平。翻看它的股东名单，也是极其豪华：高通、三星、高盛、国家集成电路大基金……

直接看数据：2016年至2018年，中微半导体营业收入分别为6.10亿元、9.72亿元、16.39亿元，净利润为-2.39亿元、0.30亿元、0.91亿元，经营活动现金流净额为-1.02亿元、-1.50亿元、2.61亿元，毛利率为42.52%、38.59%、35.50%，销售净利率为-39.18%、3.08%、5.54%。

注意，增速虽然很高，但净利率其实只有可怜的5.54%，净利润仅有0.91亿元，并且，如果考虑到中微半导体研发费用资本化的情况，扣除资本化的研发费用，其净利润为负数。

这样的财务数据，对应本次上市发行10%股权、募资10亿元来看，发行估值已经高达100亿元，单看PE，已经超过了100倍。好，数据研究到这里，几个值得深思的重要问题来了：

（1）蚀刻机这个半导体产业的细分领域，究竟是怎样的经营逻辑，为什么技术壁垒如此高？

（2）中微半导体是如何撕破技术垄断，从而成为国产龙头、中国半导体产业的希望火种？

（3）未来，中微半导体是否有可能追赶并超越行业内其他国际巨头公司？

（4）众所周知，科技类公司的估值，是整个估值体系中最难的领域之一。这个领域风险高、收益大，估值一旦出现偏差，分分钟就是几千万元，甚至上亿元的损失。本案，最重要的问题在于，中微半导体这样的公司，到底该怎样为其估值？如今100亿元的估值，到底是便宜了，还是贵了？

1

技术如此彪悍，到底如何炼成？

芯片的制造有三大核心环节：薄膜沉积、光刻、蚀刻。对应三大设备：MOCVD、光刻机、蚀刻机，这三大设备占芯片制造成本的70%以上。

其中，蚀刻是晶圆制造中至关重要的一步，其技术的高低直接决定了芯片制程的大小，并且在成本上仅次于光刻。

蚀刻技术，指的是在光刻工序后，利用化学及物理方法对晶圆表面进行选择性腐蚀或剥离，进而形成电路图形。简单讲，光刻机的作用相当于描摹，蚀刻相当于临摹雕刻。

20世纪60年代，蚀刻以“湿法工艺”为主，将硅片浸泡在可以与被蚀刻膜层反应的化学液体中，除去不需要的部分。

但是，液体有一个特点就是“各向同性”（isotropic etching），即化学制剂所接触到的表面所有方向以同样的速度蚀刻，导致蚀刻速度不可控，从而造成偏差。

80年代，美国最大的半导体设备公司——应用材料（美国股市代码AMAT），终于研发出新技术“干刻法工艺”，该方法具有较强的“各向异性”（anisotropic etching），能对晶圆进行微细的雕刻。

早期的干蚀刻，是利用电极板产生等离子对晶圆表面蚀刻，这种方法被称为电容性等离子蚀刻（CCP）。

1990年，历史上第一台基于ICP（等离子）的蚀刻机由拉姆研究提出，ICP由于能在低压下产生较高浓度的等离子体，成为新一代蚀刻机的发展方向。

90年代初期，半导体产业开始从日、美向韩国和中国台湾地区转移，全球半导体设备供应龙头应用材料、拉姆研究开始进入中国。但是，中国的芯片产业，才刚刚萌芽，国产芯片制造工艺整整落后国外巨头三代。

此时，中微半导体创始人尹志尧刚从拉姆研究跳槽到应用材料担任总经理，负责同一领域的研究开发工作。他曾被誉为“硅谷最有成就的华人之一”。

2004年，60岁的尹志尧看到了国内半导体的商机，随着芯片制造产业大规模向亚洲转移，其上游半导体设备工业有望由美国转战亚洲国家。

于是，尹志尧决定回国创业，带领着三十多人的团队，冲破美国政府的层层审查，所有的工艺配方、设计图纸都被美国没收，回国后一切从零开始，创办中微半导体。[1]

没有图纸，自主研发并没有这么容易。一台蚀刻机每年要刻1018百万万亿个又细又深的接触孔或线条，而且合格率要达到99.99%，其挑战难度之大可想而知。有人打了这样一个比方：蚀刻晶圆的精确度相当于建一条从北京连通上海的高铁，其轨道的高低误差不能超过1根头发丝。[2]

2005年，凭借多年的经验，中微研发出的第一台国产干法蚀刻机在中芯国际上线，成为中国在半导体设备研发领域的里程碑。2007年，中微又推出首台双反应台蚀刻机系列，每台设备能同时加工两片晶圆，为下游晶圆加工厂节约大约30%的成本。

然而，在蚀刻机准备进入台积电产线的时候，却遭到尹志尧的老雇主应用材料的起诉，但最终由于证据不足，以和解收场。

2015年，美国商务部在实地考察了中微半导体和中芯国际后，公告放弃“限制对华出口蚀刻设备”并通报《瓦森纳协议》。这一事件，标志着我国公司首次打破全球巨头在集成电路高端装备领域的封锁。

2016年，中微半导体成为国家集成电路产业投资基金的第一个投资项目，投资总额达到4.8亿元，通过几轮融资，包括高盛、高通、三星、科天投资在内的多家公司都成了中微半导体的投资者。

2018年，中微半导体自研7nm等离子蚀刻机通过台积电验证，成为首台进入台积电产线的国产半导体设备，而最先的苹果A11芯片和华为的麒麟970均使用的是10nm工艺。

2019年3月，中微半导体申报上交所科创板。

看到这里，你觉得中微半导体做对了什么？它凭什么能突破《瓦森纳协议》对华出口蚀刻机的限制？

2

到底怎么赚钱?

它主要做对了两件事：1. 钻研技术；2. 控制成本。

中微半导体成立于2004年，科创板第四批受理申报企业。第一大股东为上海创投，持股比率为20.02%，第二大股东巽鑫投资，持股比率为19.39%。第一大股东实控人为上海国资委，第二大股东实控人为国家集成电路产业投资基金股份有限公司。

两大股东持股比率较接近，无控股股东、无实际控制人。董事长及创始人持股比率较低，直接间接持股1.34%。

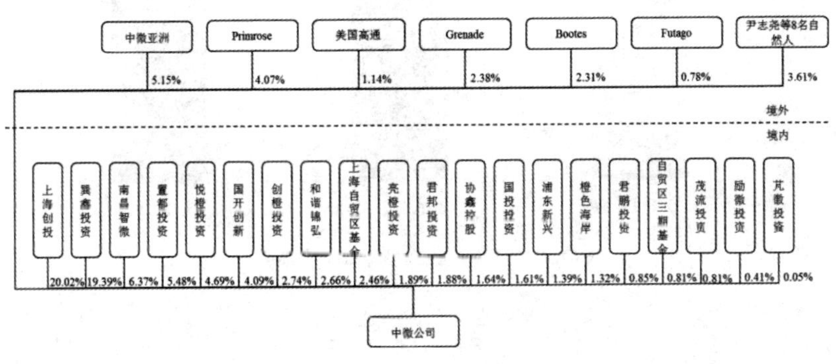

图2：股权结构图
来源：招股书

它业绩增速极快，三年营业收入复合增速为64%，净利润复合增速为118%。此外，需要注意的是，2018年其经营活动现金流量净额远高于净利润，主要是由于预收账款大幅增长，从2016年的0.02亿元增长至6.8亿元，是当期净利润的7倍。

从资产结构来看——2018年，其总资产规模为35.33亿元，其中占比最高的是存货（35.31%）、其次是货币资金（18.97%）、最次是应收账款及应收票据（14.57%）。注意，其开发支出占总资产比率较高，为9.18%。

其主营业务为：蚀刻设备、MOCVD设备及相关。其中，MOCVD设备增长较快，为营业收入主要来源（50.76%），而毛利的主要来源为蚀刻设备（46.18%）。

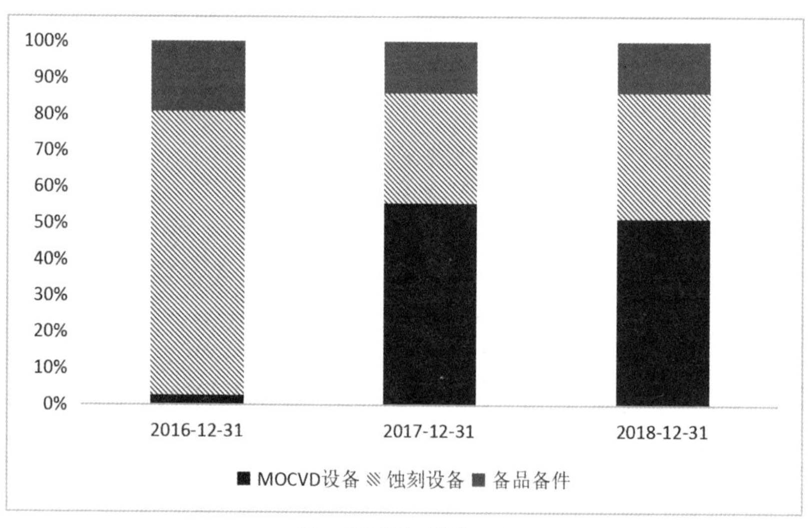

图3：收入结构（单位：%）
来源：并购优塾

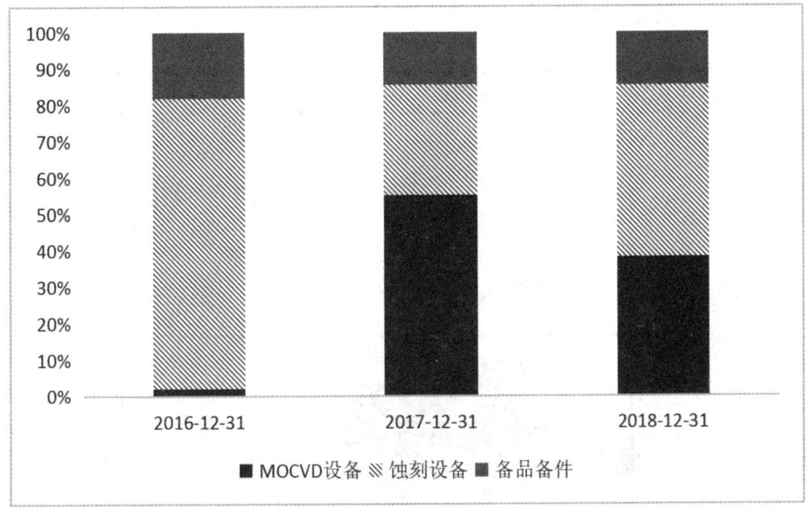

图4：毛利结构（单位：%）
来源：并购优塾

这两种设备，我们分别来研究：

蚀刻，是芯片制造的最关键步骤之一，其原理是利用物理和化学方法将硅片表面不需要材料去除。通常分为湿刻法和干刻法，前者利用化学试剂去除硅片表面材料，后者利用等离子轰炸硅片的方式将表面材料去除。其中，干刻法可控性和精确度更高。

（1）等离子蚀刻机，是利用干刻法蚀刻的加工设备。根据被蚀刻的材料不同，等离子蚀刻机又可以分为：电容性等离子蚀刻机、电感性等离子蚀刻机。

电容性等离子蚀刻机（CCP）——主要用于产生高能离子，在较硬的介质材料上（氧化硅、氮化硅、二氧化铪），蚀刻出高深度的结构。

电感性等离子蚀刻机（ICP）——主要用于产生能量较低和均匀的离

子较软的和较薄的材料（单晶硅、多晶硅）。

产品类别	图示	应用领域
电感性等离子体蚀刻设备		主要应用于在集成电路制造中单晶硅、多晶硅等材料的蚀刻
		主要应用于 CMOS 图像传感器、2.5D 芯片、3D 芯片和芯片切割等通孔及沟槽的蚀刻

表1：产品图
来源：招股书

（2）MOCVD设备——金属有机化合物薄膜沉积设备（Metal-organic Chemical Vapor Deposition)，将高纯度的金属或有机化合物相互作用后，在半导体晶片上形成一层超薄外延镀膜层，主要用于LED芯片制造。

由于外延膜层决定了LED光源性能和质量，因此MOCVD设备是LED芯片制造环节中最为昂贵的设备，几乎占据LED外延芯片成本的一半。

产品类别	图示	应用领域
MOCVD 设备		LED 外延片及功率器件生产

表2：产品图
来源：招股书

蚀刻设备的下游主要是集成电路制造商、半导体封测厂商，设备定制化程度高，因此毛利率最高，2016年至2018年毛利率分别为43.13%、38.37%、47.52%；

MOCVD设备的下游主要是LED芯片制造商，标准化程度相对较高，综合毛利率相对较低，2016年至2018年毛利率分别为33.82%、38.13%、26.33%。

要把半导体设备赛道研究明白，我们需要从整个半导体产业链的分析开始：

按照主要生产过程区分，半导体产业链可分为上游、中游、下游：

上游——为半导体材料和设备。其中半导体原材料包括硅片、光刻胶、靶材等；半导体设备包括光刻机、蚀刻机、薄膜沉积设备、离子注入机、测试机、分选机、探针台。

中游——为集成电路的制造。包括半导体芯片设计环节、晶圆加工制造环节和封装测试。

下游——为半导体应用领域。主要分为集成电路、光电子器件、分立器件和传感器等四大类终端应用，其中集成电路为主要应用终端，占比为84%，其次为光电子器件，占比9%。

来看各环节的价值链分配情况：上游代表企业有：1.光刻机：阿斯麦（毛利率45%）；2.蚀刻机：中微半导体（毛利率47%；3.薄膜沉积设备：东京电子（毛利率42%）。

集成电路芯片成本结构中，晶圆制造设备占比最大，为81%。并且，该赛道技术壁垒最高，CR10市场份额接近80%，呈现寡头垄断局面，据SEMI统计，中国大陆半导体设备厂商只占全球份额的1%至2%。

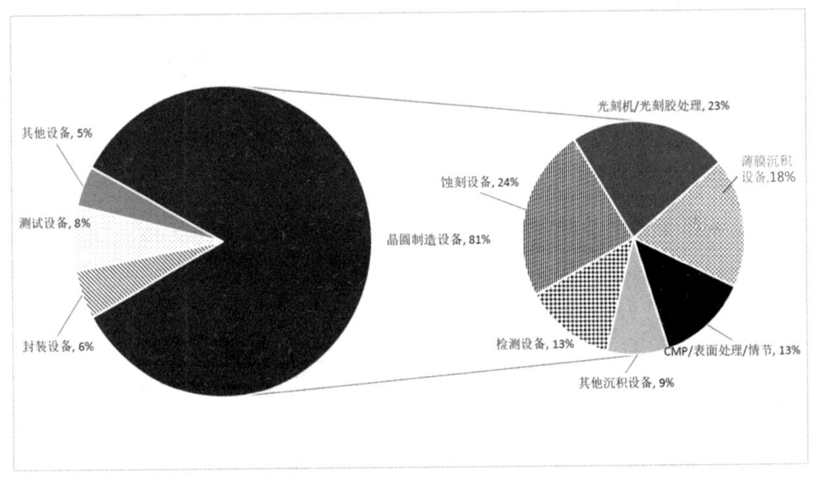

图5：蚀刻设备占半导体设备成本比（单位：%）
来源：招股书

中游代表企业有：1.芯片设计：美国高通（毛利率55%）；2.代工制造厂：台积电（毛利率48%）；3.封测：日月光（毛利率：20%）。

中游呈现明显的头部效应，比如台积电代工制造业务全球市场占有率高达60%，另外封测行业的进入壁垒较低，国产化率较高。

半导体下游应用范围较广：主要应用场景有智能手机，代表企业有苹果（毛利率38%）；安防监控，代表企业有海康威视（毛利率44%）。

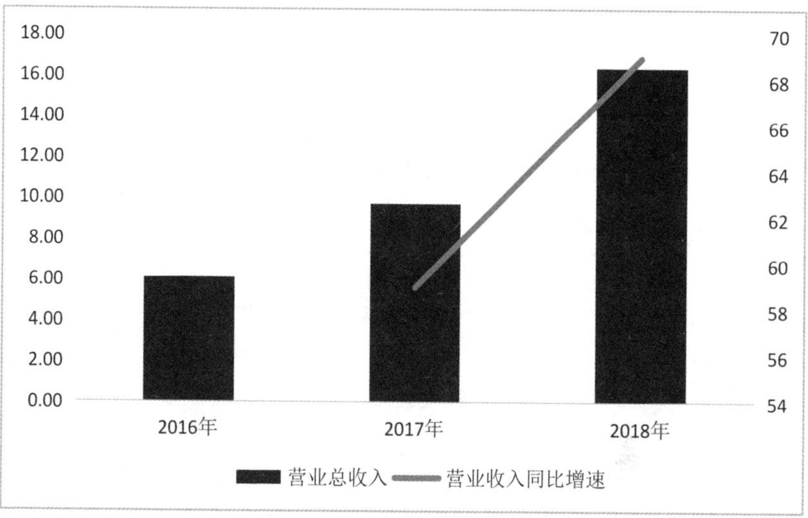

图6：营业收入及增速（单位：左：亿元、右：%）
来源：并购优塾

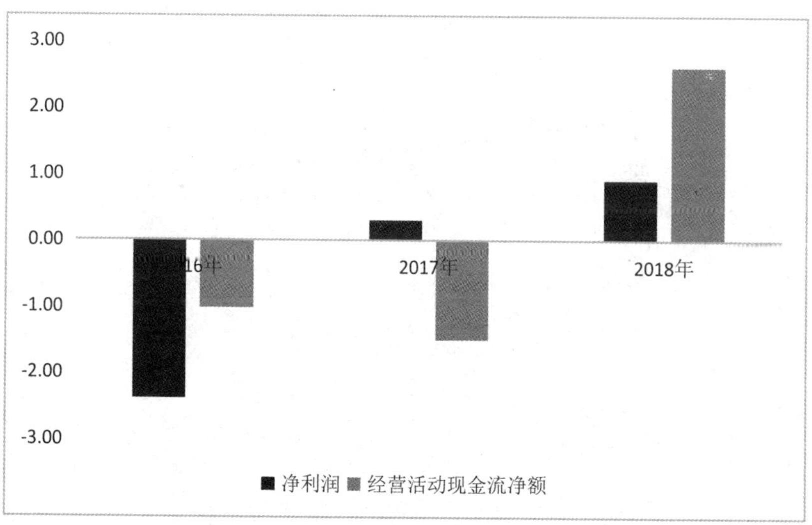

图7：净利润、经营活动现金流净额（单位：亿元）
来源：并购优塾

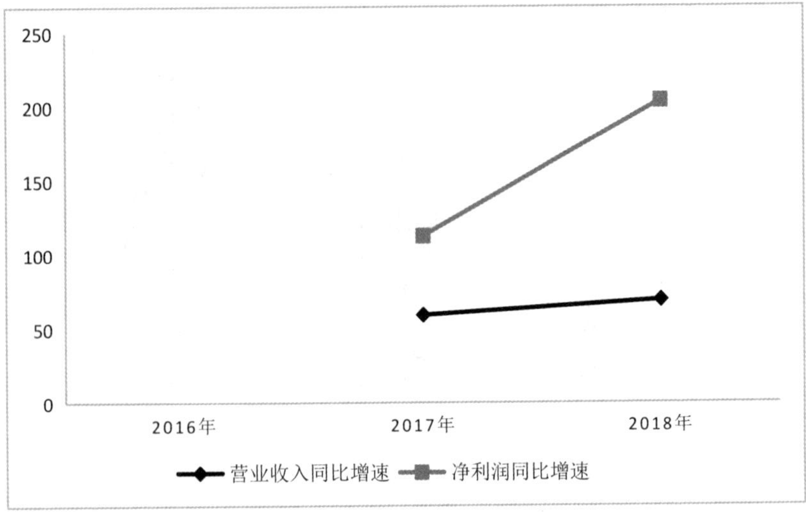

图8：营业收入增速、净利润增速（单位：%）
来源：并购优塾

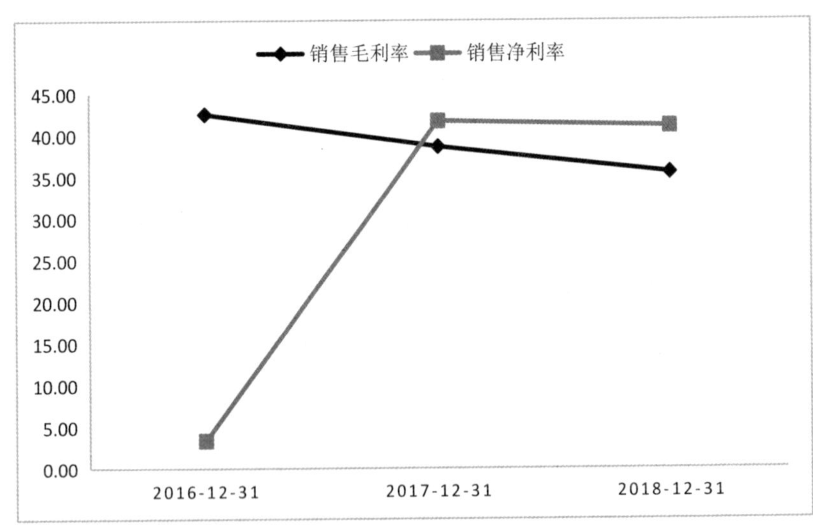

图9：销售净利率、销售毛利率（单位：%）
来源：并购优塾

中微半导体，位于半导体产业链上游的设备赛道。中微的商业模式大致可分为四步：研发——签署客户订单——生产——销售。

产业链分析完，接下来，如果你是中微半导体的老板，在半导体设备制造赛道，你会从什么核心护城河上开始突破？

3

研发 投资

当然是技术。中微半导体主要业务是电容等离子蚀刻设备（CCP）和电感等离子体蚀刻设备（ICP），这是蚀刻机的两种技术流派。

先看CCP（Capacitance Couple Plasma），其原理是两块平行的电容极板，通过电场加速放电，产生两个电极和等离子体，两块极板顶部通过高压释放高能离子，底部释放低能离子来蚀刻硅片表面材料。

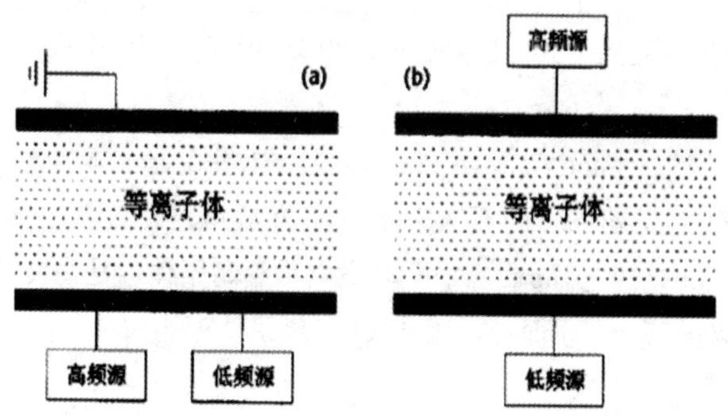

图10：双频容性耦合等离子体源示意图
来源：百度文库

其特点为能够实现上下两块电容极板的独立控制。但是，CCP电容等离子当两块电源频率接近时，双频放电会产生较强的非线性作用，导致等离子浓度不均匀。

所以，CCP蚀刻技术会导致硅片表面粗糙或底层损伤。因此，主要用于蚀刻硬度高、需要高能量离子反应蚀刻的介质和金属材料。

目前，其技术主流代表企业为东京电子（TEL），市场份额为54%，其次为拉姆研究（40%），中微半导体排名第三，市占率为3%，市场前两大巨头市占率为94%。

	2014	2015	2016
Tokyo Electron	1207.8	985.7	1365.0
Lam Research	514.5	848.4	1023.2
AMEC	53	59	64
Mattson Technology	73.9	54.4	62.5
Applied Materials	18	16.8	11.8

表3：全球CCP电容型介质等离子体蚀刻设备公司排名（百万美元）
来源：国泰君安

在CCP技术之后，ICP技术解决了CCP均匀性不高的问题。

ICP（Inductance Couple Plasma），电感等离子体蚀刻，是通过电流线圈缠绕充满气体的石英玻璃管进行放电产生等离子体；TCP，transform couple plasma，平面盘绕电感等离子体，是在ICP基础上将感应线圈放置在一个平面内，因此TCP的离子体更均匀。

ICP较CCP技术要求更高，相比电容性放电，电感能够在低压下产生更高密度、更均匀的等离子体，对晶圆的伤害较小，不仅能够蚀刻介质，更能够蚀刻难度最高的硅材料。

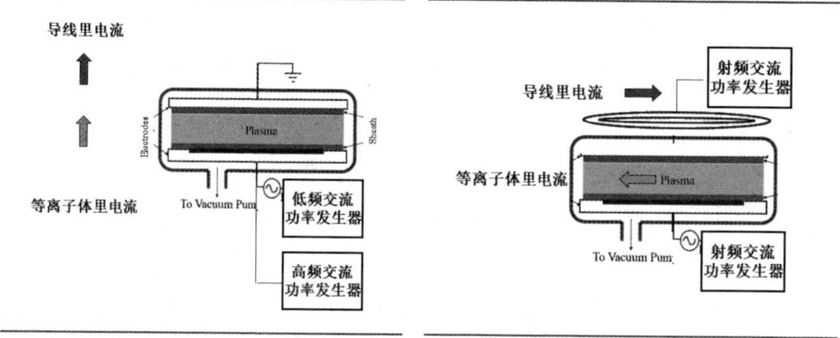

图11：两种设备原理
来源：招股书

目前，国内仅有两家能够生产出ICP设备，一个是北方华创的NMC612D，另一个就是中微半导体的Primo nanova高端系列。

研发水平的高低，在财报上最直观的体现就是研发投入有多大，2016年至2018年，中微半导体研发支出分别为3.02亿元、3.3亿元、4.04亿元，占收入比率分别为49.62%、34%、24.65%。

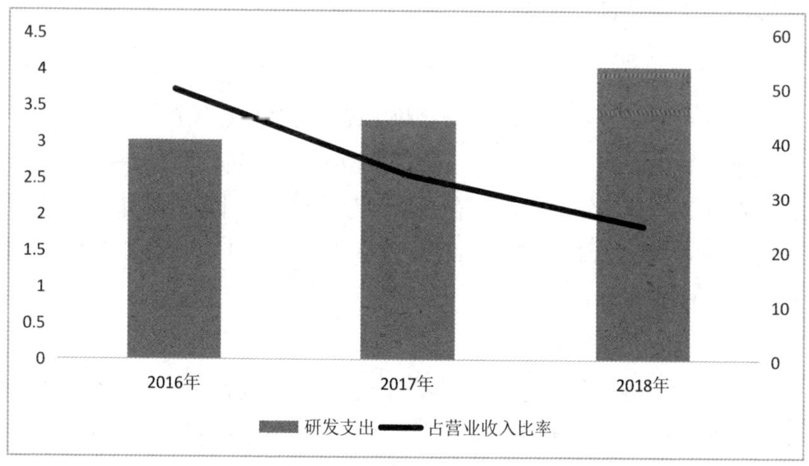

图12：研发支出、研发占收入比率（单位：左：亿元、右：%）
来源：并购优塾

2017年至2018年，中微半导体的研发资本化支出分别为1.62亿元、3.24亿元，资本化比率分别为高达31.53%、47.94%，是净利润的5.4倍、3.56倍。

高额的研发是行业特点吗？我们来对比同行业来看：

应用材料（AMAT）——2016年至2018年研发支出为15.40亿美元、17.74亿美元、20.19亿美元，占营业收入的比率为：14.23%、12.20%、11.70%，无资本化；

拉姆研究（LAM）——2016年至2018年研发支出为9.14亿美元、10.34亿美元、11.90亿美元，占营业收入的比率为：15.52%、12.90%、10.74%，无资本化；

北方华创——2016年至2017年研发支出为7.58亿元、7.36亿元，占营业收入比率为46.72%、33.13%，资本化比率为22.82%、51.55%，资本化支出是净利润的2.57倍、2.27倍。

从研发支出上来看，北方华创和中微半导体的研发投入的绝对值远不及全球龙头厂商，但从占比来看，中微半导体的研发投入占营业收入比率最高。但高研发的背后，存在的问题是研发资本化比率非常高，假如扣除资本化支出后，净利润就亏了。当然，对于技术要求极高的领域，资本化处理也能理解。

研发费用资本化，这个地方我们此前多次提及，也是中美会计准则中的一个重要差异，考虑到研发费用资本化的界定标准存在一定的主观因素，因此，此处如果大家做实地调研，需要关注。

研发投入了这么多，那么，中微半导体和国际巨头之间的差距到底有多少呢？

4

差距在哪儿?

芯片制造最核心的指标就是制程，即精细度（单位：nm）。两台机器差别有多大，通过其蚀刻最大制程对比就一目了然：

北方华创NMC612D——其最大芯片制程为28nm，该设备已进入中芯国际生产线；

中微半导体的Primo nanova——涵盖14nm、7nm、到5nm尺寸的蚀刻应用，其中7nm已进入台积电生产线。而5nm的精细度已经与国际巨头目前设备水平一致。

研究了这么多，看起来，中微半导体与国际巨头的差距似乎没多少，但事实上，技术的差距并没有这么乐观。

这样的精细程度，并不是应用于所有的材料。目前，干法蚀刻根据被蚀刻的材料类型来分类，分为三种：金属蚀刻、介质蚀刻和硅蚀刻。

金属蚀刻，主要用于连接形成集成电路各个金属部件；介质蚀刻，是在绝缘材料上将半导体器件中导电部分分隔开；硅蚀刻，主要用于去除不需要的硅材料。

其中，硅蚀刻的难度最大，其为底层电路结构的雕刻，是蚀刻工艺中最重要的部分，硅材料蚀刻是对晶体管的刻蚀，其工艺直接定义半导体芯片的制程。因此，我们重点来看硅蚀刻，硅蚀刻的技术难度如何，我们用硅材料对蚀刻的选择比（Highly selective etch）这个指标来看。

举个例子，一个晶圆上有多层材料堆叠构成，只蚀刻上面一层材料（材料1），而同时保证下层材料（材料2）不被蚀刻。材料1与材料2的蚀刻速度的比率称为“选择比”，选择比越高，技术工艺要求越高。

金属蚀刻选择比最低，在4:1到20:1之间，其次是介质蚀刻，在20:1到50:1之间，而对于硅蚀刻，由于多晶硅栅、浅槽隔离等尺寸极小，故精度要求极高，选择比要达到150:1左右。

	金属蚀刻	介质蚀刻	硅蚀刻
选择比	掩蔽层（大于4：1）； 层间介质（大于20：1）	20：1至50：1	高达150：1

表4：选择比对比
来源：并购优塾

原子层蚀刻（ALE）是目前硅蚀刻技术最先进的技术，这种技术能够实现定向蚀刻（仅在一个方向）或各向同行蚀刻（所有方向上），其选择比最高。

目前，全球仅龙头公司拉姆研究的硅材料ALE技术（Kiyo和Flex）设备具有最新ALE定向技术。中微半导体设备仍处于介质蚀刻阶段，还没能达到硅蚀刻的地步。从全球市场占有率来看，拉姆研究独占市场，其占蚀刻市场的55%，是东京电子（20%）、应用材料（19%）的两倍多。

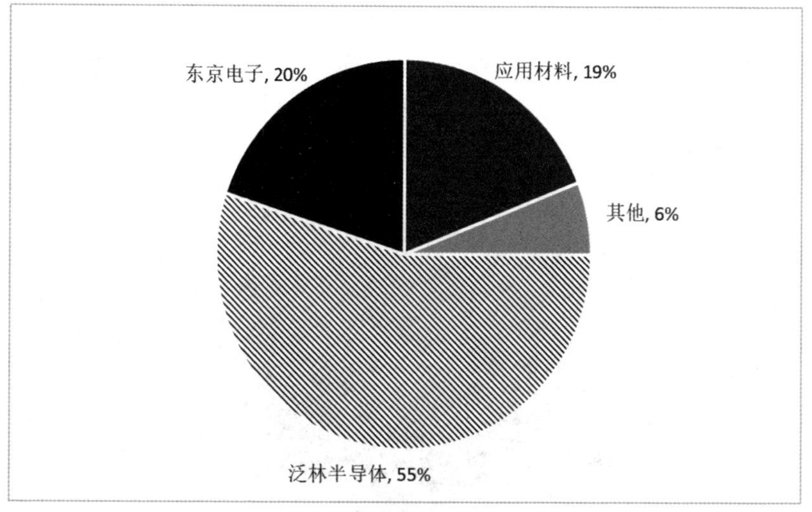

图13：2017年全球蚀刻设备市场份额分布情况
来源：华泰证券

因此，中微半导体（市场占有率3%）虽然是国内龙头，但是比起全球巨头，还有一定差距。

那么，面对这样的技术差距，中微半导体怎么做才可能后来居上呢？

5

能否追赶上巨头?

技术上既然没法短期超越，那只能控制成本。但此处的控制成本不仅是控制自己的成本，还有帮助下游控制成本。

首先，先看为下游控成本。2007年，中微推出“Primo D-RIE”双反应台蚀刻机系列，每台设备系统能够装置两个反应台，每个反应台同时对晶圆蚀刻。双反应台的单位投资产出比率比同类设备提高30%以上，并能使晶圆加工成本降低20%至40%。

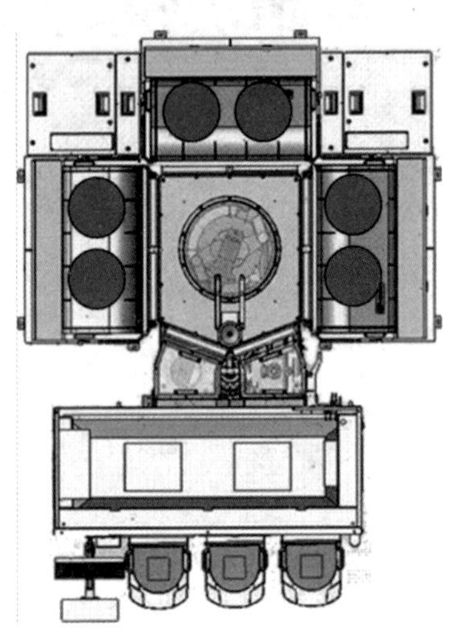

图14：双反应台蚀刻机
来源：招股书

也就是说，使用中微半导体的设备，单位生产效率更高，成本更低。为下游控成本这种做法，拉姆研究也有先例。

2011年，拉姆研究收购诺发系统，基于自身的蚀刻技术，再结合诺发系统的薄膜沉积技术，前后配合统一解决工艺问题，为下游客户节省制造成本。收购完成后，拉姆的设备销量爆发，营业收入增速从20%上升至30%。

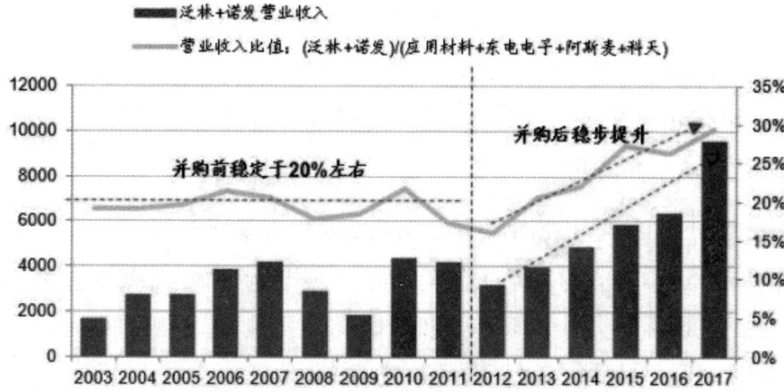

图15：拉姆研究营业收入及增速（单位：左：百万美元、右：%）
来源：广发证券

注意，这是一个非常关键的调研点，做调研的过程中，可以访谈管理层双反应台蚀刻机的技术门槛，以及未来升级的方向。此外，在帮助下游节省成本方面还有没有其他产品设想，一旦有新东西出来，业绩爆发概率大。

其次，再看控制自身的成本。当自身成本下降后，产品才有降价空间，从总成本和费用来看，研发支出是最大的部分，而研发中主要为研发员工工资，占比分别为40.46%、46.20%、36.03%。

但注意，这个地方，其实中微半导体对比美国股市的拉姆研究，有一个非常明显的优势。根据招股书，中微核心技术人员工资大约在200万元左右，创始人尹志尧年薪为278.3万元。

对比拉姆研究，根据世界薪水网统计，拉姆研究员工收入在全球科技公司中排名第八，导体工程师年薪最高可达78万美元（折合人民币约558.5万元），大约为中微同级别工程师年薪的5倍。尹志尧在采访中透露，中微半导体核心技术人员平均薪酬是美国一半左右，最低达到1/5。

研究到这里，中微半导体能够从高产出设备技术+工程师红利两方面下手，缩小与巨头之间的差距。因此，从长远来看，中微在技术上，存在追赶国际巨头的可能性。同时，很多人可能要说：中国薪资比美国低，无法吸引世界顶尖的工程师，技术如何追赶？

提出这样的问题，意味着对技术护城河的理解不够深。根据之前优塾投研团队对技术类公司的研究，对于很多高科技领域来说，比如医药研发、半导体，所谓的技术护城河，实际上基本等同于研发团队带头人的水平。比如，一个医院里某个科室的水平如何、一家医药公司研发水平如何、一家私募基金的投研水平如何，基本上和学科带头人有很大关系。

因为，在这些赛道里，是典型的“知识密集型”行业。一个拥有核心技术的带头人，胜过一百个没有核心技术的工程师。同时，这样的学科带头人大都知道如何建设投研团队，如何将不具备核心技术的工程师，通过培训让其成为未来的学科带头人，甚至超越自己。

因而，本案的技术护城河，基本上是看创始人尹志尧的研究能力和过往经历。而在这样的情况下，只要学科带头人研发能力够强，自然能够以较低的薪资待遇，招到适合的人。而反之，如果学科带头人不具备核心研发能力，即便高价外聘，也未必能把事情做好。

回到本案，在接受访谈时，尹志平谈到中微半导体与国际巨头公司竞争时，提到的两点核心就是：（1）提高下游效率，通过双台机提高30%至50%芯片输出量；（2）用一半的成本开发同品质设备。

本案看到这里，技术逻辑、研发实力，以及未来发展方向已经梳理清楚，接下来需要做的就是：接订单。

6

预判业绩的核心：预收款

中微半导体的销售主要采用定制化、以销定产的模式。即先收取部分“预收款”，等到产品交付验收后，再收取尾款。也就是说，其预收款的情况，能够反映其在手订单，也意味着未来业绩的确定性高低。

具有同类财务特征的赛道，还有定制家居（欧派家居）、服装（安踏体育）、软件（恒生电子）、军工（内蒙古第一机械）等。

2016年至2018年，中微半导体的预收账款分别为0.02亿元、3.7亿元、6.8亿元，占营业收入比率分别为0.27%、38.09%、41.47%，2018年预收账款猛增，增幅高达339%。

预收大幅上升，主要是由于蚀刻设备和MOCVD设备订单都出现上升。2016年至2018年，MOCVD设备销量分别为3腔、57腔、106腔，增幅为494%，蚀刻设备销量分别为56腔、33腔、71腔，增幅为13%。

产品	项目	2016年	2017年	2018年	合计
蚀刻设备	产量（腔）	75	50	95	220
	销量（腔）	56	33	71	160
MOCVD	产量（腔）	6	106	136	248
	销量（腔）	3	57	106	166

表5：蚀刻设备、MOCVD设备产销量分析
来源：招股书

不知大家有没有注意到一个细节，两种设备的历史增长规律不同，MOCVD每年稳定增长，而蚀刻设备却在2017年销量下滑41%？

这是因为不同的下游导致。MOCVD的下游为LED产业，LED产业由于补贴的因素，产业向中国大陆转移的进程加速，增长比较稳定。

蚀刻设备的下游为晶圆制造，晶圆加工产业厂商集中度较高，台积电一家占据了60%的市场份额，因此，蚀刻设备的增速，一定程度上受台积电、三星等晶圆制造厂资本支出的影响。

2016年，半导体行业销售规模增速触底，导致台积电、三星等晶圆代工厂对2017年需求端的预判过于谨慎，2017年，台积电资本性支出增速由27%下降至1%，受下游资本性支出下降影响，中微半导体的蚀刻设备销量下滑。

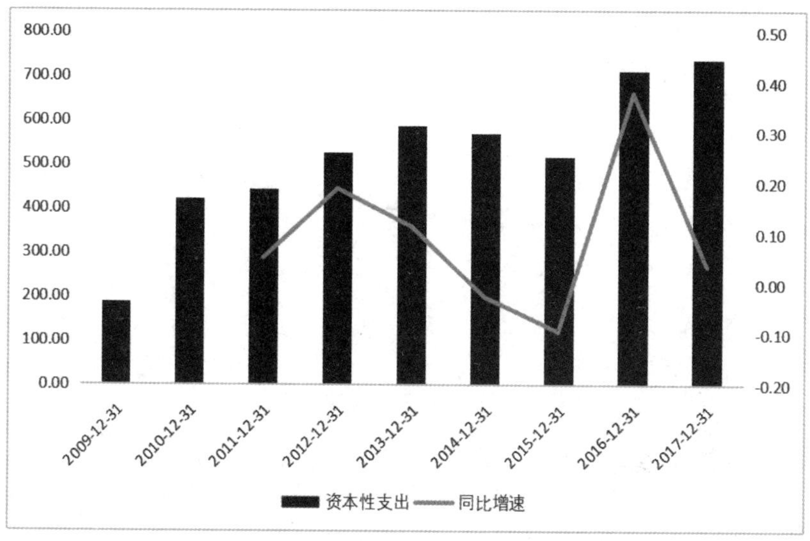

图16：台积电资本性支出及同比增速（单位：左：亿元、右：%）
来源：并购优塾

2018年，集成电路制造商投资持续大幅增加，中国大陆半导体迎来建厂潮。2018年中国大陆半导体设备销量增速达40%以上，受晶圆厂爆发影响，蚀刻设备销量大增。

那么，我们接下来要思考的是：未来其订单量的驱动力是否强劲呢？

芯片根据摩尔定律发展，半导体芯片的器件结构尺寸不断缩小，因此蚀刻设备的发展趋势为：

（1）芯片级别细微度越来越高；（2）集成电路由2D向3D发展。

随着基础半导体材料的物理限制突显，制造芯片的固定成本会变得越来越高，对上游半导体设备的投资占比将会不断加大，对制程要求更高。具体来看，一条90nm制程的晶圆生产线的成本是20亿美元，20nm的成本是67亿美元，其中半导体设备在90nm产线中设备支出占到70%，在20nm制程中占到85%。

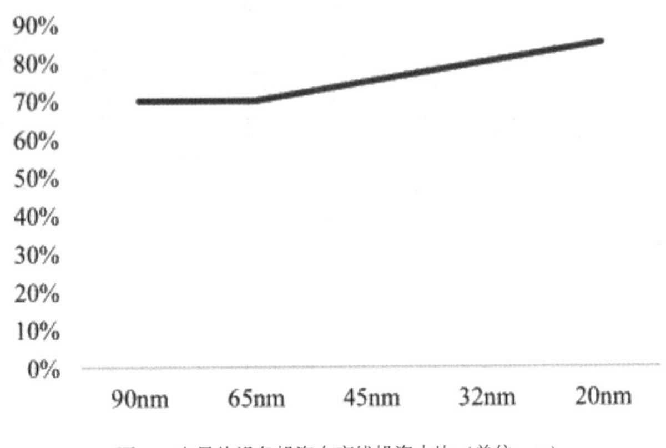

图17：半导体设备投资在产线投资占比（单位：%）
来源：并购优塾

因此，半导体设备的行业天花板会随着制程精细程度的提升而不断提升。也就是说，只要中微半导体能够维持技术领先，收入增长的确定性就会很高。

其实，这也是中微半导体能够使美国放开蚀刻机出口限制的原因——在技术差距不大的情况下，一旦美国禁止其国内蚀刻机出口，会倒逼晶圆代工厂采购国产设备，反过来将会大幅侵蚀美国半导体设备厂商的营业收入增速。

预收款到位，接下来就到了生产过程。设备的制造过程中，有没有什么核心是企业必须牢牢抓在手里的呢？

7

到底什么是核心?

先看原材料，制造一台蚀刻设备，成本率大约在60%至65%左右，其中占比最高的就是原材料，约占全部成本的95%。蚀刻机涉及原材料零部件繁多，主要分为机械类、电器类、机电一体类等八大类部件。其中，机械类及气体输送系统类占比较高，占原材料采购总额的39.45%。但机械类下主要零部件包括9项以上主要零部件，所以下表中无法看出原材料中最重要的零部件。

原材料类别	主要零部件
机械类	反应腔体、运输腔体、设备支撑架、钣金外壳、碳化硅淋浴头上电极、陶瓷镀膜上电极、静电吸盘下电极、石墨托盘、壳体外箱等
电器类	可编程控制器、I/O 模块、AC 模块、DC 模块、工业电脑、可编程控制电源、加热器、配电柜，线束等
机电一体类	机械手、陶瓷转轮、消防报警灭火装置、温控测量系统、进出口风阀等
气体输送系统类	气柜、焊接件等
真空系统类	干泵、分子泵、真空阀、传输阀门等
传感器类	光电传感器、压力传感器、温度传感器等
仪器仪表类	气体流量计、压力控制器等
气动系统类	电磁阀、接头等

表6：蚀刻设备所需原材料
来源：招股书

从供应商结构来看，中微半导体原材料供应商高达350家，其每年前五大供应商都不固定，主要包括超科林微电子设备、ADMAP INC.、万机仪器、靖江先锋半导体、昂坤视觉、安泰科技、ShinkoElectric IndustriesCo.,Ltd.、Pearl Kogyo Co.,Ltd、Rorze Corporation等9家供应商，前五大占采购总额的分别为31.29%、35.07%及34.63%，近3年占比较稳定。

再来看看它对上游的话语权，2016年至2018年，预付账款分别为0.07亿元、0.06亿元、0.2亿元，占采购成本的比率为2%、1%、1.89%，占比较低说明对上游原材料不存在依赖。

此外，再来通过财报上的“应付账款”感受一下中微半导体的话语权：

2016年至2018年，中微半导体的应付账款分别为1.47亿元、4.46亿元、4.37亿元，占成本的比率为42%、75%、41%，应付账款周转天数分别为151.43天、178.95天、150.34天。

对比一下同行业其他3家公司应付账款是什么水平？

拉姆研究——2016年至2018年应付账款及票据分别为3.48亿美元、4.65亿美元、5.11亿美元，占成本的比率分别为11%、11%、9%，应付账款周转天数分别为38.90天、38.45天、31.55天；

应用材料——2016年至2018年应付账款及票据分别为8.13亿美元、9.45亿美元、9.96亿美元，占成本的比率分别为13%、12%、11%，应付账款周转天数分别为47.00天、43.09天、38.53天；

北方华创——2016年至2017年应付账款分别为5.97亿元、9.47亿元，占成本的比率分别为61%、67%，应付账款周转天数分别为165.24天、197.2天。

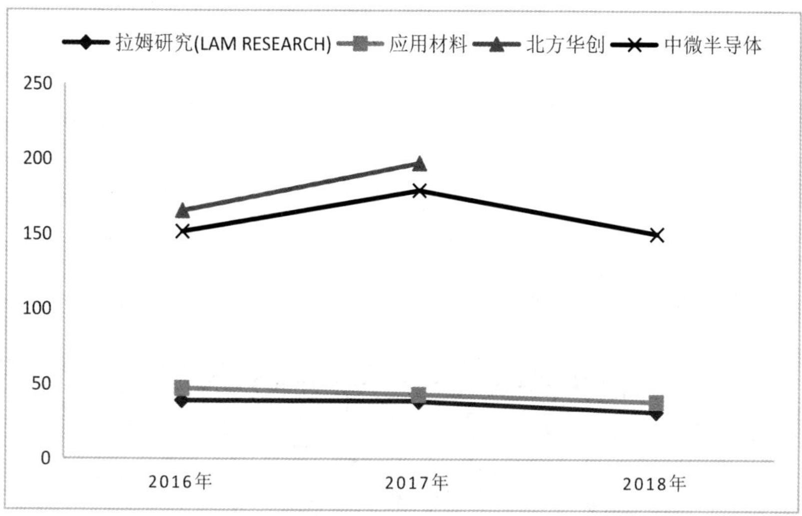

图18：3家公司应付账款周转天数（单位：天）
来源：并购优塾

对比来看，国内两家设备商对上游的话语权更强。

我们再拿另一个赛道——光刻机巨头阿斯麦（ASML）的供应商做对比。日本一桥大学创新研究中心教授中马宏之，曾对日本微影双雄尼康与佳能的败因深入检讨。他在研究论文指出，ASML微影机台有90%以上零件向外采购，这一比率远高于竞争对手尼康和佳能，“这种独特的采购策略，是ASML成为市场领导者的关键”。[2]

很显然，上游零部件对设备商来说，其实并不是最核心的地方，那制造过程中，还有什么是关键呢？

答案：设备专利。2004年尹志尧回国，并且经过了美方的再三确认，没有带任何一张图纸，此前，我国的蚀刻机领域一片空白，但仅仅一年后，2005年，中微半导体就制成了蚀刻设备。仅此一个细节，研发实力已经毋庸置疑。

蚀刻设备一研发上市，中微半导体与巨头公司的专利战就开始了：

2007年，美国应用材料起诉中微半导体使用其商业机密开发了设备，要求停止侵权并赔偿；

2009年1月，拉姆研究起诉中微的Primo D-RIE的等离子体蚀刻机侵害它在中国台湾地区的专利；

2017年，美国维科起诉中微半导体MOCVD设备的晶圆承载器(石墨托盘)侵犯了其专利。

三次专利起诉均以和解告终，但是竞争对手轮番起诉也证明了设备专利的重要性。也就是说，在设备这个领域，单一的某个部件并不是核心，设备专利才是核心。但设备专利，除了自主研发，还能够通过并购获取，参照美国股市巨头拉姆研究，就是通过“自主研发+并购驱动”的产业发展逻辑成为蚀刻设备行业巨头。

拉姆研究自身蚀刻技术处于行业领先地位，自1997年以来共发生过6次重大并购，并且并购标的与自身业务基本没有重叠，通过收购拓展新业务，增强其平台属性。

并且，除了拉姆研究，此前我们研究过的设备领域的另一家公司、锂电池设备龙头——先导智能，也是通过并购泰坦新能源，完善了其产品线。

根据中微半导体招股书，其未来存在通过并购形成产业链一体化的战略：

中微公司所从事的半导体设备产业具有广阔成长空间。公司目前开发的产品以集成电路前道生产的等离子体蚀刻设备、薄膜沉积设备等关键设备为主，并已逐步开发应用于后道先进封装、MEMS、Mini LED、Micro LED等领域的泛半导体设备产品。未来，公司将在适当时机通过并购等外延式成长途径扩大产品和市场覆盖，并继续探索核心技术在国计民生中创新性的应用。

注意，此处也是一个调研点，我们可以访谈管理层对并购技术的选择，未来可能的并购布局，以及估值标准。好，研究到这里，设备也研究完了，接下来，就是收入确认。

8

一个细节：发出商品

中微半导体主要采用的是以销定产模式，即根据下游订单来制订生产计划——但在制造完成后，还需要运往客户仓库安装，并不能立刻确认收入。

根据《企业会计准则第14号——收入》第四条：销售商品需要安装和检验的，在购买方接受商品以及安装和检验完毕前，不确认收入，待安装和检验完毕时确认收入。如果安装程序比较简单，可在发出商品时确认收入。

这样的收入确认特点，会形成一个特殊的科目——发出商品。

直接来看存货：2016年至2018年，中微半导体的存货分别为3.31

亿元、8.94亿元、12.48亿元，占营业收入比率分别为54%、92%、76%。注意，存货大幅上升，增幅高达277%，原因到底是滞销还是囤货？

再来看存货结构：中微半导体的存货主要包括两项：一是发出商品，占比分别为33%、42%、46%；一是原材料，占比分别为52%、37%、41%。

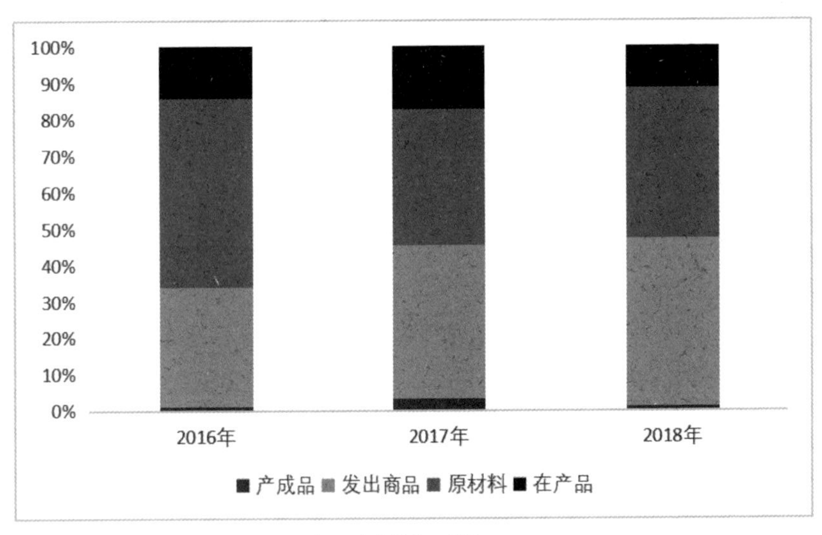

图19：存货结构（单位：%）
来源：并购优塾

以销定产模式下，原材料占比上升，说明企业在手订单增加；在验收模式下，发出商品是指未验收而不确认收入的商品。由于蚀刻设备制造完成后需要拆装成模块运往下游客户车间进行安装，所以运行一段时间后客户完成验收，再确认为收入。

通过存货结构来看，发出商品逐年上升，产成品占比下降，说明中微半导体的在手订单上升，2019年至少有6.04亿元的发出商品能够确认收入。（注意，对于技术实力较强的设备制造商，发出商品也属于收入蓄水池的一部分。）

接着，我们再来对比一下同行业公司的存货周转效率：

中微半导体——2016年至2018年存货周转天数分别为339.78天、369.19天、364.48天；

应用材料——2016年至2018年存货周转天数分别为110.70天、111.98天、126.89天；

拉姆研究——2016年至2018年存货周转天数分别为105.53天、89.99天、94.66天；

北方华创——2016年至2017年存货周转天数分别为325.97天、409.98天；

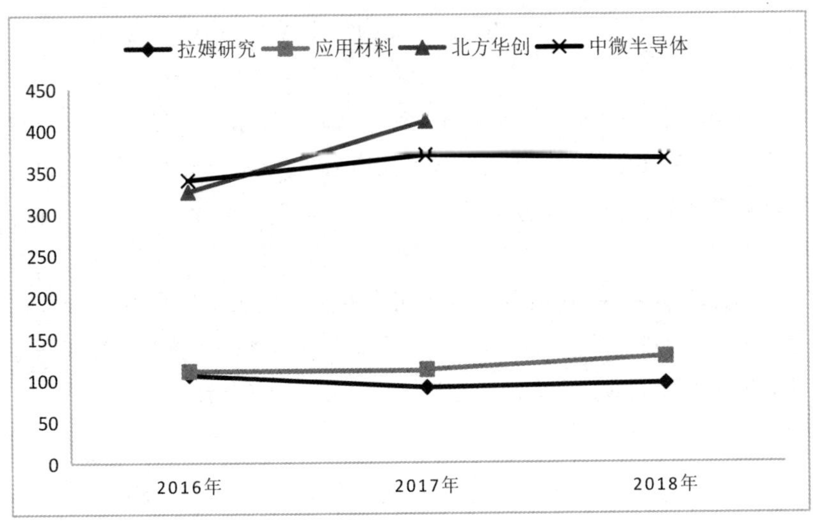

图20：存货周转天数（单位：天）
来源：并购优塾

通过对比，中微半导体的存货周转天数与北方华创相近，大约一年，而国外巨头公司的周转天数大幅短于国内巨头公司，意味着供应链管理更强。

除了发出商品，中微半导体对于下游客户的话语权怎么样，我们还可以从“应收账款”来看：

2016年至2018年，中微半导体的应收账款为2.12亿元、5.11亿元、5.15亿元，占营业收入比率为：35%、53%、31%，应收账款周转天数分别为123.42天、123.97天、101.1天，半年内账款占比为70.78%，6个月内计提比率1%，7至12个月计提比率为5%。

再来看看另外三家公司的应收账款情况：

北方华创——2016年至2017年应收账款分别为：6.94亿元、7.35亿元，占营业收入比率为42.76%、33.06%，应收账款周转天数分别为131.39天、115.69天，1年内账龄占比为63.21%，计提比率为5%；

应用材料——2016年至2018年应收账款分别为22.79亿美元、23.38亿美元、25.65亿美元，占营业收入比率为21.05%、16.08%、14.87%，应收账款周转天数分别为72.38天、57.17天、51.15天；

拉姆研究——2016年至2018年应收账款分别为12.62亿美元、16.73亿美元、21.77亿美元，占营业收入比率为21.44%、20.88%、19.65%，应收账款周转天数分别为72.04天、65.94天、62.57天。

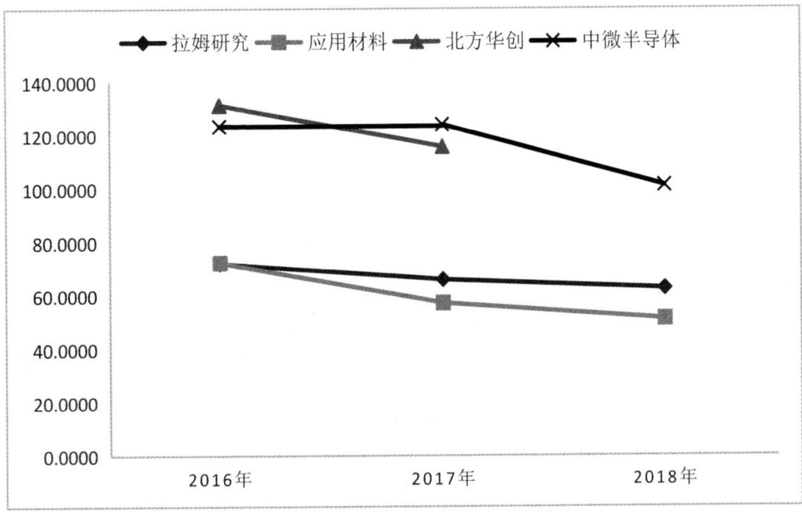

图21：应收账款周转天数（单位：天）
来源：并购优塾

从周转数据来看，中微半导体的应收账款周转率在提升，但是比起拉姆研究和应用材料，中微半导体对下游的话语权仍然明显较弱，回款天数是另外两家的两倍。

梳理完了经营逻辑，我们已经明确，中微半导体目前是国内龙头，但对比国际巨头，不论是技术，还是下游话语权，均仍有较大差距。但考虑到产业转移中的国产替代（营业收入驱动），以及工程师红利（成本优势），其存在赶超国际巨头的可能。

那么，接下来就到了本案最重要的部分——估值。注意，对于科技类公司，估值可以说是最难的研究部分。这类公司风险大、收益高、市场波动大、预期波动大，估值区间不容易界定，一旦数据有偏差，分分钟就是上千万元、上亿元的损失。

如果你对一家公司的各个方面都做了研究，但却唯独没研究估值，那么恕我直言，这样的研究没什么意义。

中微半导体本次科创板上市预计发行股份5349万股，占发行后总股本的比率为10%，计划募集资金10亿元，估值约100亿元。这样的估值，可能会让很多一级市场、二级市场的人夜不能寐、心神不宁：这数据，到底是高了还是低了？

9

估值极为重要，到底如何测算？

绝对估值法上，我们采用DCF模型，相对估值法上，由于中微半导体的利润并不稳定，因此我们采用PB法，以及适用于高科技公司的市研率法……

我们先看DCF模型。

（1）营业收入增速——三年复合历史增速（64%）、2018年国产半导体设备行业增速（56%）、国内半导体设备市场五年历史复合增速为27%，全球半导体设备年均复合增长率约为16%，内生增速（27%）。

综上，假设乐观情况下，前五年国内半导体行业增速27%，逐年递减至全球行业增速16%，永续期取6%（GDP），具体预测如下：

	基期	1	2	3	4	5	6	7	8	9	10
营业收入		27.00%	20.71%	19.14%	17.57%	16.00%	11.71%	10.29%	8.86%	7.43%	6.00%

表7：乐观增速
来源：并购优塾

保守情况下，由全球行业平均水平（16%），逐年递减至GDP水平后，永续期保持6%增速，具体预测如下：

	基期	1	2	3	4	5	6	7	8	9	10
营业收入		16.00%	10.29%	8.86%	7.43%	6.00%	6.00%	6.00%	6.00%	6.00%	6.00%

表8：悲观增速
来源：并购优塾

（2）营业利润率——中微历史三年营业利润率分别为-58%、5%、9%，由于高速成长期营业利润率极不稳定，并且2017年刚实现扭亏。

这里假设未来中微半导体赶超巨头公司，实现规模效应，那么营业利润率将逐渐向巨头靠拢，因此永续期取行业均值18%。

（3）资本性支出——中微半导体目前资本性支出/折旧较高，大约为160%，主要由于产能扩建，我们假设其资本支出会逐步缩减到与折旧摊销一致，折旧与摊销增速与营业收入增速一致。

（4）营运资本占营业收入的比率——取目前比值31%。

（5）WACC——9.21%。

预测期各期自由现金流的取值，具体如下：

	基期	1	2	3	4	5	6	7	8	9	10
收入增速		27.00%	20.71%	19.14%	17.57%	16.00%	11.71%	10.29%	8.86%	7.43%	6.00%
折旧增速		27.00%	20.71%	19.14%	17.57%	16.00%	11.71%	10.29%	8.86%	7.43%	6.00%
收入金额	16.39	19.01	22.05	25.56	29.68	34.42	38.46	42.41	46.17	49.60	52.58
1-息税前利润率	91.03%	91.02%	91.02%	91.01%	91.01%	91.00%	89.20%	87.40%	85.60%	83.80%	82.00%
营业成本费用	14.92	17.31	20.07	23.26	27.01	31.32	34.31	37.07	39.52	41.56	43.12
EBIT	1.47	1.71	1.98	2.30	2.67	3.10	4.15	5.34	6.65	8.04	9.46
税率	15.00%	15.00%	15.00%	15.00%	15.00%	15.00%	15.00%	15.00%	15.00%	15.00%	15.00%
EBIT (1-t)	1.25	1.45	1.68	1.95	2.27	2.63	3.53	4.54	5.65	6.83	8.04
折旧摊销	0.21	0.27	0.32	0.38	0.45	0.52	0.58	0.64	0.70	0.75	0.80
资本支出	0.31	0.39	0.48	0.57	0.67	0.77	0.78	0.78	0.79	0.79	0.80
营运资本变动	5.49	0.87	1.00	1.16	1.36	1.56	1.33	1.30	1.24	1.13	0.98
自由现金流	(4.34)	0.46	0.53	0.61	0.69	0.82	2.00	3.10	4.32	5.66	7.06
终值											233.18

表9：预测自由现金流（单位：亿元）
来源：并购优塾

通过计算得到，企业价值大约为65亿元至122亿元，扣除净负债-6亿元，股权价值大约为71亿元至128亿元。

整体来看，绝对估值法需要太多假设，每一个假设都会影响整体区间。所以单一估值方法得出的数据并不靠谱，接下来，我们还必须通过相对估值法，来比较市场对半导体设备企业的估值在什么区间。

10

相对估值

中微半导体仍处于高速成长期，盈利未形成规模，其收入、净利润不稳定，因此通过净利润的PE估值体系不合理，容易导致PE估值畸高。

半导体设备行业，其特点为研发支出刚性，所以研发费用可以作为估值的锚。本案，相对法估值主要采用——市研率P/R&D（市值/研发投入）、市净率PB进行估值，并以DCF现金流贴现作辅助验证。

先看PB：

第一步，横向观察可比公司取值区间。

拉姆研究——历史三年PB区间为2.2倍至5.1倍，PB中位数为3.68倍；
应用材料——历史三年PB区间为2.8倍至6.7倍，PB中位数为5.27倍；
东京电子——历史三年PB区间为2.0倍至4.07倍，PB中位数为3.40倍；
北方华创——历史三年PB区间为3.4倍至7.2倍，PB中位数为5.07倍；（2016年借壳上市）

阿斯麦——历史三年PB区间为4.3倍至7.2倍，PB中位数为5.61倍。

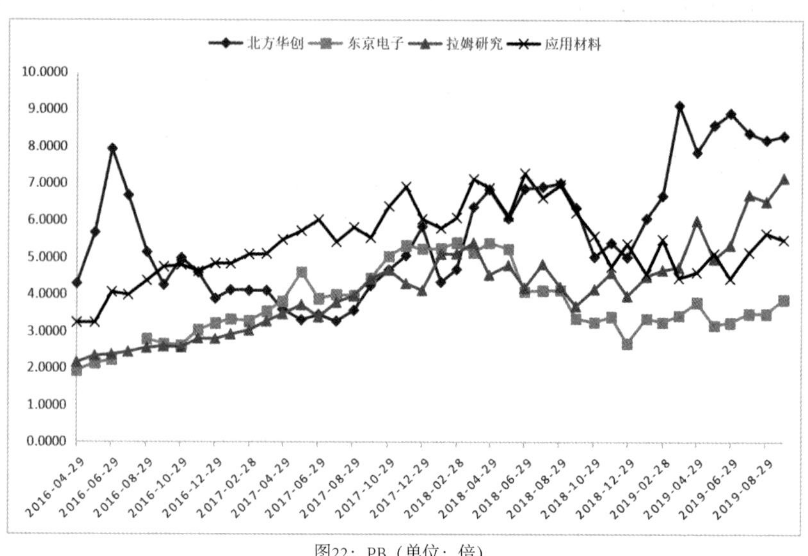

图22：PB（单位：倍）
来源：并购优塾

综合来看，半导体设备制造企业PB估值低点为2.0倍，高点为7.2倍，五家企业的中位数均值为4.61倍，由于光刻机技术壁垒比蚀刻机更高，所以阿斯麦估值相对更高。

第二步，取值。

在低位区间，我们采用北方华创低点PB值3.4倍，考虑国内证券市场环境，以及中微半导体蚀刻机技术全国龙头地位，技术也有较大程度领先，其资产的估值低位不会低于北方华创。

在高位区间，我们采用同行业的高位值平均数6.05倍，此处考虑到2020年其5nm蚀刻机进入台积电产线，营业收入驱动方面，较同行业公司没有明显劣势。

这样的取值范围下，对应本案数据大约为72亿元至128亿元。

再看（P/R&D）：

第一步，横向观察可比公司取值区间。

拉姆研究——历史三年P/R&D区间为13倍至26倍，P/R&D中位数为15.71倍；

应用材料——历史三年P/R&D区间为12倍至30倍，P/R&D中位数为18.34倍；

东京电子——历史三年P/R&D区间为15倍至25倍，P/R&D中位数为18.05倍；

北方华创——历史三年P/R&D区间为11倍至25倍，P/R&D中位数为16.99倍（2016年借壳上市，取2016年上市后的数据）。

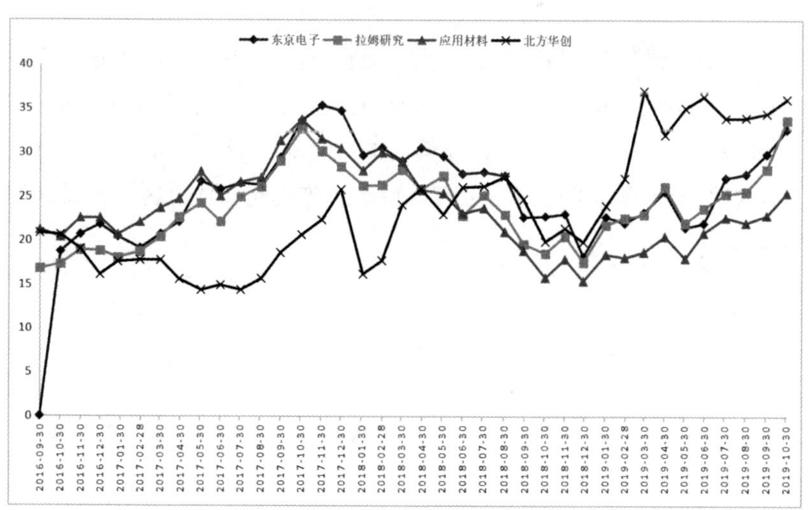

图23：市研率（单位：倍）

来源：并购优塾

综合来看，P/R&D估值低点为11倍，高点为28倍，估值中枢基本在20倍左右，中位数均值为17.27倍。

第二步，取值。

在低位区间，我们取行业市研率中位数均值17.27倍，主要考虑到中微半导体处于成长期研发投入大；在高位区间，我们取行业估值高点均值26.5倍。

这样的取值范围下，对应中微半导体自身的市值为70亿元至107亿元。

分析到这里，我们总结一下几种方法得出的数据：

（1）DCF法：估值区间为71亿元至128亿元；
（2）PB法：估值区间为72亿元至128亿元；
（3）市研率法，估值区间为70亿元至107亿元。

综上，结合三种估值方法，得到合理区间大约在72亿元至107亿元。目前，中微半导体按照增发10%股份，募集资金10亿元，推算其估值约为100亿元。整体来看处在合理偏高的位置。不过，即便如此，对于研发实力如此强悍的公司，上市后自然也难免脱离估值区间被爆炒的可能。

11

优塾投研团队研究九问

（1）这门生意的核心是什么？——解决晶圆制造厂产品精细度更高、成本更低的需求。

（2）其核心护城河在哪？——技术，以及设备专利。

（3）行业天花板如何？——2018年全球半导体设备市场规模为631亿美元，国内市场规模为128亿美元，已成为全球第二大半导体设备需求市场。从设备供给端来看，目前设备自给率仅有13%，全球仅占1%至2%，存在巨大的供需缺口。并且，在半导体产业向大陆转移趋势下，整体半导体设备市场规模较大。

（4）横向位置对比同行业公司的竞争格局如何？——对比国内市场来看，它是蚀刻机领域的龙头企业，8英寸和12英寸蚀刻设备国内市场占有率超过50%；对比国际来看，它属于全球第一梯队，市场占有率3%。

（5）未来三年增速看什么？——财务指标上，重点看预收，代表其在手订单数量。驱动力上，看产业转移趋势下，国内半导体企业资本支出的增速。

（6）未来十年增速看什么？——①下游产业资本支出的周期；②半导体设备国产替代空间；③核心技术上的并购。

（7）这门生意到底好不好？——下游想要降低成本，只有扩大规模效应和更新更高级的设备。但国内半导体企业目前在技术和市场占有率上距离国际巨头公司的差距还是较大，很难快速赶超。因而，在节约下游成本上的动作，值得重点关注。

（8）估值水平，到底如何？——目前，根据测算，中微半导体的价值在72亿元至107亿元，对应其发行市值100亿元来看，处于合理偏高估值区间。

（9）如果调研，应该问什么？——①研发费用资本化的标准；②双反应台蚀刻机的护城河以及升级方向；③未来并购哪方面技术的公司，以及估值逻辑。

本报告参考资料如下，特此鸣谢。

[1] 中微：中国半导体装备国产化的先锋，察网

[2] 国产集成电路装备：十年生死竞速，工业智能化

本文发布于2019年4月12日

晶晨半导体

智能电视产业未来趋势

天，我们研究的一家公司，它的背后，出现了一系列影子股。有两家影子股，因为蹭了它的热点，股价暴涨：一家是创维数字，另一家是TCL集团。

先看创维数字的股价走势：2019年3月至今，股价从7.57元/股上涨至13.4元/股，涨幅达77%。

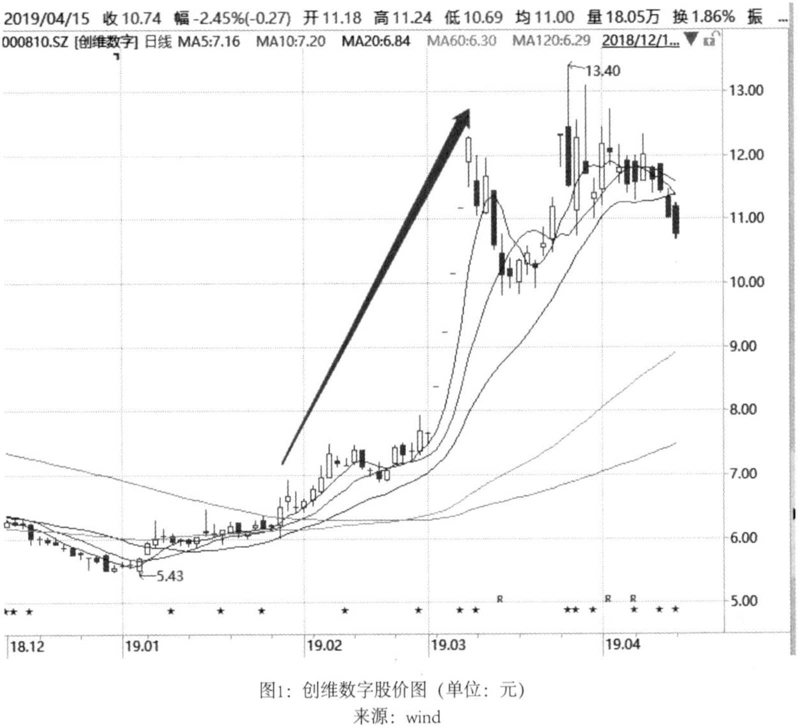

图1：创维数字股价图（单位：元）
来源：wind

再看TCL集团的股价走势：2019年3月至今，股价从2.62元/股上涨至4.44元/股，涨幅高达27%。

这么厉害的科创板企业，到底是哪家？它就是晶晨半导体，科创板第一家被审批企业，其受理编号为001，被称为1号选手。谁持有它，谁的股票就能涨疯。能拉动影子股价暴涨的企业，财务数据肯定不差。直接看业绩：

2016年至2018年，晶晨半导体营业收入为11.5亿元、16.9亿元、23.69亿元，净利润为0.73亿元、0.78亿元、2.82亿元，经营活动现金流净额为0.72亿元、1.77亿元、1.85亿元，毛利率为31.51%、35.19%、34.81%，净利率为6.35%、4.61%、11.92%。

营业收入体量还不错，三年净利润复合增速高达97%。

这所谓的“科创板第一股”，做的东西名叫：电视机机顶盒芯片。它的OTT机顶盒芯片市场份额甚至超过了华为海思，市场占有率高达63%。其客户名单也相当豪华，其中包括小米、中兴、创维等机顶盒巨头。

这样的财务数据，对应本次上市发行10%股权、募资15.1亿元来看，发行估值高达151亿元。并且，单看PE，估值高达53倍。

研究到这里，接下来有几个问题值得我们思考：

（1）机顶盒芯片这个细分领域，究竟是怎样的经营逻辑，为什么会引来众多电视行业的影子股参股？这个产业链的逻辑到底是怎样的？

（2）晶晨半导体估值高达150亿元，这样的估值到底是什么逻辑在支撑？按照这样的估值，一级和二级市场的参与机构，到底还有没有赚头？即便本案转眼可能就要在科创板上市，但其实大家都很焦躁——50倍的PE，到底是贵了，还是便宜了？

1

科创公司，什么来路?

1964年，英特尔（Intel）公司的创始人之一戈登·摩尔（Gordon Moore）提出摩尔定律，预测价格不变的情况下，集成电路（Integrated Circuit）的电路密度每18个月将会翻一倍，其计算性能也将提升一倍。

摩尔定律揭示了集成电路产业发展的最大特点——高速迭代。并且，它的提出预示了IC设计产业链的变革。

早期，集成电路行业的生产模式是集IC设计、IC制造、封装测试为一体的“IDM模式”。随着技术不断迭代，不同应用场景下对芯片专业化要求的提高，对IDM模式的资金+技术实力要求不断提高，产业链上下游分工的需求开始出现。

1987年，台积电诞生，标志着“晶圆代工厂（foundry）”和“Fabless IC设计”模式的产生，成为划分半导体制造产业链细分领域的里程碑。

1995年，系统级芯片（System on Chip，SoC）的产生，推动了IC设计产业再次细分。SoC芯片能在一个芯片上得以实现数据采集、转换、存储、处理等多个功能，这使得更多没有晶圆制造能力的IC设计公司能够在IP授权基础上进行专用集成电路设计。

同年，钟培峰（John Zhong）刚从一家半导体设计公司辞职，在美国加利福尼亚州圣克拉拉创办了晶晨股份的前身，晶晨半导体（Amlogic Inc.）。晶晨成立之初，就专注于多媒体音视频终端SoC芯片的研发设计。

20世纪90年代末的国内市场，人们对视听节目的需求量非常大，但是以解码芯片为代表的元器件全部依赖进口，产品同质化现象严重使得相关企业只能陷入价格战。

2003年，在美国硅谷工作的钟培峰看到了国内市场的商机，决定回国创业。但是，IC设计这个赛道技术门槛低，市场竞争非常激烈，只能靠打价格战来维持自己的市场份额。2009年，晶晨半导体与竞争对手全志科技在国产低端平板芯片赛道的价格战中惨败，于是转型智能机顶盒芯片赛道。[1]

2013年，谷歌开发的Android系统带动了互联网视频的崛起，OTT机顶盒成为互联网电视主流，由于提前切换赛道，研发技术已经积累数年，晶晨半导体的智能机顶盒芯片迅速占领市场。

2013年，小米推出第一代小米盒子，配备的就是晶晨Amlogic AML8726-M3，基于65nm工艺，视屏解码清晰度达到1080P。由于解码性能高，且外观设计精制，小米盒子立刻成为爆款产品。

2014年，晶晨半导体研发出28nm的超高清智能电视芯片，并与海尔、创维推出“分体式”智能电视机。同年，小米（People Better）、TCL、创维等入股晶晨半导体，成为其战略投资人。

2019年，晶晨半导体申报科创板上市，拟发行股份不超过411万股，占比不低于总股本的10%，拟募资不超过15.14亿元，上市前估值约151亿元。

梳理下来，你觉得，晶晨半导体的发展主要做对了哪几件事？

2

这门生意，是怎么做的?

（1）规避红海，提前在蓝海赛道布局；（2）高性价比，为下游节约成本；（3）绑定下游大客户。

本案第一大股东为晶晨控股，持股比率为39.52%。股权结构如下：

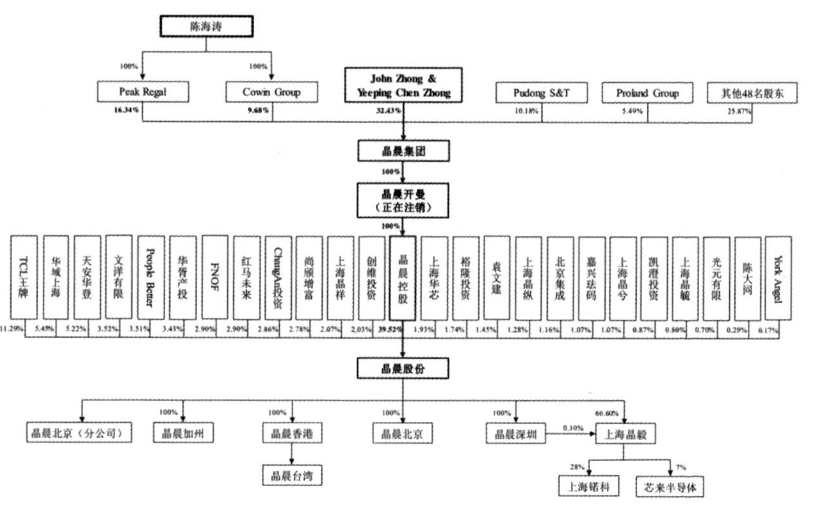

图2：股权结构
来源：招股书

直接来看业绩：2016年至2018年，晶晨半导体的营业收入为11.5亿元、16.9亿元、23.69亿元，净利润为0.73亿元、0.78亿元、2.82亿元，经营活动现金流净额为0.72亿元、1.77亿元、1.85亿元，毛利率为31.51%、35.19%、34.81%，净利率为6.35%、4.61%、11.92%。三年营业收入复合增速为43.56%，净利润复合增速为96.64%。

从资产结构来看——2018年，其总资产规模为16.46亿元，其中占比最高的是存货（33.92%），其次是货币资金（23.30%），再次是应收票据和应收账款（12.29%）。

从利润结构上看——其2018年营业收入为23.69亿元，其中营业成本15.44亿元，占比65.19%，其次是研发费用（15.88%）、管理费用（2.96%）、销售费用（2.38%）。

其营业收入主要来自于多媒体智能终端芯片的研发、设计与销售。芯片类别主要有三种：智能机顶盒芯片、智能电视芯片和AI音视频系统终端芯片。这些芯片，都属于专用集成电路领域。

（1）智能机顶盒芯片：包括OTT机顶盒与IPTV机顶盒，IPTV机顶盒主要由三大运营商提供，用于专网网络电视；OTT类似于一个视频平台，由互联网牌照商提供。

（2）智能电视芯片：主要应用于一体式智能电视和家用投影仪。

（3）AI音视频系统终端芯片：收入主要来自智能音箱（AI语音芯片），未来将布局安防赛道。

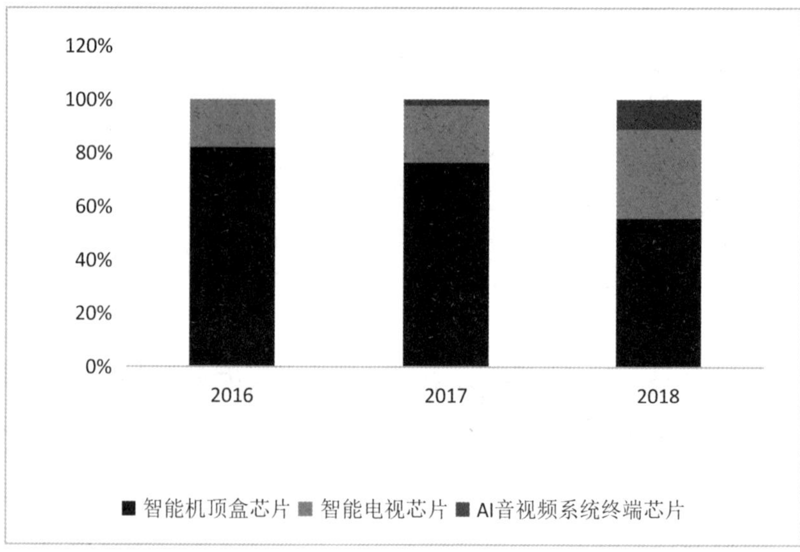

图3：收入结构（单位：%）
来源：并购优塾

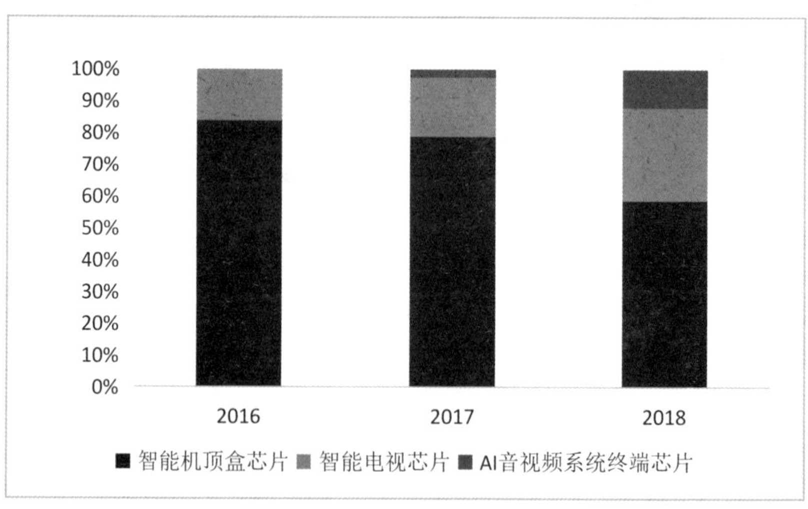

图4：毛利结构（单位：%）
来源：并购优塾

在集成电路产业链中，包括设计、制造、检测、封装等环节。晶晨半导体处于IC设计的环节。

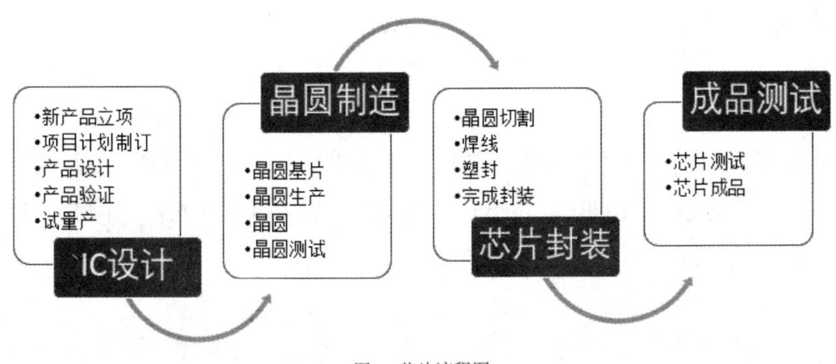

图5：芯片流程图
来源：招股书

主流上，芯片设计主要可分为两种模式：IDM模式（垂直整合制造模式）和Fabless模式（无晶圆生产线集成电路设计模式）。

IDM模式——指企业业务范围涵盖集成电路的设计、制造和封装测试等所有环节。采用IDM模式的企业均为全球芯片行业的巨头，主要代表为美国的Intel、韩国的三星半导体等大型跨国企业，毛利率偏高（60%左右）。

Fabless模式——代表性企业有美国的高通、AMD以及中国台湾地区的联发科等，毛利率略低（55%左右）。

晶晨半导体采用的是fabless模式，其产品生产环节的晶圆生产、切割和芯片封装、测试均外包给代工厂（Foundry）来完成。

其上游，是晶圆代工和封装测试厂。晶晨半导体的主要上游供应商为台积电，占其总采购额高达70%，第二大供应商长电科技占比为22%。

由此计算，2018年，晶晨半导体前两大供应商的采购额占当期采购额的比率为90.74%，均在90%以上。因此，对上游的依赖程度很高，话语权不强。（当然，由此也可再次印证我们之前分析过的结论，如果在半导体行业只研究一家公司，必然是台积电）

其下游，为三大运营商（移动、联通、电信），以及智能终端企业（小米、阿里巴巴等）。近三年前五大客户销售收入合计占当期营业收入的比率分别为72.29%、59.65%和63.35%，集中度相对较高，因此，对下游话语权同样不算太强。

整体来看，本案属于典型的零配件制造商，并且属于产业链上的“夹心层”公司。类似的“夹心层”结构，有点类似于新能源汽车产业链的电池正负极材料，上有天齐锂业这样的巨头，下有宁德时代这样的巨头。也就是说，在这样的格局之下，必须在细分赛道成为第一，否则根本没有出路。

根据其三年一期数据，我们来看几组基本数据：

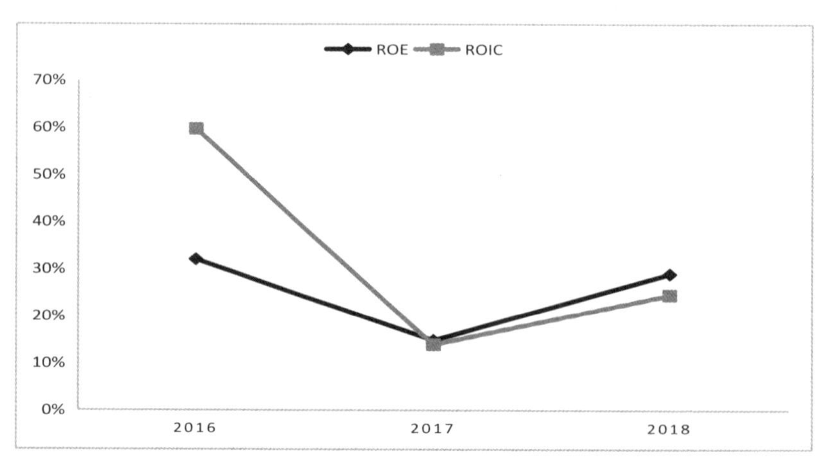

图6：ROE、ROIC（单位：%）
来源：并购优塾

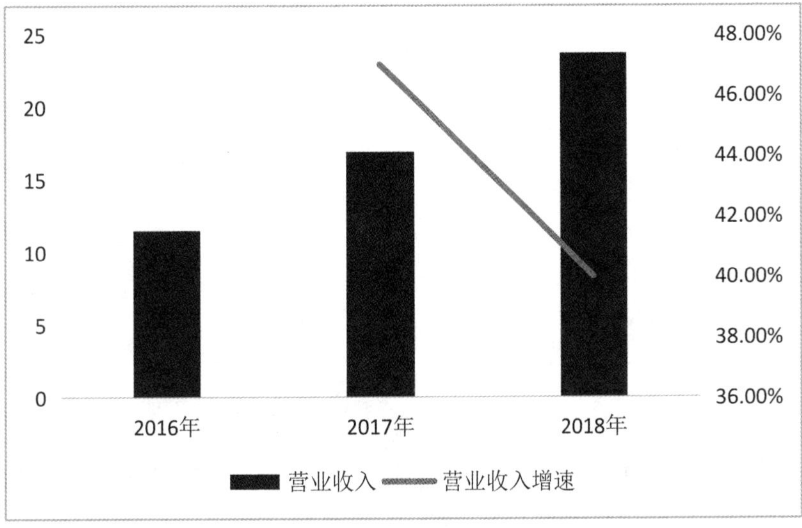

图7：营业收入、营业收入增速（单位：左：亿元、右：%）
来源：并购优塾

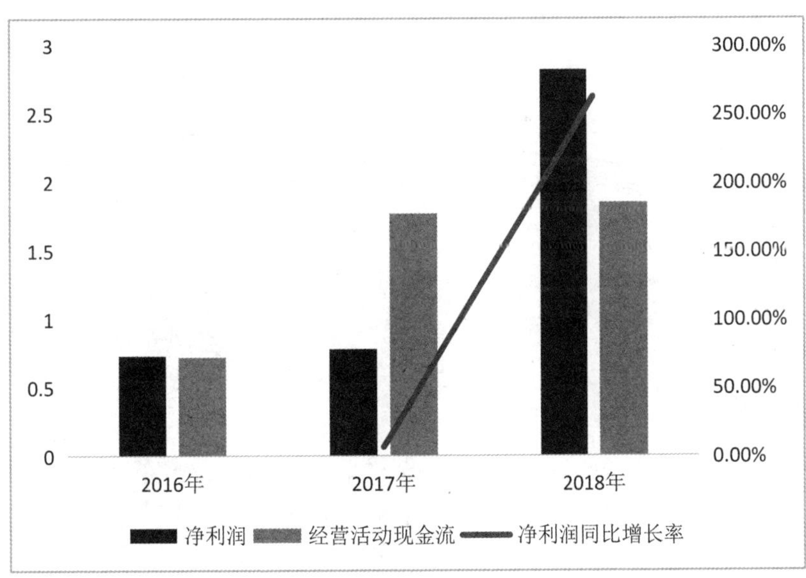

图8：净利润、净利润增速、经营活动现金流（单位：左：亿元、右：%）
来源：并购优塾

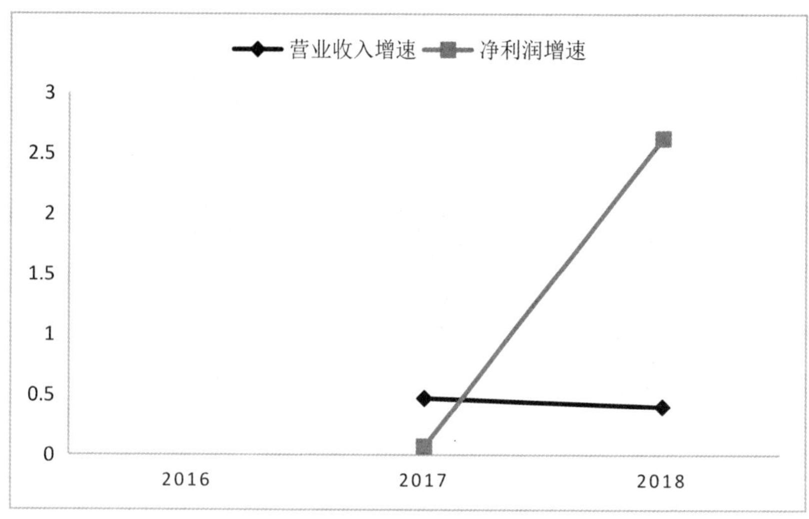

图9：营业收入增速、净利润增速（单位：%）
来源：并购优塾

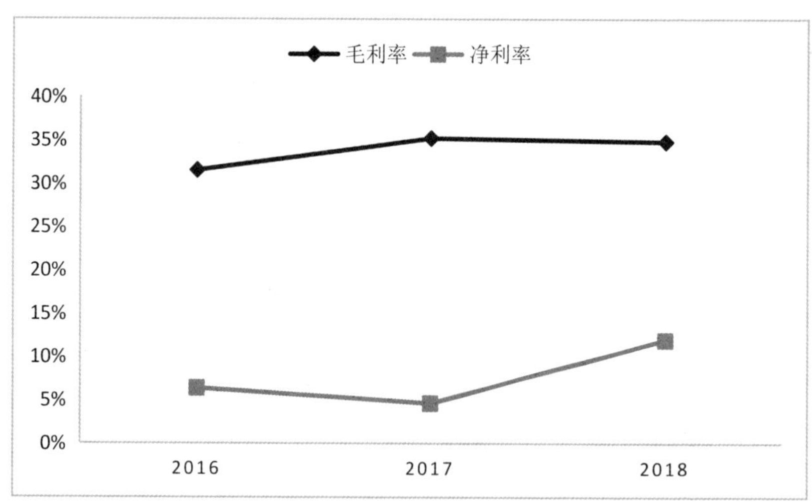

图10：毛利率、净利率（单位：%）
来源：并购优塾

我们梳理一下其生意流程，大致是这样的：研发——委外加工——销售。整个产业链和生意流程分析完，接下来，如果你是晶晨半导体的老板，在IC设计赛道，你会从什么开始突破？

3

核心技术，到底是什么？

答案：音视频解码技术。

多媒体的应用主要集中在视频和音频方面，而在视频清晰度不断提高的背后，得益于视频解码芯片的不断进化。视频解码技术，迭代速度极快，解码标准每迭代一次，其处理的图像运算深度大幅度提高，而视频解码芯片技术的迭代，主要紧跟视频编码标准的发展。

视频编码最主要的三次技术迭代为MPEG-1、2、4（1992年至2000年）→H.264（2003年）→H.265（2013年）。

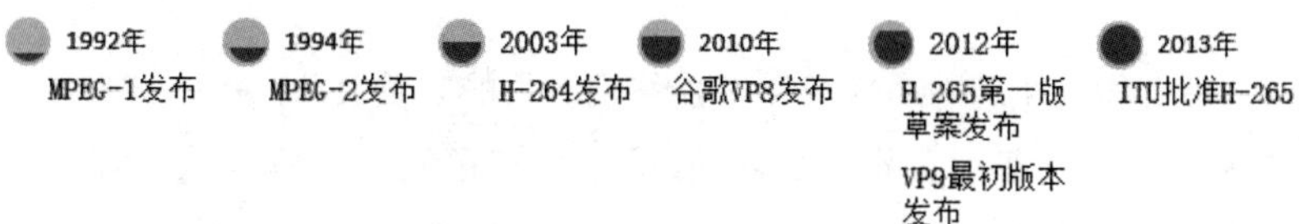

图11：视频编码技术演进
来源：中国移动研究院

编码标准迭代主要体现在压缩率上，压缩率越强说明H.264在同等图像质量的条件下数据压缩比率是MPEG-4的1.5至2倍，H.265编码压缩比H.264压缩率更高，同等画质H.265是H.264大小的一半因此传输带宽和存储均节省一半。

解码芯片的技术体现在可以更好地还原压缩前的音视信息，最大程度弥补视频信号在压缩过程中的损失。更高的压缩标准，同时也需要更先进的解码技术。

因此，视频解码技术是这门生意的核心。技术高低体现在财报上就是研发投入。接下来，我们来看看晶晨半导体的研发投入有多高：2016年至2018年，晶晨股份的研发费用分别为2.11亿元、2.67亿元、3.76亿元，占营业收入比率为18.3%、15.8%、15.88%，无资本化。

这个研发强度到底如何，我们来对比同行业：

全志科技（主营业务为智能终端应用处理器芯片、智能电源管理芯片和存储芯片的研发设计）——2016至2018年，研发费用分别为3.07亿元、3.42亿元、3.12亿元，占营业收入比率为26.34%、28.49%、22.88%，资本化比率分别为7%、0%、0%。

国科微（主营业务为广播电视芯片和智能监控芯片的研发设计）——2016年至2017年，研发费用分别为1.06亿元、1.32亿元，占营业收入比率为21.77%、31.97%，资本化比率分别为0%、12.88%。

瑞芯微（主营业务为移动智能终端芯片的研发设计）——2016年至2017年，研发费用分别为2.67亿元、2.47亿元，占营业收入比率为20.57%、20.97%，无资本化。

富瀚微（主营业务为安防视频监控芯片和汽车电子终端芯片的研发设计）——2016年至2018年，研发费用分别为0.67亿元、0.51亿元、1.19亿元，占营业收入比率为20.80%、11.35%、28.88%，资本化比率为0%、0%、10.13%。

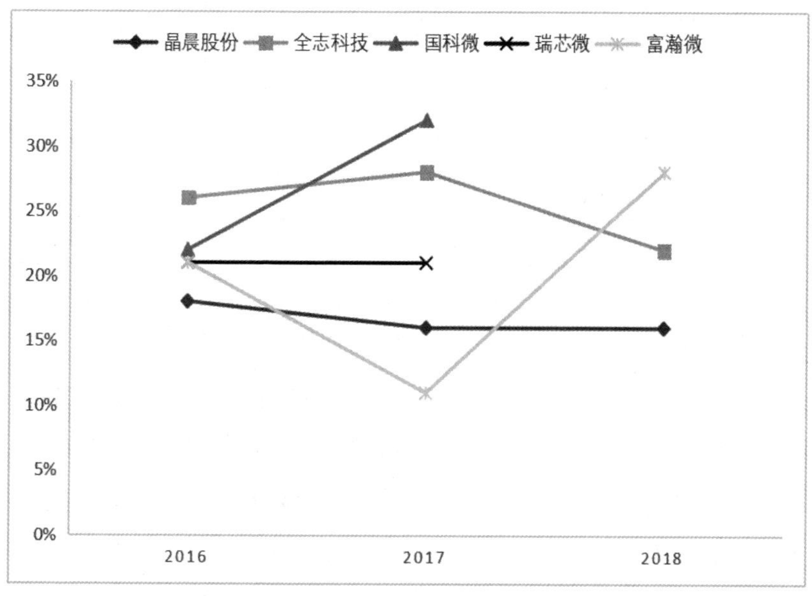

图12：研发费用占比（单位：%）
来源：并购优塾

通过对比可以看到，晶晨半导体研发支出较高，但占营业收入比重小于同行业公司，并且在资本化处理上较为谨慎。

研发投入这么多，再来看看研发结果如何。截至2018年，晶晨半导体共拥有47项专利和39项集成电路布图，其中境内专利14项、境外专利33项，设计研发人员为619人，占公司总人数比率为81.13%。

序号	技术名称	技术来源	对应的产品	成熟度
1	全格式视频解码处理	自主研发	智能机顶盒、智能电视	成熟稳定
2	全格式音频解码处理	自主研发	智能机顶盒、智能电视、AI音视频系统终端	成熟稳定
3	全球数字电视解调	自主研发	智能电视	成熟稳定
4	超高清电视图像处理模块	自主研发	智能机顶盒、智能电视	成熟稳定
5	高速外围接口模块	自主研发	智能机顶盒、智能电视、AI音视频系统终端	成熟稳定
6	高品质音频信号处理	自主研发	智能机顶盒、智能电视、AI音视频系统终端	成熟稳定
7	芯片级安全解决方案	自主研发	智能机顶盒、智能电视、AI音视频系统终端	成熟稳定
8	软硬件结合的超低功耗技术	自主研发	智能机顶盒、智能电视、AI音视频系统终端	成熟稳定
9	内存带宽压缩技术	自主研发	智能机顶盒、智能电视、AI音视频系统终端	成熟稳定
10	高性能平台的生态整合技术	自主研发	智能机顶盒、智能电视、AI音视频系统终端	成熟稳定
11	超大规模数模混合集成电路设计技术	自主研发	智能机顶盒、智能电视、AI音视频系统终端	成熟稳定

表1：专利
来源：招股书

根据招股书可以看到，目前其视频解码芯片可以支持4K特性和最高8K的解码技术，同时可支持H.265格式的编解码。目前，大部分视频编解码企业，如富瀚微、全志科技等视频解码企业主要使用的仍是H.264编解码技术。

注意，支持H.265编解码的芯片选择性并不是太多，晶晨半导体采用了智能电视芯片行业内最先进的12nm技术制造工艺，而同行业竞争企业如：全志科技芯片采用的是40nm制程的4K芯片，瑞芯微采用的是28nm制程的4K芯片。

视频编解码技术底层最核心的元器件就是——芯片。研发已经完成，接下来就是找代工厂做芯片了。

看到这里，值得思考的问题是——为什么华为海思、海康威视都是做视频解码技术的，却不做机顶盒芯片？目前，国内市场中，晶晨半导体在OTT芯片市场份额第一，占比高达63.25%，其次为联发科，占比11.86%。

答案就是：政策打击。

2013年之前，OTT机顶盒受到互联网视频的带动开始疯长，市场监管极其不规范，山寨盒子市场占有率高达80%以上。

2015年起国家广电总局开始推出一系列政策严管，针对互联网电视牌严格核查，吊销不合格牌照商，最为著名的就是阿里停服事件。2015年OTT行业进入政策规范期，OTT机顶盒制造厂商从2016年初的118家骤减至78家。

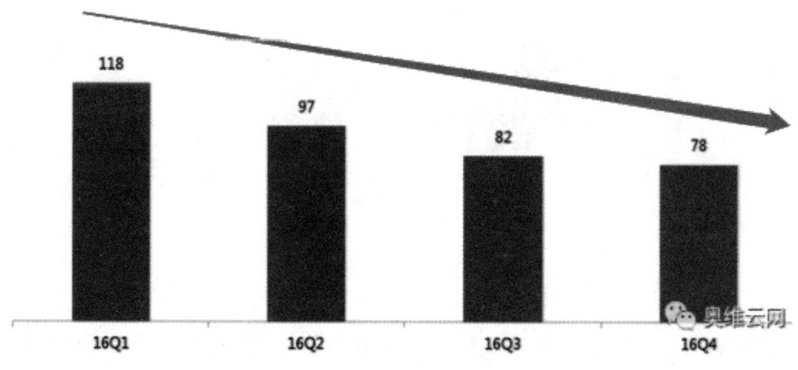

图13：2016年OTT盒子线上在售品牌数量（单位：个）
来源：奥维云网（AVC）

与玻璃去产能、医药集采政策、游戏行业版号控制等政策一样，政策严管对技术领先的龙头公司来说，不仅不是利空，反而是利好。受政策出清的影响，晶晨半导体在OTT机顶盒市场份额大幅上升。

不过，有一个大趋势必须注意：由于智能电视将逐步代替OTT机顶盒，未来OTT所有功能将被集成进电视中，OTT盒子是在智能电视普及之前的过渡产品，因此竞争者开始转向IPTV市场。

目前，仅OTT机顶盒市场来看，晶晨半导体排名第一，市场占有率为63.25%，其次为联发科（MTK），市场占有率为11.86%，再次为瑞芯微，市场占有率为10.03%。

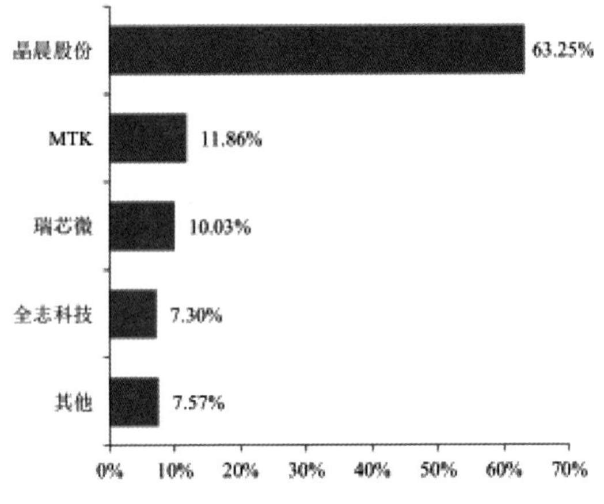

图14：OTT机顶盒市场份额
来源：招股书

由于IPTV机顶盒由三大运营商（移动、联通和电信）提供，未来运营商为了抢夺市场，必将加大内容方面的投入，同时也不会放过机顶盒这一重要的视频入口。所以IPTV机顶盒市场份额有继续扩大的可能。OTT盒子是在智能电视普及之前的过渡产品，未来增长将逐步放缓。

注意，根据国金证券研究，OTT机顶盒将逐步被智能电视所代替，未来OTT所有功能将被集成进电视中，因此，未来机顶盒芯片市场还是要看IPTV的爆发。[2]

目前，由于华为在IPTV市场做到了机顶盒终端的把控，海思的IPTV芯片机顶盒实现了对下游终端的绑定，保持市场龙头地位。这一点，从IPTV/OTT整体市场份额来看，华为海思市场份额排名第一，占比57.95%，几乎是晶晨（amalogic）的一倍。所以在未来的市场，华为海思的竞争压力不可小觑。

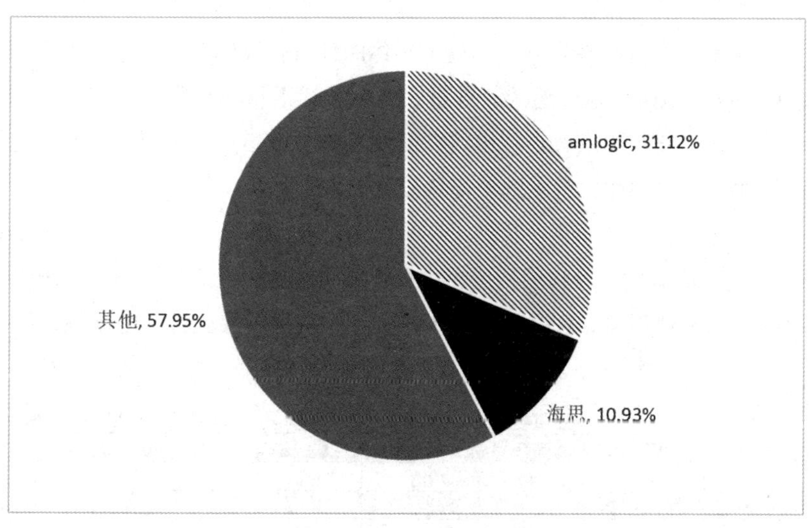

图15：IPTV/OTT市场份额
来源：国金证券

4

预付账款，为什么这么少?

IC设计这一步完成之后，晶晨半导体开始委托外部供应商，进行制造、检测、封装，对应的财务报表上为预付账款、存货。

2016年至2018年，晶晨半导体的预付账款分别为664.80万元、349.74万元及346.31万元，占成本比重分别为0.8%、0.31%、0.19%，占总成本比率为下降的趋势。

不知你有没有注意到，晶晨半导体的预付款较低，2018年仅占成本的0.19%，并且，逐年递减，难道它对上游话语权非常强？按道理说，芯片设计厂商要想依赖台积电这样的代工巨头做芯片，都得要大额预付啊，典型的案例如比特大陆、嘉楠耘智。

我们从晶晨半导体的招股书中挖出预付账款前五大供应商，发现占比最高的是台积电。那么问题来了，难道它的话语权比台积电还强？

序号	公司名称	金额	占预付账款余额的比率
1	台湾积体电路制造股份有限公司	202.15	58.37%
2	H & M financial Consulting	16.11	4.65%
3	深圳市英捷迅实业发展有限公司	13.71	3.96%
4	国网上海市电力公司	9.41	2.72%
5	上海伏凯自动化设备有限公司	9.05	2.61%
合计		250.43	72.31%

表2：预付账款供应商名单（单位：万元）
来源：招股书

当然不是，芯片制造这个产业链，话语权最强的就是晶圆代工厂台积电，并且和台积电做生意不仅要排产能，而且还要交大额预付款。

比如，2015年至2017年，嘉楠耘智的预付款分别为0.40亿元、0.54亿元、6.51亿元，占成本的比率分别为287.54%、41.32%、107.73%。

像本案这样奇特的数据，究竟是个例，还是全行业都如此，我们和同行业公司对比一下：

全志科技——2016年至2018年，预付账款分别为512.24万元、309.53万元、447.35万元，占成本比率分别为0.69%、0.42%、0.50%；

国科微——2016年至2017年，预付账款分别为124.03万元、122.39万元，占成本比率分别为0.5%、0.4%；

瑞芯微——2016年至2017年，预付账款分别为127.92万元、904.59万元，占成本比率分别为0.16%、1.22%；

富瀚微——2016年至2018年，预付账款分别为287.96万元、296.74万元、43.05万元，占成本比率分别为2.08%、1.26%、0.18%。

原来，行业竞争对手的预付款占比都比较低。我们推测：是不是代工的视频解码芯片制程动用的是台积电比较落后的产能，而台积电供不应求的是高端芯片产能？

首先，根据晶晨半导体的招股书，台积电在2018年调整了晶圆采购返利政策，鼓励下游低价批量采购。

看来，虽然晶晨半导体的技术能达到12nm，但是目前其主要销售的产品仍是以28nm为主的中低端视频解码芯片。

另外，2018年，小米推出小米盒子4，配置的是晶晨Amlogic S905L芯片，比小米盒子3S的Amlogic S905X芯片解码效率要差一些，并且仍将视频定位在4K范围。

这样一来，逻辑大致就清晰了：IC设计赛道，特别是专用芯片设计企业，纳米制程精细度并非最核心竞争力（因为受上游台积电产能限制），而最重要的是——绑定下游。

这是为什么？我们从两个维度分析：

资金壁垒——晶圆制造和封装测试作为制造环节，需要大量资本投入进行生产线的建设，因此其护城河就是资金壁垒和产能壁垒；IC设计属于轻资产行业，依靠资金扶持效果比较有限，所以只能通过绑定下游的终端需求；

市场规模壁垒——IC设计分为专用设计和通用设计，通用设计应用范围广，并且直接面对消费者，这一领域受下游终端企业影响较小；而专用设计芯片面向的是B端，所以其设计主要满足终端产品的需求来获取更多订单。

分析到这里，那么晶晨半导体对下游的绑定能力如何？我们接着往下看。

5

重要细节：委托加工物资

来看存货——2016年至2018年，晶晨半导体的存货分别为1.76亿元、2.27亿元、5.29亿元；存货占成本比率分别为28.9%、16.08%、34.29%；存货周转率分别为6.64次、5.43次、4.08次；

这个周转率是什么水平，对比同行业竞争对手来看：

全志科技——2016年至2018年，存货分别为2.23亿元、2.49亿元、4.48亿元；存货占总成本的比率分别为30.19%、34.10%、49.84%；存货周转率分别为3.93次、3.10次、2.58次；

国科微——2016年至2017年，存货分别为0.99亿元、0.82亿元；存货占总成本的比率分别为58.27%、40.30%；存货周转率分别为2.11次、2.04次；

瑞芯微——2016年至2017年，存货分别为4.02亿元、3.15亿元；存货占总成本的比率分别为43.79%、54.11%；存货周转率分别为2.79次、1.99次；

富瀚微——2016年至2018年，存货分别为0.39亿元、0.41亿元、0.54亿元；存货占总成本的比率分别为28.34%、17.35%、22.53%；存货周转率分别为4.17次、5.88次、5.04次。

通过对比，晶晨半导体的存货占比偏低，周转效率较高。不过，需要注意一个细节——2018年存货共上涨133%，并且周转率出下滑迹象，是产品不好卖还是在囤货？

从存货结构来看，占比最高的是库存商品（41.17%），其次为委托加工物资（30.19%），再次为原材料（27.19%），其中委托加工物资由10.36%上涨至30.19%。

根据《企业会计准则-应用指南》附录：

委托加工物资是指企业委托外单位加工的各种材料、商品等物资。企业委托外单位加工物资的成本包括加工中实际耗用物资的成本、支付的加工费用及应负担的运杂费、支付的税费等。

本案，根据其Fabless的商业模式，会形成特殊的存货结构：① 原材料——向晶圆代工厂下订单采购的晶圆；②委托加工物资——指的是封测厂进行代加工和测试封装的晶圆；③库存商品——封装测试完成已经入库的芯片。

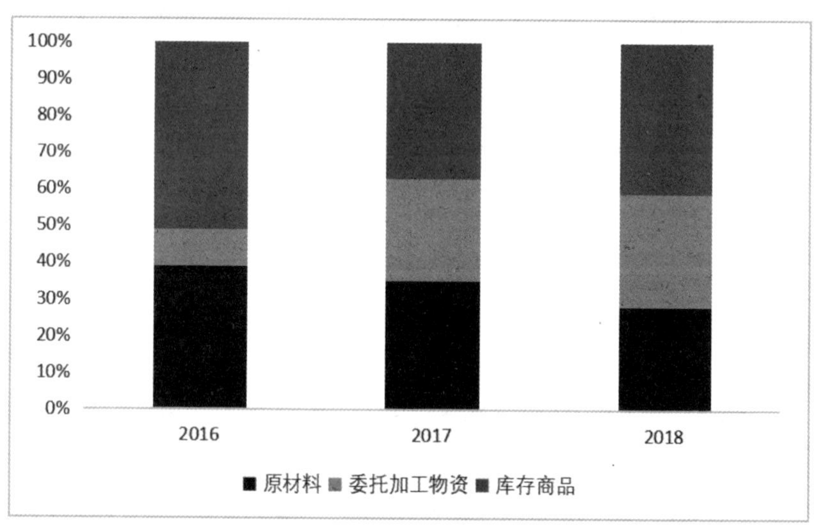

图16：存货结构（单位：%）
来源：并购优塾

首先，原材料占比下降，是由于向台积电批量采购，芯片单位成本下降；其次，委托加工物资上升，是由于其客户中兴通讯智能机顶盒中标中国移动、中国电信等电信运营商，晶晨半导体根据中兴的中标情况开始集中备货；最后，库存商品占比上升，是因为G9TV、FBC3、GXTVBB等系列芯片存货因销售进度缓慢，导致库存积压。

因此，委托加工物资，是侧面印证未来业绩增长的核心细节数据。对于一个面向B端且采取委外加工方式的零配件企业，这个数据上涨较快，说明下游绑定能力增强，订单爆发。

我们来联想一下，如果以上逻辑成立，那么，其他委外加工芯片设计公司，也应该有类似的变动。或者其他海外芯片设计巨头，如果出现这样的变动，是否也能够预示未来业绩增长？

这个逻辑很重要，如果能够印证，那么以后，对于芯片设计公司，我们就要重点关注存货结构中委外物资的变动，来预判业绩增速，从而有利于提升估值的确定性。

我们来对比一下全球芯片设计巨头的存货结构：

2017年，全球前三大IC设计巨头在途物资占比分别为英伟达24%、博通48%、高通39%，对比来看，三家巨头的在途物资占比都比较高，其中英伟达低于同行业公司平均水平。

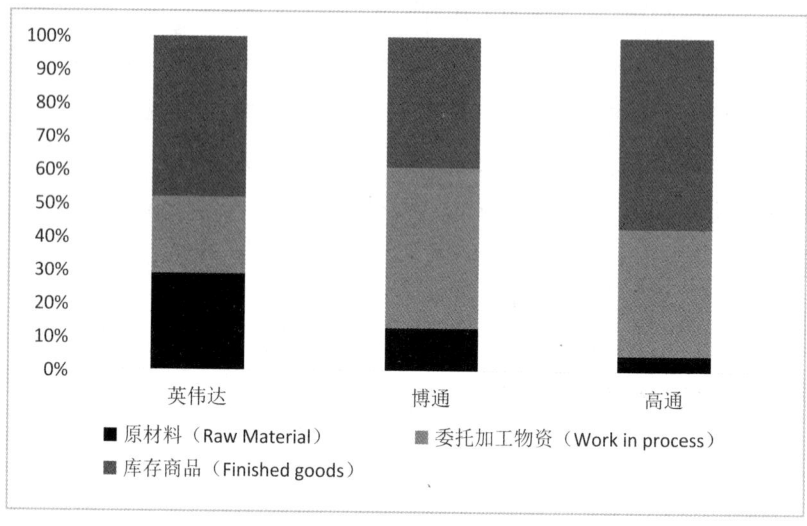

图17：2017年芯片设计巨头的存货结构（单位：%）
来源：并购优塾

再看英伟达近三年的财务报表：2016年至2018年，在途物资分别为1.76亿美元、1.92亿美元、2.38亿美元，占存货的比率分别为22%、24%、15%，对比近三年营业收入增速来看，2016年至2018年营业收入增速分别为37.92%、40.58%、20.61%，其预收账款占比与营业收入增速的变动一致。

很明显，通过在途物资在存货中结构的变动，可以间接判断未来营业收入增速的变化。这样的判断未必精准，但毕竟能做一些辅助判断。

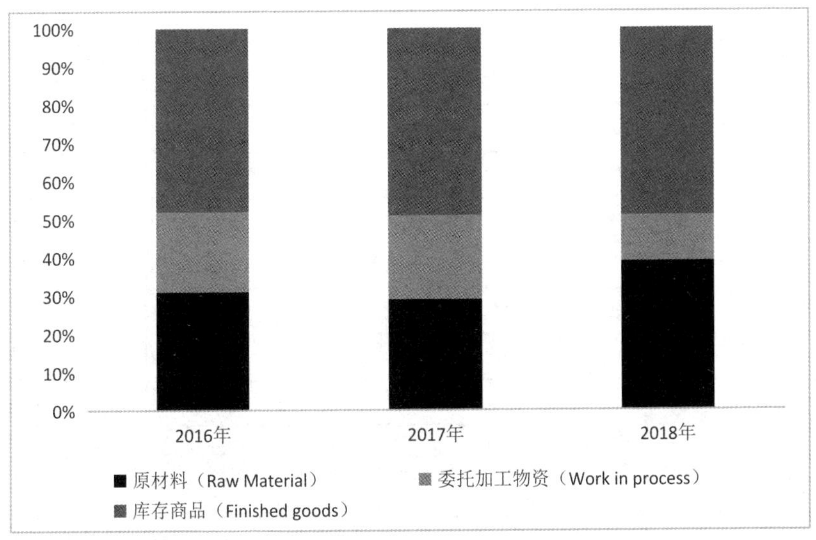

图18：英伟达存货结构（单位：%）
来源：并购优塾

顺便再来看一下英伟达的股价情况：2017年之前一路上涨，2018年后从最高点292.17美元最低跌至132美元，股价腰斩。

研究到这里，产品已经代工完成，进入晶晨半导体的仓库，接下来就是最重要的一步——销售。

6

销售，到底如何绑定下游？

晶晨半导体的前五大客户销售收入占收入比率较高，分别为72.29%、59.65%、63.35%。2018年前五大客户为路必康、文晔科技、小米、中兴通讯、中国电子，销售金额合计1.5亿元，占同期营业收入比率为63.35%。

单位：万元

期间	序号	客户名称	销售金额	占同期营业收入的比率
2018年度	1	路必康公司	53,119.98	22.42%
	2	文晔科技股份有限公司	27,878.72	11.77%
	3	小米	26,210.20	11.06%
	4	深圳市中兴康讯电子有限公司	22,124.46	9.34%
	5	中国电子器材国际有限公司	20,745.43	8.76%
	合计		**150,078.79**	**63.35%**
2017年度	1	深圳市中兴康讯电子有限公司	29,676.54	17.56%
	2	路必康（香港）电子有限公司	23,399.68	13.84%
	3	天午科技有限公司	23,376.08	13.83%
	4	彦阳科技	14,327.41	8.48%
	5	Fudahisi International Limited	10,061.30	5.95%
	合计		**100,841.01**	**59.65%**
2016年度	1	天和电子香港有限公司	20,908.79	18.19%
	2	天午科技有限公司	20,726.49	18.03%
	3	彦阳科技	15,058.64	13.10%
	4	金龙电子（香港）有限公司	14,207.36	12.36%
	5	Hisight Technology Limited	12,201.05	10.61%
	合计		**83,102.33**	**72.29%**

表3：客户名单（单位：万元）
来源：招股书

客户集中度高，对下游话语权如何？我们从财务报告中“应收账款”科目来看：

2016年至2018年，应收账款分别为0.64亿元、1.43亿元、2.39亿元；应收账款周转率分别为25.14次、16.36次、12.41次；应收账款占收入的比率分别为5.56%、8.45%、10.08%。

从财务数据来看，应收账款占收入比率上升，并且周转率在下降，存在应收放大的情况。这个细节，调研的时候得注意。我们来看同行业应收账款情况：

全志科技——2016年至2018年，应收账款分别为1.08亿元、0.59亿元、0.46亿元；应收账款周转率分别为19.55次、13.28次、23.93次；应收账款占收入的比率分别为8.6%、4.9%、3.7%。

国科微——2016年至2017年，应收账款分别为1.27亿元、1.52亿元；应收账款周转率分别为4.03次、7.92次；应收账款占收入的比率分别为26.08%、36.8%。

富瀚微——2016年至2018年，应收账款分别为0.44亿元、1.15亿元、1.24亿元；应收账款周转率分别为5.14次、4.07次、2.8次；应收账款占收入的比率分别为13.8%、25.68%、30.09%。

瑞芯微——2016年至2017年，应收账款分别为1.52亿元、1.2亿元；应收账款周转率分别为10.34次、9.19次；应收账款占收入比率为11.73%、9.59%。

晶晨半导体的应收账款周转率是高于同行业平均水平的，说明和同行业公司对比，其对下游销售渠道的话语权比较强。但是，为什么三年来周转率总体呈下降趋势呢？是其对下游的话语权逐渐变弱了么？

我们从招股书里寻找一下答案：

“2017年公司对小米等客户的销售方式由经销转为直销，导致公司给予信用账期的客户收入比率提升。

根据公司的销售信用政策，公司对经销商通常不给予信用账期，而对部分长期合作的直销客户给予一定的信用账期。2017年，小米由通过经销商向公司采购产品的模式转变为直接向公司采购产品的模式，导致公司2017年末较2016年末新增对小米的应收账款3132.90万元。剔除上述影响后，公司2017年末应收账款余额较2016年末上升幅度于收入增长幅度较为一致。

2018年公司主要客户之一中兴通讯集中在当年第四季度采购，导致年底未结清账款增加。

2018年，公司对中兴通讯全年的销售额为22124.46万元，较2017年减少7552.08万元，但中兴通讯于2018年底集中向公司进行采购，导致公司对其期末应收账款余额较2017年末增长5149.55万元。”

我们看到，晶晨半导体在2017年对于小米等大客户，采取了直销模式，从而导致给予信用账期的比率上升，导致了应收账款周转率的下降。这是其为了绑定大客户进行的妥协，同时说明其对于小米这样的大客户进行了绑定。

从表面上看，其应收账款数据变差，但其实，是晶晨半导体通过牺牲话语权的方式，对下游大客户绑定得更深，增强了未来的业绩确定性。

此外，应收账款周转率的下降还与另外的主要客户——中兴通讯销售额下降有关。所以，对本案这类零配件公司，其实判断未来业绩的核心，还是看下游几家大客户的未来预期。

研究到这里，我们再来具体看一下，本案是如何绑定小米、中兴的。注意，下游终端直接面对消费市场，能够及时了解消费者对现有产品的使用感受，那么就会对芯片产品的性能、功能和成本方面对IC设计提出进一步诉求。所以，零配件企业要想绑定下游，必须主打三个字：性价比。

7

便宜，也是竞争优势

晶晨半导体得主打产品S805X、S905X系列主要就打高性价比，保证性能前提下以较低的出厂价销售给下游终端客户。

产品系列	产品类别	产品系列	产品描述
智能机顶盒系列芯片	FHD高清	S805X	高性价比全高清四核OTT/IPTV智能机顶盒芯片
		S805Y	
	UHD超高清	S905X、S905L等	高性价比超高清四核OTT/IPTV/DVB智能机顶盒芯片
		S912	高性能超高清八核OTT/IPTV/DVB智能机顶盒芯片
		S905X、S905Y2	12nm工艺高性能超高清四核OTT/IPTV/DVB智能机顶盒芯片
		S922X	13nm工艺高性能超高清六核OTT/IPTV/DVB智能机顶盒芯片

表4：主要产品
来源：招股书

由于细分产品较多、并且销售的是B端客户，无法直接比较芯片售价，所以我们来对比一下晶晨半导体与竞争对手的毛利率：

晶晨——2016年至2018年毛利率分别为31.51%、35.19%、34.81%；
全志科技——2016年至2018年毛利率分别为40.70%、38.72%、

33.81；

富瀚微——2016年至2018年毛利率分别为56.85%、47.51%、41.70%；

瑞芯微——2016年至2017年毛利率分别为39.36%、40.63%；

联发科——2016年至2017年毛利率分别为35.64%、35.63%。

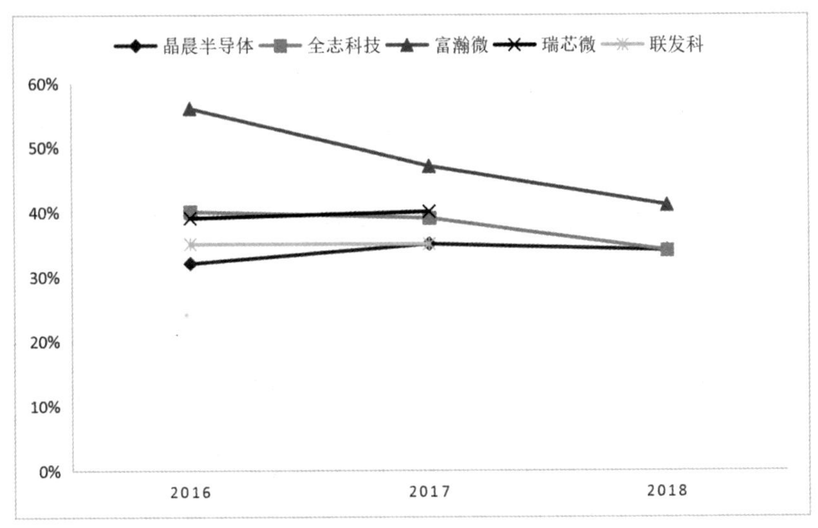

图19：同行业公司毛利率对比（单位：%）
来源：并购优塾

很明显，晶晨半导体三年毛利率基本在行业最低水平，这一点也与其主要客户——小米的产品路径一致。

既然是通过低毛利主打性价比来获取市场份额，那么接下来，我们再来看下，在性价比策略下，晶晨半导体的运营效率强不强。也就是说——通过降低毛利抢占市场，晶晨半导体是否有足够强的运营实力让自己赚到比其他公司更多的钱。

2016年至2018年，晶晨半导体三年净利率分别为6.35%、4.6%、

11.91%，2017年净利率下降是由于股权激励导致管理费用上升，整体来看运营能力在提升（净利率上升）。

再来对比一下同行业各大公司的赚钱能力：

全志科技——2016年至2018年净利率分别为11.52%、-0.15%、7.89%；

富瀚微——2016年至2018年净利率分别为34.15%、23.52%、11.23%；

国科微——2016年至2017年净利率分别为10.12%、11.14%；

瑞芯微——2016年至2017年净利率分别为6.92%、8.48%；

联发科（MTK）——2016年至2017年净利率分别为8.72%、10.10%。

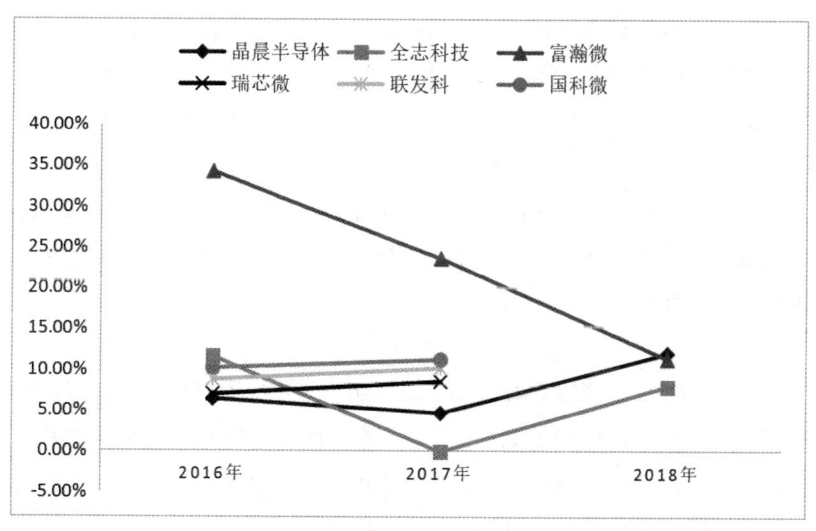

图20：同行业公司净利率对比（单位：%）
来源：并购优塾

通过对比同行业竞争对手可见，晶晨半导体运营效率有所提升，并且与同行业净利率的差距不大，其净利率水平与中国台湾地区同行业公司芯片设计龙头联发科差距也在逐步缩小。

以上，分析到这里，基本面清晰了，我们还得展望一下：晶晨半导体未来的发展主要看什么？

8

未来看什么？

晶晨半导体未来的收入增长主要看两部分：智能电视机顶盒芯片和智能电视芯片。

智能电视机顶盒芯片——机顶盒芯片，作为机顶盒的核心部件，同时也是实现机顶盒升级换代的基础。通常，每台机顶盒均配置有一颗主芯片，因此，机顶盒芯片行业的市场需求与网络机顶盒行业保持一致。

根据上文分析，未来IPTV机顶盒市场份额有继续扩大的可能，而OTT机顶盒将逐步被智能电视所代替，因此，智能电视机顶盒芯片主要看IPTV的市场规模。

从市场规模及增速来看，2016年至2017年IPTV用户数从6581万户增长至1.03亿户，同比增速高达58%，另外，目前IPTV在国内的渗透率约为24.95%，渗透率仍然较低，未来随着用户基数增大，IPTV用户增速将放缓，总用户量有望在2019年达到2.78亿户。

以2018年晶晨半导体智能电视机顶盒芯片平均价格24.89元/片来计算，2019年IPTV机顶盒芯片行业天花板约为69.19亿元（市场规模=芯片单价×总用户数量=24.89元×2.78亿户）。

目前，晶晨半导体在智能电视机顶盒芯片领域的市场份额为32%，短期内市场占有率不大会出现太大变动。由此，我们可以推算晶晨半导体2019年智能电视机顶盒芯片的营业收入规模大约22亿元（69.19亿元×32%）。

智能电视芯片——智能电视芯片是智能电视的核心部件，也是智能电视更新换代的基础，与智能电视行业需求和增速保持一致。智能电视将逐步代替OTT机顶盒，未来OTT所有功能将被集成进电视中，智能电视将逐渐网络化成为继手机、计算机后的第三大信息访问终端。

2012年至2017年，我国智能电视消费市场销量由1610万台增长至4737万台，复合年增长率达24.09%，呈快速增长态势。目前，晶晨半导体的智能电视芯片市场占有率并不高，为14%，排名第四。排名第一的公司为三星（26%），第二为华为海思（20%），第三为LG（17%），在这个领域，晶晨半导体市场份额还不够高，面临较大竞争压力。

我们假设这个赛道2019年维持24.09%的复合增长率，那么，2019年智能电视销售量预期为7283.6万台，每台智能电视至少安装一片芯片，按照晶晨半导体2018年智能电视芯片单价35.69元/片来计算，得到智能电视芯片市场规模大约为26亿元（7283.6万片×35.69元/片）。

目前，晶晨半导体在智能电视芯片领域的市场份额为14%，由此可大致推算2019年智能电视芯片预期营业收入约为3.64亿元（26亿元×14%）。

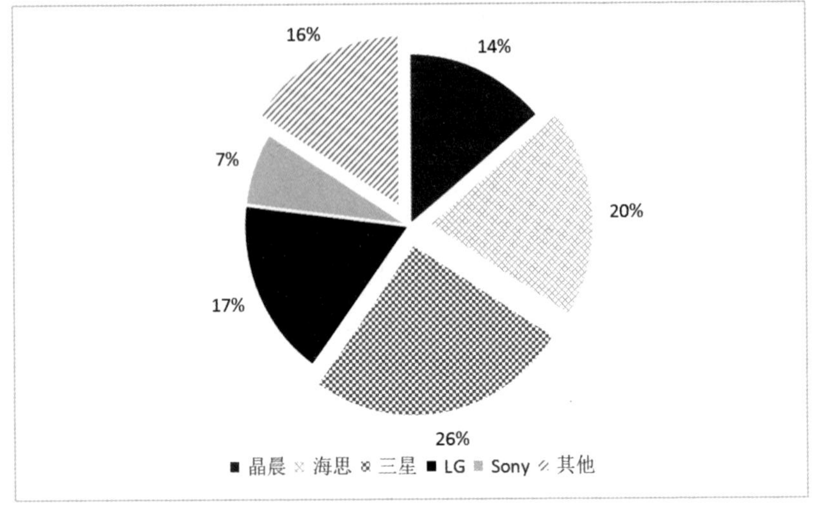

图21：智能电视芯片市场占有率
来源：国金证券

目前，以上两块业务占营业收入比率约为88.88%，假设2019年收入结构不变，可反推出晶晨半导体2019年整体营业收入规模为29亿元左右，对应净利润约为3.45亿元左右。

需要注意的是，这个数据未必精准，此处更多的是运用自上而下的营业收入预测方法，让自己对估值的假设数据心里有个底。此处的计算，是为了一定程度上增加估值逻辑确定性，而非为了得出精确数据。

以上，关于公司基本面、未来发展方向等问题分析完毕，我们进入晶晨半导体最关键的部分——估值。

对于科技类公司，估值可以说是最难的研究部分。这类公司风险大、收益高、市场波动大、预期波动大，估值区间不容易界定，并且很多一、二级机构都有大量资金参与其中，一旦数据有偏差，分分钟就是上千万元、上亿元的损失。

晶晨半导体科创板上市预计发行股份不超过10%，募集资金为15.1亿元，预计发行市值约为151亿元。这样的估值，让很多一级市场、二级市场的投资机构夜不能寐——这数据，到底是高了还是低了？

9

估值，到底是贵还是便宜?

晶晨半导体属于采用Fabless模式的设计公司，资产较轻，并且净利润波动较大，因此不适用PE、PB估值方法。

目前，晶晨半导体还处于高速成长阶段，净利润增速高达90%（可以适用PEG法估值），并且近三年营业收入增长较稳定，在40%左右（适用PS法估值）。因此，综合来看，选取PS、PEG两种相对估值方法。

我们先看PS估值法，第一步，横向观察可比公司取值区间：

A股同行业上市公司中：

全志科技——历史三年PS区间为5.5倍至8.6倍；（主要业务为显示屏芯片，多媒体芯片占比较低）

富瀚微——历史三年PS区间为8.2倍至13.6倍；

兆易创新——历史三年PS区间为7.45倍至14.5倍；

汇顶科技——历史三年PS区间为9.3倍至14.3倍；

国科微——历史三年PS区间为9倍至15倍。

美国股市同行业上市公司中（不过，美国公司多为做通用芯片的，估值区间参考价值不大）：

高通（QCOM）——历史PS区间为3.6倍至7倍；
博通(AVGO)——历史PS区间为2.8倍至6.3倍；
英伟达(NVDA)——历史PS区间为3.8倍至9.6倍。

结合不同市场上市公司比较，A股IC设计公司上市时间都较短，因此存在一定的溢价，同行业公司的PS估值区间在9倍至13倍；美股巨头PS估值区间在3.6倍至9.6倍。

注意，美国股市IC设计巨头都是以通用芯片为主，虽然都是Fabless商业模式，但是与晶晨半导体主营业务（专用芯片）不同。注意，通用芯片对芯片的制程要求一般高于专用芯片，因而技术含量更高。

由于所处芯片赛道不同，我们再看一下中国台湾地区两家同行业专用IC芯片设计巨头公司的估值：

联发科——历史三年PS区间为1.6倍至2.4倍；
瑞昱半导体——历史三年PS区间为1.4倍至2.1倍。

通过比较，中国台湾地区两家同行业公司IC芯片设计巨头的估值区间大约在1.5倍至2.4倍。

但是，我们将时间轴拉长看，在2000年，联发科的PS估值最高点也达到了15倍左右，这是为什么呢？我们推测，这样的变动和产业转移有关。

20世纪50年代以来，半导体产业在美国共经历了数次大规模的产业转移。20世纪80年代中后期，中国台湾地区逐渐在半导体领域崛起。

因为成功加入全球分工的网络中，在PC和移动设备需求的驱动下，加之代工模式的成功，中国台湾地区成了全球IC制造第一大地区、IC设计第二大地区。20世纪90年代中期，中国台湾地区掀起半导体投资热潮，2000年左右，正处于半导体投资热潮之中，并一直延续到了2004年。

而伴随着移动互联网的发展，中国大陆地区的电子产品消费市场空间巨大，半导体产业链是不是正在经历着又一轮的产业转移呢？

如果答案是肯定的，那么现在A股半导体IC设计行业普遍的高估值，就可以理解了。

1995年至2004年（中国台湾地区半导体爆发期，平均ROIC为52%，年化复合增速为33%），联发科PS估值区间为3.4倍至7.9倍。

2005年至2013年（中国台湾地区半导体稳定增长期，平均ROIC为25%，当时年化复合增速为12.5%），联发科PS估值区间为2倍全6倍。

2014年至今（中国台湾地区半导体产业转移期，平均ROIC为7.5%，年化复合增速为3%），联发科估值区间1.5倍至2.4倍。

以上三个数据，虽然不复杂，但是很明显能得出一个结论：PB的估值区间和ROIC、增速的高低，明显呈正相关。在未来十年，中国台湾地区IC设计企业的估值降低，同样也值得A股同行业公司参考。如果未来再次发生产业转移，那么需要注意估值逻辑的回归。不过，就目前来看，时间尚早。

第二步，估值。

在低位区间，我们采用中国台湾地区半导体行业爆发期估值低位，约为3.4倍，

在高位区间，我们采用五家A股上市公司的高值平均数13.2倍，此处考虑到晶晨半导体处于IC设计的多媒体细分赛道，选取某一家可比公司的高值会导致较大误差。

这样的取值范围下，对晶晨半导体的测算数据大约为87亿元至312亿元。

注意，A股目前IC设计行业上市公司估值均偏高，主要由于A股IC设计上市公司稀缺，并且上市时间较短，在这样的稀缺条件之下，数据偏高也能理解。

再来看PEG估值法。

我们选择联发科（中国台湾地区IC设计巨头）作为其PEG估值对标公司，来看看在这种假设条件下，未来晶晨半导体的估值在什么水平。

首先，联发科在高速增长期的ROIC约为52%，稳定增长期的ROIC约为25%。

接着，假设PEG=1，那么当其处于高速增长期时，再投资率为100%，其内生增速为52%，对应其PE高值为52倍；当期处于稳定增长期时，再投资率下降为80%，ROIC为25%，其内生增速为20%，则PE低值为20倍。

那么，以联发科的内生增速来作为参考并进行PEG预估，晶晨半导体PE倍数大约为20倍至52倍，对应的估值约为56.4亿元至146.6亿元。

10

DCF估值，到底值多少?

接下来，我们再看DCF模型。现金流贴现，预测主要环节的假设如下：

（1）营业收入增速——根据晶晨半导体历史三年复合增速（44%）、国内半导体设计行业增速（28.15%）、全球半导体设计行业增速（14%），其内生增速为29.84%。

注意，晶晨半导体乐观增速取行业增速28%，永续3%（CPI和无风险利率水平）；保守取内生增速14%，永续0%（未来零增长）。

（2）营业利润率——取近三年历史营业利润率8%，未来假设AI芯片占比提升，导致毛利率上升，因此永续期取13%。

（3）折旧/摊销——2018年折旧和摊销增速分别为28%，假设未来稳定经营情况下，其折旧增速与营业收入增速一致。

（4）资本支出——近三年资本支出占收入比率较高，在300%左右，主要由于经营过程中支付的与外购的IP核专利授权和所购买的软件相关的款项、电子设备款项等，假设未来长期依旧需要持续支出且与收入增速保持一致，永续期资本支出/折旧比率为100%。

（5）营运资本占营业收入比率——其历史均值为10%，2018年营运资本占营业收入比率为16%，预计未来晶晨半导体会继续通过牺牲话语权方式绑定下游大客户，所以取16%作为参考值。

（6）WACC——综合计算，取9.76%。

预测乐观情况自由现金流的取值，具体如下：（见后图）

按照以上参数大致测算，扣除其净负债-3.52亿元，计算股权价值在52亿元至125亿元，对应的PS为2.2倍至5.3倍。

总结几种估值方法：

PS估值法——数据区间为87亿元至312亿元，对应PS值为3.4倍至13.2倍；

PEG估值法——数据区间为56.4亿元至146.6亿元，对应PS值为2.4倍至6.2倍；

绝对估值法——数据区间为52亿元至125亿元，对应PS值为2.2倍至5.3倍。

综合来看，合理数据区间在87亿元至125亿元，PS在3.4倍至5.3倍。如果PS在3.4倍以下安全边际较高，如果PS在5.3倍以上安全边际相对较低。

目前，晶晨半导体的预测市值为151亿元，对应PS取值为6.37倍，落在了较高估值区间。不过，值得注意的是，任何人对任何公司，在任何时间任何地点，都不可能作出百分百的准确预估，因而本报告仅做方法讨论，具体数据不具备参考价值，更不能作为投资依据。

对晶晨半导体来说，以上为相对谨慎的估值测算，谁也无法预测，登陆A股后，其由于稀缺性、市场情绪等因素，是否会出现大幅炒作而脱离估值区间的情况。但无论如何，我们相信，再热烈地炒作，也总有一天要回归到内在价值区间。

	基期	1	2	3	4	5	6	7	8	9	10
收入增速		28.00%	28.00%	28.00%	24.43%	20.86%	17.29%	13.71%	10.14%	6.57%	3.00%
折旧增速		28.00%	28.00%	28.00%	24.43%	20.86%	17.29%	13.71%	10.14%	6.57%	3.00%
收入金额	23.69	30.32	38.81	49.68	63.59	76.86	90.14	102.50	112.90	120.32	123.93
1-息税前利润率	93.29%	92.03%	90.77%	89.52%	88.26%	87.00%	87.00%	87.00%	87.00%	87.00%	87.00%
营业成本费用	22.10	27.91	35.23	44.47	56.13	66.86	78.42	89.18	98.22	104.68	107.82
EBIT	1.59	2.42	3.58	5.21	7.47	9.99	11.72	13.33	14.68	15.64	16.11
税率	10.00%	10.00%	10.00%	10.00%	10.00%	10.00%	10.00%	10.00%	10.00%	10.00%	10.00%
EBIT (1-t)	1.43	2.17	3.22	4.69	6.72	8.99	10.55	11.99	13.21	14.08	14.50
折旧摊销	0.21	0.27	0.34	0.44	0.55	0.66	0.78	0.88	0.97	1.04	1.07
资本支出	0.31	0.40	0.51	0.65	0.83	1.07	1.07	1.07	1.07	1.07	1.07
营运资本变动	5.49	1.06	1.36	1.74	2.23	2.12	2.13	1.98	1.66	1.19	0.58
自由现金流	(4.16)	0.99	1.70	2.74	4.21	6.47	8.13	9.83	11.45	12.86	13.92
终值											212.13

表5：乐观预测

来源：并购优塾

11

优塾投研团队研究七问

（1）核心价值是什么？——晶晨半导体虽然卖的是机顶盒芯片，但是其实卖的是视频终端的连接方式，卖的是人们对视频信息的需求。

（2）护城河是什么？——IC设计行业的护城河：一是绑定下游，二是产品性价比，即为下游终端控成本，这一点有利于深度绑定大客户。所以调研的时候，要重点问关于帮下游控制成本方面的举措。

（3）未来增速看什么？——短期看智能机顶盒的出货量，中长期看智能电视的发展，长期看人工智能芯片的爆发。2019年，华为准备进入智能电视行业，所以预计华为海思将在智能电视芯片领域与晶晨半导体直面竞争，这将成为晶晨半导体未来发展的一大不确定性。从募集资金用途来看，未来晶晨半导体将主要发力人工智能芯片赛道。

（4）上下游话语权如何？——从对上下游话语权来看，现在处于微笑曲线底部，其上游晶圆加工厂集中度高、资金壁垒高，所以话语权较强；其下游主要为大型终端企业，话语权也较强。因而，整体来看晶晨半导体处于产业链“夹心层”，上游有巨头，下游有巨头，中间还面临华为这样的巨头公司的潜在竞争。

（5）是不是一门好生意？——视频芯片是智能机顶盒、智能电视的核心部件，因此具有刚性需求强的特点。想要绑定下游，只有走提高芯片性能、性价比这条路。

（6）估值高低——其投前估值为151亿元，根据我们的估值模型，测算股权价值数据在87亿元至125亿元，整体来看，发行市值安全边际较低。

（7）如果做调研，需要问什么？——智能电视芯片收入占比上升，主要绑定了哪些大客户？如何应对华为海思的竞争？随着芯片制程精细度降低65nm→28nm→12nm，固定成本上升，未来将怎么控制成本？

本报告参考资料如下，特此鸣谢。

[1]科创板001号晶晨半导体，60亿机顶盒芯片之王.读懂新三板

[2]科创板半导体研究：深耕多媒体芯片的晶晨.国金证券

[3]台积电谈28nm产能过剩的原因.电子工程网

本文发布于2019年4月17日

和舰科技

巨亏公司究竟如何估值

今天，我们研究的主角，直接来看财务数据：2016年至2018年，其营业收入为18.77亿元、33.59亿元、36.94亿元；净利润为-11.49亿元、-12.66亿元、-26.01亿元；归母净利润为2992万元、7128万元、-1.43亿元；扣非归母净利润为-1.46亿元、-296万元、-1.55亿元；经营活动现金流净额为12.26亿元、29.13亿元、32.05亿元；毛利率为19.76%、-18.06%、-35.43%；净利率为：-58.76%、-37.69%、-70.41%。

数据一看便知，命门在何处：连续三年亏损，2018年巨亏26亿元，不仅如此，它还是所有申报科创板公司中，唯一一个大幅亏损的公司。

其实亏损并不算什么，科技类公司很多都是如此，港股美国股市都有不少亏损上市的案例——比如，之前我们在专业版报告库里研究过的蔚来汽车、百济神州等。然而本案，必须要研究明白的地方在于，它的估值高达250亿元左右，在整个科创板排队公司中，排名第二。

净利润巨亏几十亿，估值却飙至上百亿，这究竟是怎样的技术逻辑？

这其实，和它所属的热门概念有关：半导体。它所做的生意，和行业巨头台湾积体电路制造股份有限公司（简称：台积电）一样，都是晶圆代工。它的名字叫作：和舰科技，主要从事12英寸、8英寸晶圆研发制造业务。

在它背后，站着的是另一家晶圆代工界的大佬，它的控股股东——台湾联华电子股份有限公司（简称：台联电）。

注意，名叫台联电，不是台积电。在20世纪90年代，台联电与台积电两大巨头，可谓势均力敌、并驾齐驱。但三十年河东，三十年河西。

如今的两家公司，已经不可同日而语。前者，在美国股市市值只有334亿元人民币，而后者，市值是它的44倍，市值高达1.4843万亿元人民币。

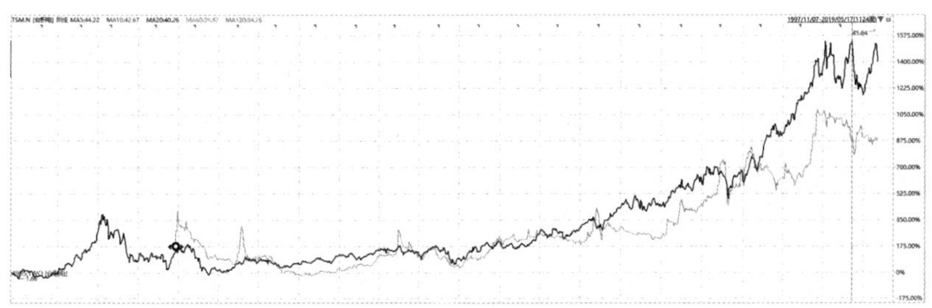

图1：台积电股价
来源：wind

研究到这里，值得我们深思的问题来了：

（1）既然和舰科技是做晶圆代工，那么，它和台积电相比，处于什么样的水平？这门生意里的各大玩家，如果要做选择，关键该看哪些指标？

（2）为什么本案一直都处于亏损状态，2018年巨亏26亿元，钱都亏到了哪些地方？

（3）在巨亏的背后，其估值高达250亿元左右，在科创板排队公司中，排名第二。这样的估值，究竟是什么逻辑在支撑？

1

半导体行业，一步跌宕历史

集成电路，俗称芯片，号称电子行业之魂，被广泛应用在电脑、手机、电视等领域。其制作原理是：依照固定的电路图，将相关电子器件刻制在硅片上（这些电子器件，最早是电子管，后来升级为晶体管）。

1958年，美国德州仪器公司的工程师杰克•基尔比，在半导体锗衬底上，用几根黄金膜导线，将1只晶体管、4只电阻、3只电容等分立元件焊接在一起，制成世界上第一个集成电路。

但是这种焊接方法，难以投入工业批量生产。1959年，有着“集成电路黄埔军校”之称的仙童半导体公司的创始人诺依斯，发明了蒸发沉积金属的方法，取代焊接导线，使工业批量生产成为可能。

随后，仙童半导体逐渐形成了一套集扩散、掩模、照相、光刻、蚀刻整个过程的平面处理技术（核心是光学蚀刻工艺），奠定了硅晶体作为电子产业中关键材料的地位，为集成电路工业大批量生产奠定了坚实的基础。

随后，仙童半导体这套工艺开始对外扩散，1962年，德州仪器公司建成世界上第一条商业化集成电路生产线。随后，在美国经济援助的背景下，日本也获得了这种技术。

芯片制造环节在工艺上实现了质的突破，同时，也反过来刺激了上游芯片设计环节的进步。

由于计算机性能不断提升，对计算机运行内存（RAM）要求越来越高，1970年10月，英特尔推出了第一个动态随机存储器（DRAM）芯片C1103，标志着DRAM内存时代的到来，掀起了半导体领域的第一波潮流。

受益于该芯片的问世，1974年，英特尔迅速占据了全球82.9%的DRAM市场份额。但是，日本公司利用国内政策保护，以及通过产业联盟的形式，与美国在DRAM领域激烈竞争，并逐渐超越美国。日本在该领域的代表公司是NEC、东芝。此外，韩国三星公司，也于1983年研发成功64K DRAM。

就在美国、日本、韩国等发达国家竞争白热化时，中国台湾地区也意识到了半导体行业是个巨大的风口，政策也开始向集成电路行业倾斜。20世纪70年代末，中国台湾地区的经济推手孙运璇，推动设立了“中国台湾工业研究院”，期望能够在当时全球半导体产业中抢占一席之地。

1980年，台联电成立，定位于半导体设计、制造等一体化业务（IDM），后来曹兴诚升任台联电总经理，开始主政台联电。

之所以定位IDM，是因为芯片领域一开始流行的就是IDM垂直生产模式，典型代表就是巨头英特尔，它覆盖了芯片设计、芯片制造、芯片封装测试所有环节。

1978年，英特尔赶上了计算机从大型机时代走向个人时代的潮流，研发出新一代8086处理器，自制了2.9万个晶体管，制程工艺为3000nm的芯片，确定了其在个人计算机（PC）方面的统治地位，这也让它在PC-CPU领域成为老大。

但是，有一个人却不跟风。它就是当时美国德州仪器的第三号人物——张忠谋。

当时，他身边很多优秀的同事离职创业，转行做芯片设计，但是因为凑不到足够的资金投资建厂制造芯片而纷纷失败。而他，却另辟蹊径，选择了另一条路——专注做芯片制造。

1987年，他创立了台积电，专注芯片制造环节，开创了晶圆代工新模式（Foundry），切入了3000~2500mm制程。

这搁在当时，是很让人费解的事——因为，芯片设计的毛利率要比芯片代工企业高得多（高通、英伟达≥55%、联发科也在40%以上），而且，生意看起来十分高大上，技术门槛又高。而芯片制造，做的是一门苦生意，还要不断进行高强度投资。

并且，其做代工，一开始做得也不是很好，还曾经依靠给英特尔做代工，勉强度日。只不过，随着芯片设计环节的分化，开始刺激代工环节的生长。

20世纪80年代末90年代初，和IDM、Foundry并列的芯片行业第三大模式，只专注设计、不负责制造的Fabless模式诞生，代表公司有：高通（1985年）、博通（1991年）、英伟达（1993年）等。

20世纪50年代	20世纪60年代	20世纪70年代	20世纪80年代	20世纪90年代	2000年至2009年	2010年至2019年
						软件
				IP提供	IP提供	IP提供
			Fabless	Fabless	Fabless	Fabless
	制造器材	制造器材	制造器材	制造器材	制造器材	制造器材
IDM	IDM	IDM	IDM	IDM	IDM	IDM
		EDA tools	EDA tools	EDA tools	EDA tools	EDA tools
			Foundry	Foundry	Foundry	Foundry
				封装检验	封装检验	封装检验

表1：半导体产业链演变图
来源：西南证券

于是，下游芯片设计需求旺盛，而上游芯片制造“供给”不足，芯片制造的稀缺性凸显。因此，具有技术优势的台积电，成为芯片设计龙头的第一选择。

受益于产业链的分工进化，采用Foundry模式的台积电，发展十分红火，而采用idm模式的台联电，受制于资金、技术、运营的多维度压力，发展的不温不火。

1991年，曹兴诚以台联电和台积电利益冲突、张忠谋偏袒台积电（其除了创立了台积电，但又同时担任“中国台湾地区工研院”院长、台联电董事长）为由，联合其他股东罢免了其台联电董事长职位，台联电和台积电正式决裂。

此后，台联电却开始效仿台积电，正式进军芯片代工领域。但是，台积电一直被模仿，从未被超越。

一方面，台积电在2000年时，已经具备130nm制程的量产技术，而台联电落后太多；另一方面，台积电收购中国台湾地区第三大半导体公司——世大半导体，导致竞争对手张汝京离开中国台湾地区，进入大陆市场，成立了中芯国际。

此时，曹兴诚指示台联电高管徐建华，前往苏州成立和舰科技（本案主角），也开始进军大陆市场。

你看，和舰科技的股东背景有台联电撑腰，并且，还争取到了软银、AIG、DaiwaNIF、新加坡经济发展局等多家知名机构的投资。因此，在技术和资金的加持下，2003年，和舰科技的第一座8英寸晶圆厂就正式投产（300nm制程）。2004年3月，月产能即达到1.6万片的盈亏平衡线。

然而，由于种种原因，曹兴诚被迫辞职，对和舰科技的后续发展，造成了重大不利影响。造成和舰科技如此局面的原因，主要有两个：

一是，技术升级遇到瓶颈。一直到2015年，其技术都局限在8英寸及45nm以上传统制程领域，而台积电的制程已经快速推进到10nm。产能壁垒被中芯国际、华虹赶超。

二是，在IT变革的潮流里，母公司台联电错失良机，远远落后于台积电。当时，IT时代的变革从PC端转向移动端，台积电赶上了苹果发布第一代智能机，以及高通发布第一代处理器的行业发展高峰期，其来自高通的订单占营业收入的25%。占据技术先机，让台积电一举将台联电甩开。

2013年，台联电重新获得和舰科技的控制权。2015年，和舰科技开始建设厦门联芯的12英寸晶圆厂（制程最高为28nm）。

这一次，趁着科创板的东风，和舰科技准备在科创板上市，融资25亿元，投前估值高达250亿元，创下科创板半导体行业估值之最。

如此高估值之下，晶圆代工这门生意，技术难点到底在哪里？

2

工艺难点，到底在哪里？

上文已经说过，目前整个集成电路领域是IDM（垂直一体化）模式与Fabless（设计）+ Foundry（代工）两种模式并存，其中IDM模式仍占主流。

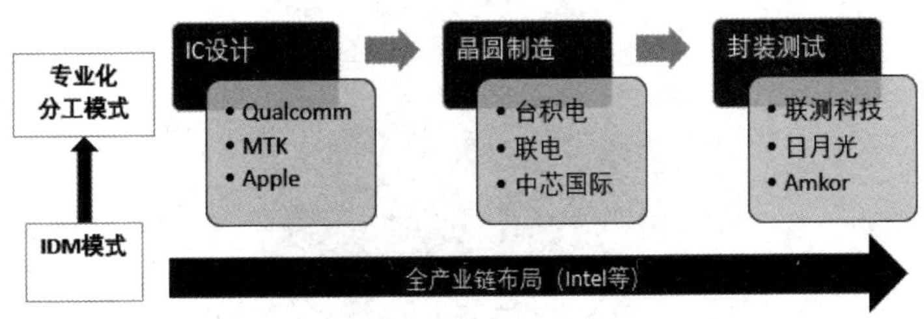

图2：半导体产业链各环节及主要公司
来源：广发证券

但是无论哪个模式，都少不了IC制造环节，又叫晶圆代工，其主要流程是接受芯片设计公司的委托，按照芯片设计公司的设计要求，将已经设计好的电路版图，加工成晶圆成品的过程，后续再经过测试封装，形成芯片IC成品。

IC制造的工艺，难度很大，形象的比喻是：在米粒上盖摩天大楼。其基本环节包括：晶圆清洗——涂光刻胶——光刻——蚀刻——去胶——离子注入——化学气相沉积——物理气相沉积——分子束外延。

其中关键的环节，有三个部分：光刻、蚀刻、气相沉积。

第一，先来看光刻——所谓光刻，也叫光学显影，其实原理也很容易懂，有点像照相，照相时把影像曝光在胶片上，而光刻是将复杂的电路结构转印在晶圆的感光材料上。

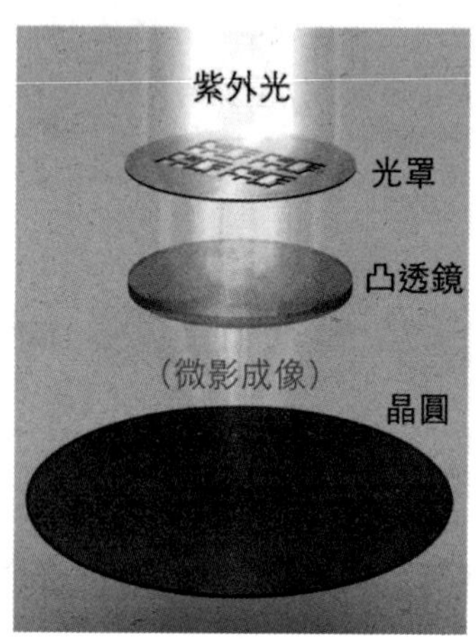

图3：光刻显影
来源：光映科技官网

整个光刻环节对于精度的要求非常高，可以说一个环节有偏差，就会毁掉整个硅片。但是对于光刻来说，最大的问题还不是这个，而是这个阶段的设备——光刻机。

光刻机是晶圆光刻的核心设备，自1978年第一台问世至今，已经发展了五代。

	光源		波长（nm）	对应设备	最小工艺节点（nm）	说明
第一代	DUV	g-line	436	接触式光刻机	800至250	易受污染，掩膜板寿命短
				接近式光刻机	800至250	成像精度不高
第二代		i-line	365	接触式光刻机	800至250	易受污染，掩膜板寿命短
				接近式光刻机	800至250	成像精度不高
第三代		KrF	248	扫描投影式光刻机	180至130	采用投影式光刻机，大大增加掩膜板寿命
第四代		ArF	193	步进扫描投影光刻机	130至65	最具代表性的一代光刻机，但仍面临45nm制程下的分辨率问题
				浸没式步进扫描投影光刻机	45至22	
第五代	EUV		135	极紫外光刻机	22至7	成本过高，技术突破困难

表2：光刻机进化史
来源：西南证券

世界范围内只有荷兰的ASML（阿斯麦）、尼康等两三家企业能够制造，其中，先进制程的比如7nm的只有ASML能造。上海微电子装备公司是国内最先进的光刻机制造公司，只能达到90nm。不仅如此，光刻机的价格很贵，一台最先进的EUV光刻机NXE3350B，单台售价超过1亿美元。

来看阿斯麦的股价走势图：

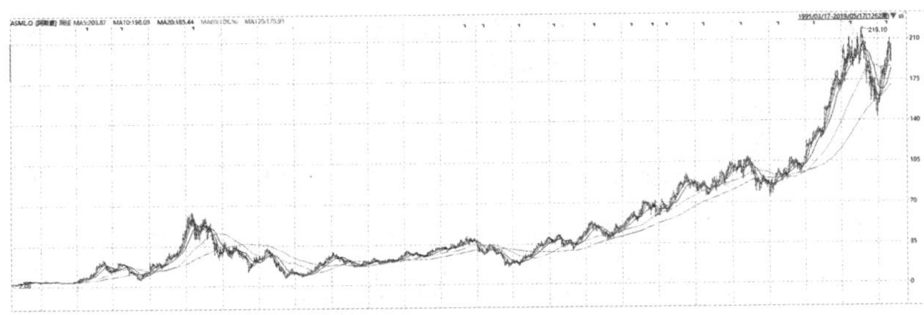

图4：阿斯麦股价图
来源：wind

价格贵就贵吧，更关键的是很难买到。ASML3个股东分别是英特尔、三星、台积电。别的人想买，只要三家股东不愿意，就买不到，即使三家股东都同意了，还有一关，那就是著名的——《瓦森纳协定》。

根据这个协定，中国大陆的企业无法购买最先进的光刻机。没有光刻机，就更谈不上后续光刻工艺的改进，联电、中芯国际一直在制程上追不过台积电，很大的一个原因就是无法购入最先进的光刻机。

另外，光刻环节还有一个重要的原材料——掩膜版（又叫光罩），技术壁垒极高，均呈现寡头垄断的态势。全球只有三家售卖，美国Photronics、日本印刷株式会社DNP、日本凸版印刷株式会社。这个技术，都掌握在美国、日本手里，属于寡头垄断。

不过，需要注意的是，尽管美、日垄断技术，但中国台湾地区的台积电可以自己制造光罩。

其次，除了光刻，第二大环节就是蚀刻——该技术，在之前的“中微半导体”案例中有过分析，这里就不再详述。具备蚀刻技术壁垒的代表公司是：拉姆研究、应用材料、中微半导体、北方华创。

最后，还有第三个环节：气相沉积。化学气相沉积，是利用气态或蒸汽态的物质，在气相或气固界面上反应，生成固态沉积物的技术。

在半导体里，主要是用来沉积各种半导体薄膜材料，这个技术难度虽说不如光刻难度大，但是也是非常具有挑战性的，其中的核心，除了极为精细的工艺和精细度外，相关设备也是其中关键的因素，而目前国内还没有相关沉积设备企业。

综上，工艺+设备+协议垄断，构成了半导体这门生意最大的护城河——那么，回到本案，和舰科技这门生意赚不赚钱，做得怎么样？

3

这公司，到底怎么赚钱？

和舰科技，成立于2001年，截至2019年4月，注册资本32.05亿元，其控股股东和实际控制人为台联电，持股比率98.14%。注意，其子公司中，定位于12英寸、28nm先进制程的厦门联芯，虽然已经并表，但和舰科技只持有其14.49%的股份。

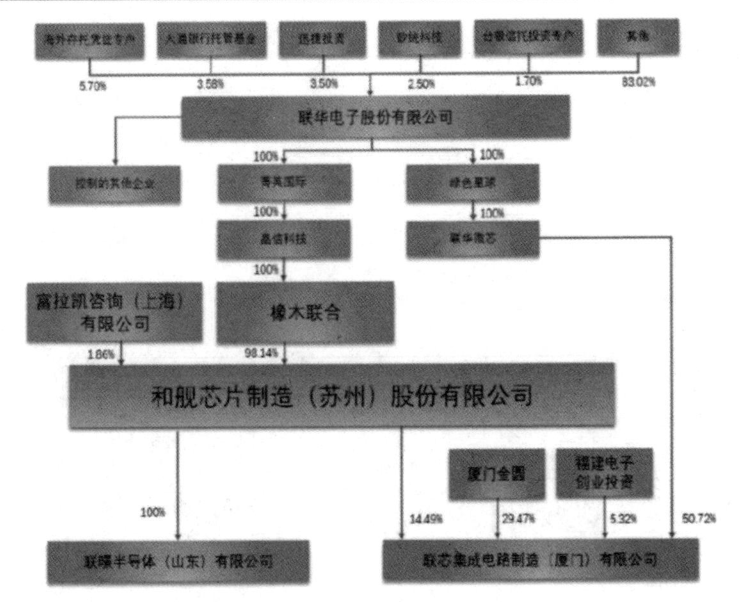

图5：股权结构
来源：招股书

和舰科技主营业务是从事12英寸及8英寸晶圆研发制造业务，其中，本部（苏州）主要从事8英寸晶圆研发制造业务，涵盖0.11μm、0.13μm、0.18μm、0.25μm、0.35μm、0.5μm等制程，而子公司厦门联芯主要从事12英寸晶圆研发制造业务，涵盖28nm、40nm、90nm等制程，制程更精细，工艺更先进。

其上游，为半导体硅片及电子化学品生产商，前五大供应商集中度为40.33%，供应商基本集中在日本和中国台湾地区，对供应商依赖强。

其中，中国台湾地区崇越占比13.91%，其为日本信越化学的代理商；联华林德占比6.85%，关联企业；日本SUMCO占比7.69%；美日光罩6.4%；Globalwafers占比5.48%。

其下游，为芯片设计（Fabless）厂商，知名的企业有美国高通、中国台湾地区联发科、华为海思、紫光展讯等，前五大客户集中度为60.05%，客户集中度高。

其中，中国台湾地区联发科占比14.66%，紫光展讯（13.27%）、联咏（12.69%）、矽力杰（12.26%）、台联电（7.17%）。此外，值得注意的是，台联电、联咏是关联方。

重温一下财务数据：2016年至2018年，其营业收入为：18.77亿元、33.59亿元、36.94亿元；净利润为-11.49亿元、-12.66亿元、-26.01亿元；归母净利润为2992万元、7128万元、-1.43亿元；扣非归母净利润为-1.46亿元、-296万元、-1.55亿元；经营活动现金流净额为12.26亿元、29.13亿元、32.05亿元。

从盈利能力角度来看，2016年至2018年，其毛利率为：19.76%、-18.06%、-35.43%；净利率为：-58.76%、-37.69%、-70.41%。

注意，这个财务数据需要调研提问的点颇多——近三年营业收入复合增速为24.61%。净利润三年连续为负，增速为-33%，亏损面逐渐扩大。几个问题需要解决：

（1）净利润巨亏，亏到哪了？同时注意，尽管净利润巨亏26亿元，但归母净利润却只亏损-1.43亿元，怎么差异这么大？

（2）毛利率、净利率大幅为负，与经营活动现金流净额大幅为正产生矛盾，这是什么情况？

第一个问题，得从收入、毛利结构上看，定位亏损点——目前，其收入主要集中在行业内主流的8英寸和12英寸晶圆领域，最近3年占比达

99%以上。12英寸晶圆的营业收入占比逐渐扩大，而这也就是导致亏损的主要原因。

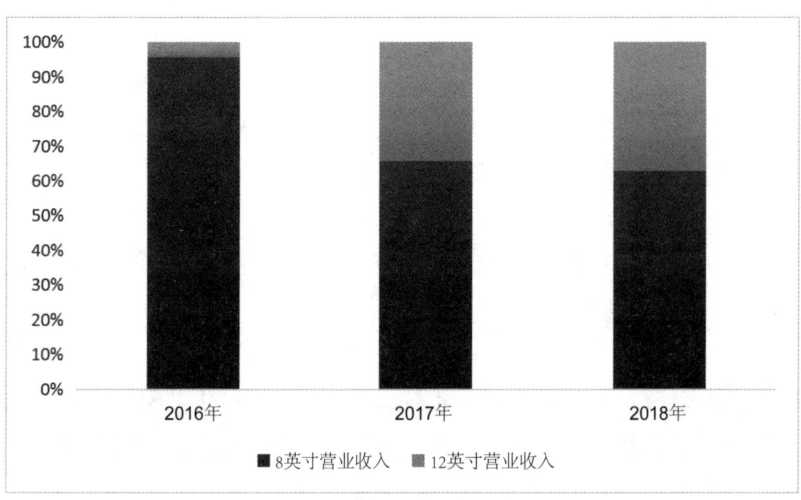

图6：营业收入结构（单位：%）
来源：并购优塾

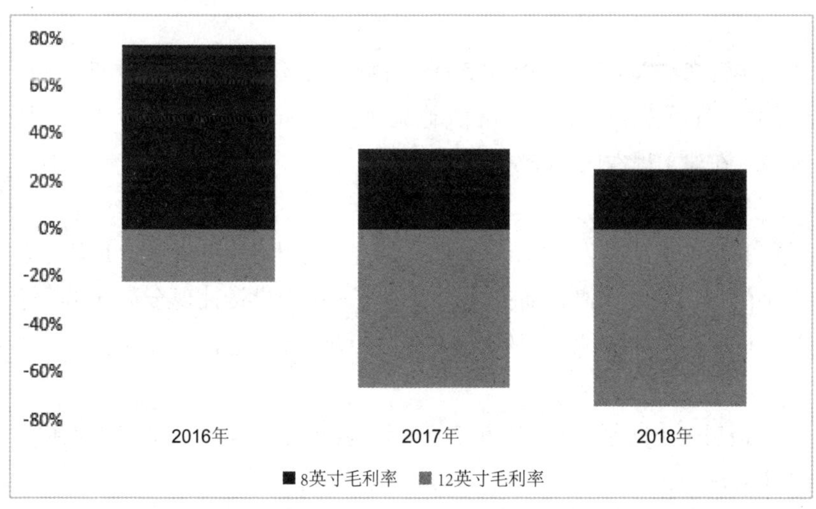

图7：毛利率结构（单位：%）
来源：并购优塾

而从利润表上看，其2018年营业收入为36.94亿元，其中营业成本50.03亿元，占比135%，其次是资产减值损失（15%）、财务费用（11%）、研发开支（10%）。

总之，2018年亏损最大，是受成本高企（主要是前期投入大额机器设备，新建12英寸晶圆厂，产生了大额折旧摊销），同时，存货出现减值，计提了大额资产减值损失所致。

此外，第二个要注意的问题是：为什么归母净利润亏损幅度较小，而整体净利润亏损巨大？

这是因为，其亏损的12英寸晶圆项目，主要是由其子公司厦门联芯生产，虽然厦门联芯巨亏，但是，由于其持股比率少（不到15%），所以，大部分亏损都被分至少数股东损益中去了。

另外，还有一个问题——为什么现金流比净利润好？

从资产结构上看，2018年其资产总额为241亿元。其中固定资产占比58.8%；货币资金占比14.6%；其他流动资产占比8.77%；无形资产占比6.8%；在建工程占比5.65%。

可以看出这是一个重资产驱动、资金和技术密集的模式。所以，非现金的折旧成本极高，而投建固定资产又属于投资性现金流支出，于是，折旧会拉低净利润，放大净利润与经营活动现金流之间的差异。

最后一个问题：为什么扣非净利润与净利润差异大，非经常性损益是什么？

从负债结构上看，2018年负债总额142.22亿元，其中长期借款占比42.88%；递延收益占比26.97%；短期借款占比9.51%；其他应付款占比8.66%。可以看出有息负债和政府性补助巨大。

2016年至2018年，政府补助分别为3428万元、3.44亿元、10.48亿元，其中，归入损益的分别为1.75亿元、0.73亿元、0.12亿元，如果把该部分政府补助扣除，则其净利润亏损还要扩大。

看到这里，我们对其财务数据做一个粗略扫描：

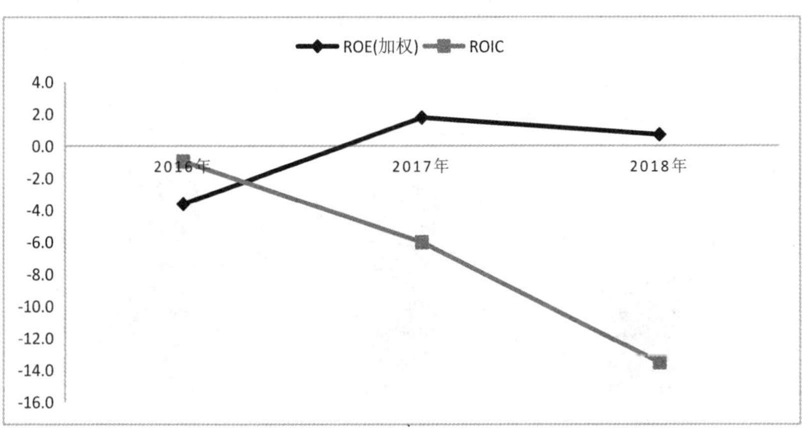

图8：ROE、ROIC（单位：%）
来源：并购优塾

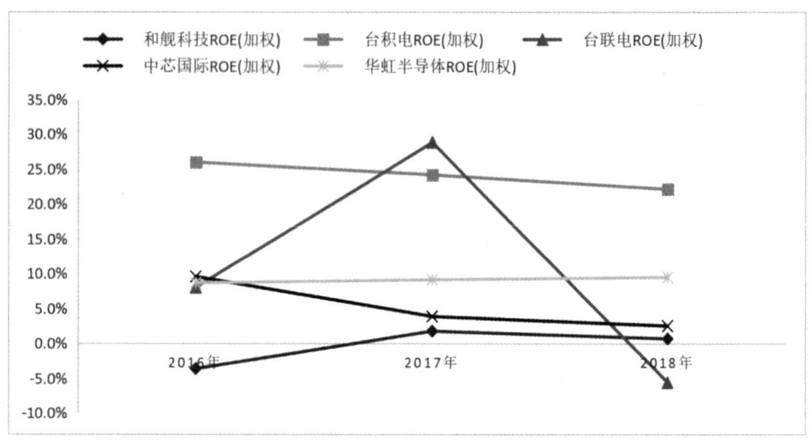

图9：同行业ROE对比（单位：%）
来源：并购优塾

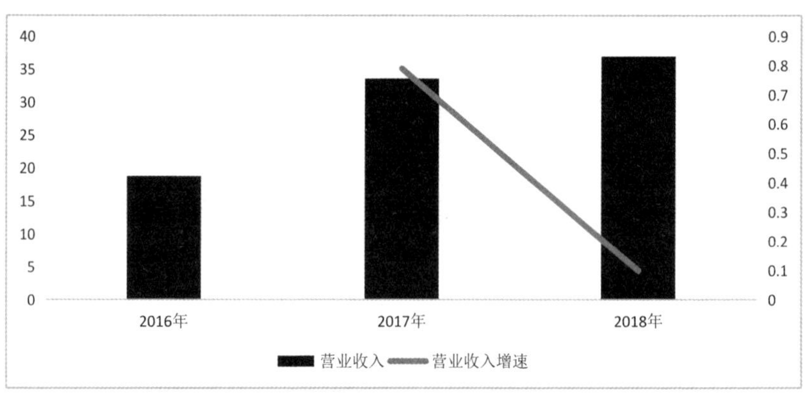

图10：营业收入、营业收入增速（单位：左：亿元、右：%）
来源：并购优塾

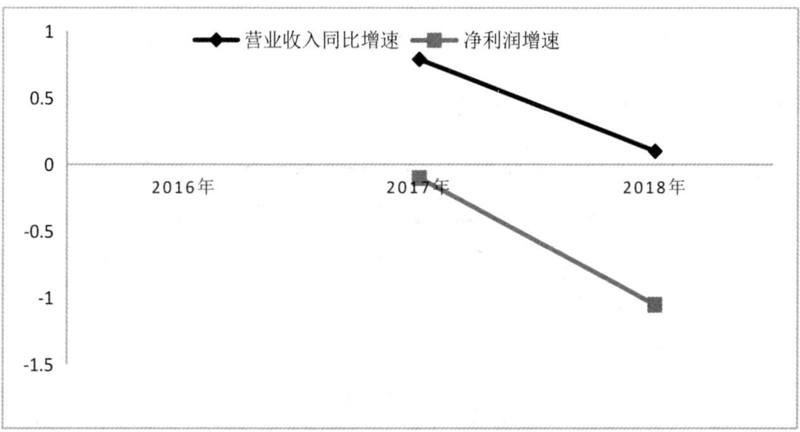

图11：营业收入同比增速、净利润增速（单位：%）
来源：并购优塾

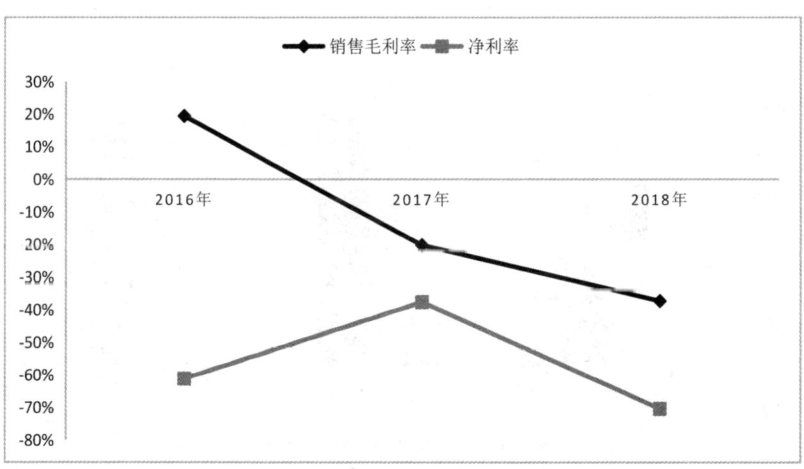

图12：销售毛利率、销售净利率（单位：%）
来源：并购优塾

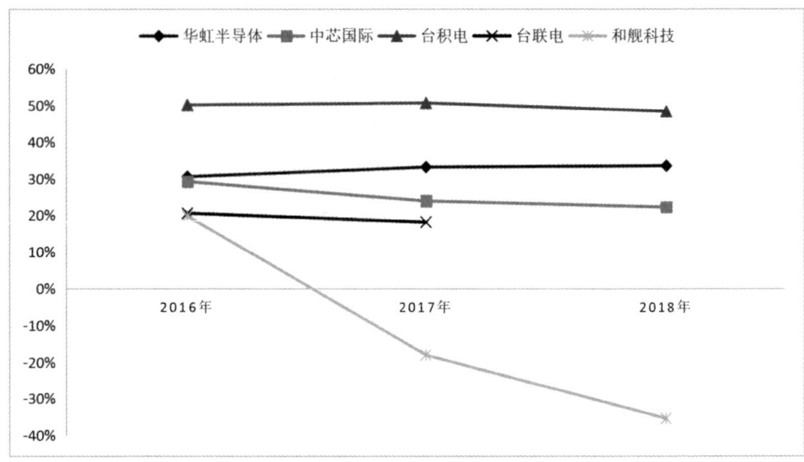

图13：同行业公司毛利率对比（单位：%）
来源：并购优塾

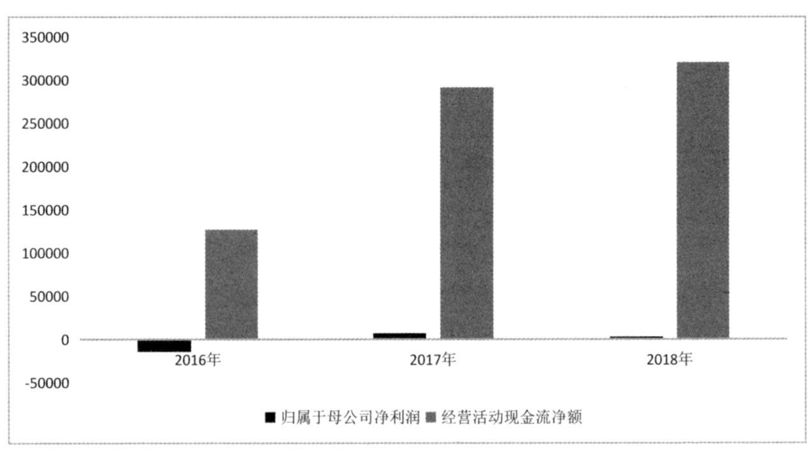

图14：归属于母公司净利润、经营活动现金流净额（单位：亿元）
来源：并购优塾

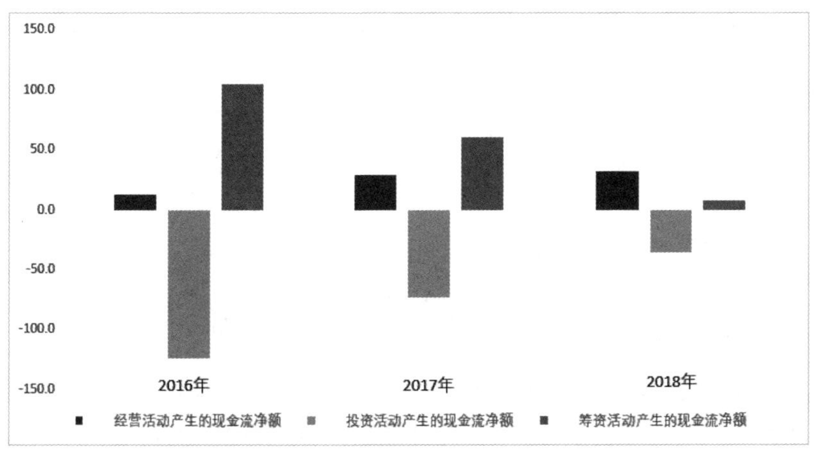

图15：经营活动、投资活动、筹资活动的现金流净额（单位：亿元）
来源：并购优塾

明白以上三个问题后，本案生意流程可以简化为这个链条：技术储备——融资——产能建设——生产——销售。接下来，我们对本案做一次全面复盘。

4

技术，全靠母公司支持？

被称为现代工业两大高地之一的集成电路领域，技术肯定是第一位的，而对于技术，从财务指标上看，可以从无形资产反映出来。

2016年至2018年，其无形资产金额分别为11.28亿元、21.39亿元、16.44亿元，3年复合增长率13%。其中，专利和非专利技术占比90%以上，无形资产占总资产的比率为5.67%、8.39%、6.8%。

对比同行，看看大家都是什么水平：

台积电——无形资产分别为31亿元、31亿元、34亿元，3年复合增长率3%，占总资产的比率为0.7%、0.7%、0.8%；

中芯国际——无形资产分别为17亿元、14亿元、8亿元，3年复合增长率-22%，占总资产的比率为2.4%、1.7%、0.8%；

华虹半导体——无形资产分别为0.56亿元、0.48亿元、0.66亿元，3年复合增长率5.3%，占总资产的比率为0.31%、0.35%、0.44%；

从绝对值来说，台积电＞中芯国际＞和舰科技＞华虹半导体，从相对值上看，和舰科技＞中芯国际＞台积电＞华虹半导体。

既然是这样的排列顺序，这就存在一个问题，和舰科技比国内行业老大台积电的无形资产占比还要高，这是为什么？

无形资产占总资产比率高，一般有两个原因：第一，自主研发支出比较大，或者从外面买的技术比较多，且资本化比率比较高；第二，无形资产刚刚形成，前面已经摊销的比率比较小。那么，我们看看是哪种情况？

先看自主研发——2016年至2018年，和舰科技研发费用分别为1.8亿元、2.9亿元、3.85亿元，三年复合增长率28%，占同期营业收入比率为10.04%、8.67%、10.45%。注意，研发费用占收入的比率在9%以上。

同行公司都是什么水平？我们来看看：

台积电：154亿元、187亿元、184亿元，占营业收入的比率为7.92%、8.4%、9.1%。

台联电：2016年至2017年：28.9亿元、30亿元，占营业收入比率为9.1%、9.1%。

中芯国际：22亿元、28亿元、38亿元，占营业收入比率为10.3%、12.9%、17.6%。

华虹半导体：2.7亿元、3.3亿元、2.9亿元，占营业收入比率为5.6%、6.1%、4.7%。

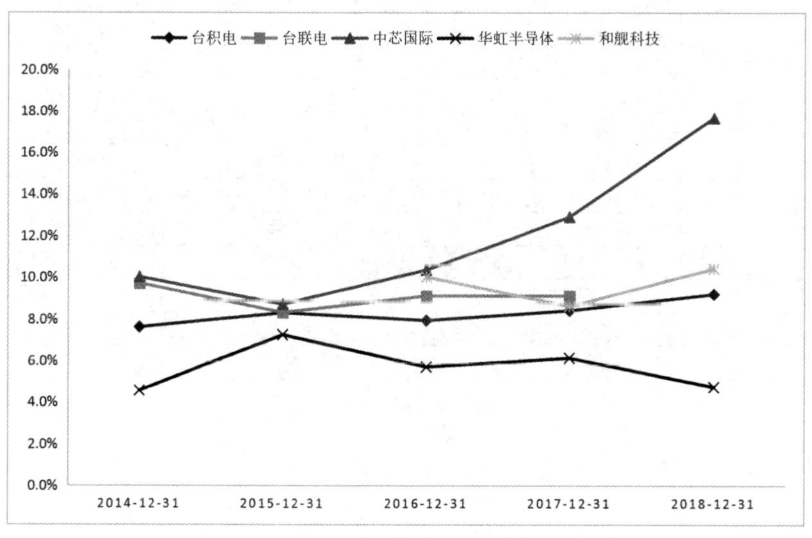

图16：同行业公司研发费用占比（单位：%）
来源：并购优塾

从研发投入绝对值上看，台积电远超同行，研发投入高达上百亿，而从相对比率上看，中芯国际的研发费用占营业收入比率最高，最近一年甚至高达17%，但台积电的研发强度也不低，接近10%。

看到这里，不免又有一个疑问，它们的研发费用都投去哪了？各家的投资布局是否有什么不同？

先来看和舰科技：

序号	产品名称	完成时间
1	0.11μm超低功耗嵌入式快闪存储器	2016年3月
2	0.13μm高压+/-16V金属氧化物半导体	2016年3月
3	40nm工艺技术	2016年3季度
4	28nm Poly/SiON工艺技术	2017年2季度
5	28nm S工艺的机芯片设计	2017年12月
6	28nm High-K/Metal Gate工艺技术	2018年1季度
7	0.18μm BCD高压60V工艺	2018年6月
8	40nm嵌入式高压（6V/8V/32V）工艺技术	2018年2季度
9	28nm工艺的 USB2.0 OTG型号的物理层连接器	2018年6月
10	0.11μm超小单元可擦写可编程存储器	2018年4季度
11	28nm车用工艺技术与产品导入	2018年4季度
12	28nm射频工艺技术与产品导入	2018年4季度
13	40nm超低功耗工艺技术	2018年4季度
14	80nm嵌入式高压（6V/32V）工艺技术	2018年12月

表3：和舰科技研发费用投入项目
来源：招股书

和舰科技的研发方向，主要有几个特点：

（1）研发领域集中在28nm及以上的成熟制程，包括：相对落后的28nm-SiON工艺和相对先进的28nm-High-K工艺。注意，28nm是传统制程与先进制程的分界点。

从这个角度看，和舰科技的制程要优于华虹半导体，华虹目前最先进的制程是90nm。而这个时候的台积电已经走到了10~7nm，远远的把中芯国际、和舰科技、华虹半导体甩到了身后。

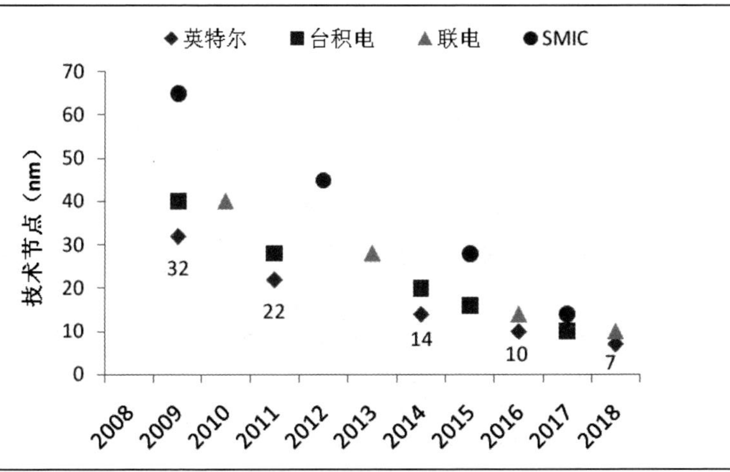

图17：全球晶圆代工厂商制程发展
来源：东北证券

（2）主要集中在嵌入式、高压、EEPROM（带电可擦可编程只读存储器）等领域，属于逻辑芯片、存储主赛道之外的领域。

这说明，和舰科技目前的研发投入策略，已经退出IC主赛道的竞争，这点和华虹半导体类似。华虹半导体目前的研发方向也是嵌入式非易失性存储器(eNVM)、功率器件、射频、模拟及混合信号、电源管理IC。只有中芯国际还在攻克14nm等先进制程。

除自主研发之外，就是对外收购，而对应的财务数据上看，主要看投资活动现金流：

2016年至2018年，和舰科技购建固定资产、无形资产和其他长期资产支付的现金，分别为1.8亿元、0.89亿元、9.7亿元，扣除固定资产方面的支出，基本就是无形资产方面的支出。2017年至2018年，固定资产+在建工程增加数分别为：-2.6亿元、6.65亿元，最后可以得出，2017年至2018年，外购技术大概支付了近4亿元。

对比同行业公司，来看看差距：

台积电，三年累计对外购买无形资产33.28亿元；

中芯国际，三年累计对外购买无形资产9.47亿元，占无形资产比率为72%；

华虹半导体，2017至2018年累计对外购买无形资产0.40亿元，占无形资产比率为76%。

从绝对值上看，台积电＞中芯国际＞和舰科技＞华虹半导体。

那么，我们接下来看看，和舰科技买的都是什么？

序号	持有人	非专利技术名称	授权期限	授权费用
1	联华电子	关于制造内含最小特征尺寸为0.13μm集成电路组件之半导体硅晶圆之制程技术、设计规则、电路布线、光罩图形档案、光罩等，以及前揭半导体制程技术之特殊应用与后续为改善前揭半导体制程之生产成本、产品良率及/或生产效率等所为之一切衍生性技术。	2018年7月11日至2028年7月10日	无
2	联华电子	关于制造内含最小特征尺寸为28nm集成电路组件之半导体硅晶圆之制程技术、设计规则、电路布线、光罩图形档案、光罩等技术，乃后续为改善前揭半导体制程技术之生产成本、产品良率、及/或生产效率等所为之一切衍生性技术	2017年4月1日至2022年3月31日	20000万美元
3	联华电子	关于制造内含最小特征尺寸为40/55nm集成电路组件之半导体硅晶圆制程技术、设计规则、电路布线、光罩图形档案、光罩等技术，乃后续为改善前揭半导体制程技术之生产成本、产品良率及/或生产效率等所为之一切衍生性技术	2015年12月1日至2019年12月31日	15000万美元
4	联华电子	关于制造内含最小特征尺寸为80/90nm集成电路组件之半导体硅晶圆制程技术、设计规则、电路布线、光罩图形档案、光罩等技术，乃后续为改善前揭半导体制程技术之生产成本、产品良率及/或生产效率等所为之一切衍生性技术	2018年11月23日至2028年11月22日	授权产品销售净额之3%，并按季结算

表4：外购技术授权
来源：招股书

授权方	使用方	技术内容	应用领域	合同生效日	使用期限	定价依据
ARM	和舰芯片	0.18μm SC/Memory/IO	晶圆制造	2004年9月1日	该许可协议将逐年在到期时自动续约1年	根据实际出货及合约规定，计算权
		0.25μm SC/Memory/IO		2005年9月30日		
		0.16μm SC/Memory/IO		2006年6月30日		
ISSI	和舰芯片	0.18μm standard & customized pFlash macro/0.153μm pFlash Customized macro/0.11/0.13μm pFlash Customized macro	晶圆制造	2015年8月1日	2024年12月31日	根据实际出货及合约规定，计算权利金
eMemory Technology Inc	和舰芯片	单一多晶OTP、OTP	晶圆制造	2008年7月25日、2011年10月1日	2021年12月31 日	根据实际出货及合约规定，计算权利金
		OTP		2013年4月1日	-	
		OTP		2014年9月1日	-	
		OTP		2017年6月8日	-	
		OTP		2018年6月15日	-	
		NEOMTP		2016年9月7日	2021年9月6日	
		NeoEE MTP		2017年12月5日	2022年12月4日	
智原科技	和舰芯片	0.25μm/0.18μm GII/0.18μm LL/0.15μm SP/0.13μm HS,LL SP/90nm SP process IP	晶圆制造	2004年8月5日	2024年6月30日	根据实际出货及合约规定，计算权利金
		0.11μm AE HS Process		2011年12月30日	2024年6月30日	
		0.11μm eFlash USB2.0		2014年4月21日	2024年6月30日	
		0.11μm ULL pFlash		2016年12月30日	2026年12月29日	
		0.18μm MMRF SC for Goodix		2017年9月28日	2028年9月27日	
GlobalCAD INC	和舰芯片	0.35μm generic logic process SC/IO/Memory	晶圆制造	2004年7月1日	该协议将逐年在到期时自动续约1年	根据实际出货及合约规定，计算权利金
		0.5μm/0.35μm/0.25μm/0.18μm SC/IO/Memory		2012年5月15日		
ARM	厦门联芯	SC/Memory/IO	晶圆制造	2018年11月29日	-	根据实际出货及合约规定，计算权利金
SYNOPSYS	厦门联芯	40nm,55nm SC/Memory/IO、28nm SC/Memory/IO	晶圆制造	2016年6月1日	2025年5月31日	根据实际出货及合约规定，计算权利金
智原科技	厦门联芯	Generic Core/Memory/IO	晶圆制造	2018年10月1日	2028年9月30日	根据实际出货及合约规定，计算权利金

表5：获得的外部知识产权授权
来源：招股书

其中，ARM是IP核提供商、Synopsys是集成电路设计自动化(EDA)软件工具提供商，是大部分Fabless、Foundry公司都要用到的。不过，需要注意的是，还有外部授权母公司台联电、关联公司智原科技，并且授权的内容那么多是怎么回事？

看授权范围，130nm、80/90nm、40/55nm、28nm全系列包括制程、设计规则、电路布线、光罩图形等几乎涵盖整个芯片制程的过程。

这说明了什么？第一，母公司台联电对和舰科技支持力度比较大，28nm这种先进制程的技术已经给和舰科技了。第二，和舰科技一直依赖母公司的技术支撑。

不管是自主研发，还是外部购买，总归是有了技术，有了技术，就该进行产能建设了，但是产能建设之前，有一个问题得解决——钱从哪里来？

5

找钱，也是核心竞争力

晶圆代工行业，需要投入的资金数额巨大，以中芯国际上海月产能在7万片的12英寸晶圆厂为例，投资金额高达675亿元。所以在这一行，找钱，其实也是核心竞争力。

那么我们看看和舰科技的找钱能力——从财务指标来看，要看两个现金流：经营活动现金流净额、筹资活动净现金流。

（1）经营活动现金流——2016年至2018年，和舰科技经营活动现金流净额分别为20亿元、28.76亿元、32.49亿元，看上去非常充裕。

但是，这里需要注意的是，同期扣非净利润为-1.55亿元、-0.02亿元、-1.46亿元，扣非净利润竟然比经营活动现金流净额还低？为什么？

问题出在了收到其他与经营活动有关的现金科目内，其中一个重要内容是政府补助。2016年至2018年和舰科技计入损益的政府补助为0.34

亿元、3.4亿元、10.4亿元，主要是子公司厦门联芯产能建设收到的政府补助。

（2）筹资活动现金流净额——分别为：104亿元、60亿元、7.4亿元，虽然逐年递减，但累计达到将近170亿元。再看看结构，股权融资三年累计为89亿元，占比52%，主要为母公司台联电对子公司厦门联芯的增资，债务融资三年累计71亿元，占比41%，其他11亿元，占比6%。

项目	2018年度	2017年度	2016年度
吸收投资收到的现金	380552.00	276039.00	318982.18
取得借款收到的现金	203953.55	613061.17	1203612.22
收到其他与筹资活动有关的现金	221342.40	229188.76	60000.00
筹资活动现金流入小计	**805847.95**	**1118288.93**	**1582594.40**
偿还债务支付的现金	358416.97	422078.82	529119.09
分配股利、利润或偿付利息支付的现金	39807.02	29430.10	9044.40
支付其他与筹资活动有关的现金	333626.10	60783.04	1258.92
筹资活动现金流出小计	**731850.10**	**512291.96**	**539422.41**
筹资活动产生的现金流净额	**73997.85**	**605996.97**	**1043171.99**
变动额	**-531999.12**	**-437175.02**	

表6：筹资现金流结构（单位：万元）
来源：招股书

可以看出，最近三年和舰科技的资金来源主要为母公司注资、债务融资和政府补助，自身通过经营活动实现造血的功能较弱。

接下来我们对比一下同行公司，看看在找钱能力方面，大家都是什么水平：

（1）台积电最近三年的经营活动现金流净额分别为1155亿元、1286亿元、1161亿元，占同期净利润的比率高达162%、169%、163%。

从这个数据可以看出，台积电根本就不用筹资。再看筹资活动现金流净额，果然，三年净流出分别为338亿元、474亿元、496亿元。累计流出1200亿元，其中绝大部分是支付给股东的股利分红。

（2）中芯国际，经营活动现金流净额分别为68亿元、71亿元、55亿元，占同期净利润的比率261%、591%、611%。

这个数据，同样比较出色，但是中芯国际筹资活动现金流净额仍高达181亿元、83亿元、163亿元，三年累计427亿元。其中子公司少数股东增资188亿元，主要为国家集成电路基金牵头对中芯北方等子公司进行的增资（注意，这点很重要）；股票增发及发行永续次级债70亿元净借款；债务融资123亿元。

（3）华虹半导体，经营活动现金流净额分别为15亿元、17亿元、19亿元，占同期净利润的比率为166%、188%、146%，占比与台积电类似，看筹资活动现金流净额，为-9亿元、-3亿元、59亿元。2018年大幅增加主要为向国家集成电路基金增发股份所致。

综上，我们可以发现——就资金来源来看，无论是强如台积电、还是小如华虹半导体、和舰科技，经营性现金流还是比较充裕的，但是台积电自我造血能力更强，经营活动现金流净额常年保持在千亿元以上，即使进行大规模的资本开支，也能覆盖；而中芯国际和华虹半导体则有更强的政策扶持色彩；和舰科技更多是母公司台联电输血。

综上，筹资是为了扩大再生产，把钱找来了，那么对于和舰科技来说，下一步该做什么？

6

资本支出，相当大

有了技术储备、又有了钱，最近三年经营和筹资现金流净额累计252亿元，如此巨大的资金，基本就两种用途，并购或者产能建设。经查，最近三年和舰科技没有并购动作，那就是产能建设。

而产能建设，对应的数据是资本支出：

先看数据——最近三年资本支出分别为：125亿元、73亿元、35亿元，累计233亿元，跟经营和筹资现金流基本一致，分别占同期营业收入的比率为694%、217%、94%。占比如此巨大，那么问题就出来了，钱都花在哪了？与同行比有什么异同呢？

先看同行公司数据：

台积电，2016年至2018年资本支出分别为712亿元、737亿元、652亿元，占营业收入比为35%、34%、31%。

台联电，2016年至2017年资本支出分别为195亿元、97亿元，占营业收入比为61%、29%。

中芯国际，2016年至2018年资本支出分别为197亿元、152亿元、125亿元，占营业收入比为97%、74%、54%。

华虹半导体、2016年至2018年资本支出分别为11亿元、9亿元、16亿元，占营业收入比为23%、17%、24%。

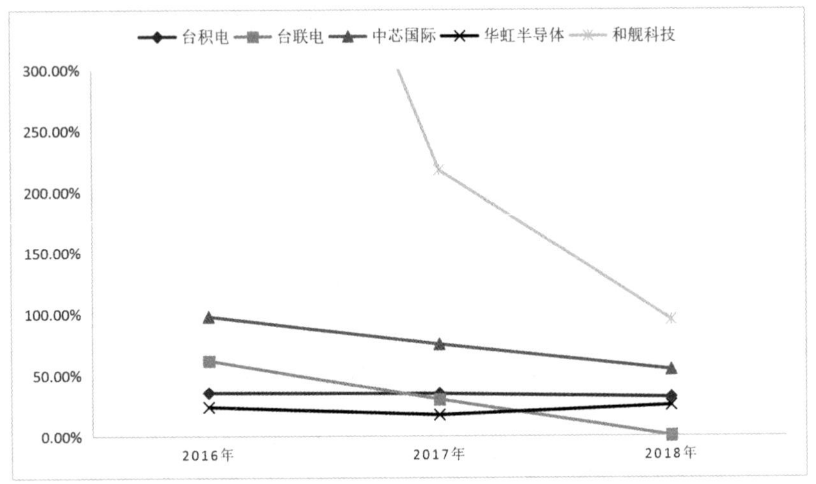

图18：同行业公司资本支出占比（单位：%）
来源：并购优塾

从资本支出绝对值看，台积电>中芯国际>台联电>和舰科技>华虹半导体，从营业收入占比上看，和舰科技>中芯国际>台积电>台联电>华虹半导体。

在几家公司中，和舰科技和中芯国际的投资比较激进，背后是基于什么考量？我们一一来分析：

和舰科技固定资产原值从2016年的177亿元，增加到2018年的280亿元，净增加103亿元。主要是子公司厦门联芯投产过程中新建厂房、采购机器设备所致。

厦门联芯成立于2015年，主攻12英寸晶圆制造，2017年经过母公司28nm制程技术授权后，开始建设28nm产线。产线所增加的机器设备，最后反映在了固定资产和资本投入上。其中机器设备占比达92%，主要为三大件光刻机（对准机）、蚀刻机、化学气相沉积，三者加起来占机器设备的60%。

序号	资产名称	数量	原值	净值	成新率
1	X射线分析仪	1	2122.62	2122.62	100.00%
2	X射线光电子能谱仪	1	2027.94	1295.63	63.89%
3	对准机	11	229896.75	169022.46	73.52%
4	防反射层均胶机	1	2257.19	1661.54	73.61%
5	光阻涂布显影机	7	22974.86	15408.58	67.07%
6	厚度量测仪	1	2001.96	2001.96	100.00%
7	化学电镀机	4	12360.09	9063.2	73.33%
8	化学机械研磨机	9	22443.07	18256.36	81.35%
9	化学气相沉积机	45	139563.28	105694.28	75.73%
10	化学清洗机	27	72195.23	58330.41	80.80%
11	检验机	6	19859.9	14433.32	72.68%
12	金属溅镀机	19	73765.83	56226.43	76.22%
13	均胶机	1	2444.61	1765.55	72.22%
14	均胶显影机	6	21431.61	17486.24	81.59%
15	快速高温处理机	15	51478.95	40235.33	78.16%
16	离子植入机	24	61530.94	47404.1	77.04%
17	良率之星	1	2014.01	1531.28	76.03%
18	炉管	1	2058.01	1543.5	75.00%
19	缺点检验机	8	40417.28	29425.59	72.80%
20	蚀刻机	47	139285.37	108256.02	77.72%

表7：固定资产明细（单位：万元）
来源：招股书

中芯国际的资本开支主要用于两项：一项是上海、北京、深圳的3个已建的12英寸晶圆厂、天津的6寸晶圆厂的设备采购；另一项是对子公司中芯北方集成电路制造（北京）有限公司（简称“中芯北方”）增资，中芯北方成立于2013年，主要有两条12英寸晶圆生产线（月产3.5万片）——第一条主要是40nm和28nmPolysion工艺产品；第二条是28nm HKMG工艺产品，这与厦门联芯产生了直接竞争的关系。

台积电的资本支出主要有两项：一项是用于台积电南京12英寸晶圆厂于2016年开始的建设，其主要生产16nm制程；另一项是中国台湾地区的10nm产能建设，预计建设完成后将会有40万片晶圆产能。

华虹半导体反应有点慢，之前一直固守着8英寸晶圆厂，2017年10月和国家集成电路投资基金合资建设无锡厂12英寸集成电路生产线（月产能4万片），制程主要是28nm，主要采用polysion工艺，但不如厦门联芯的先进。

综上可以看出，无论是台积电、中芯国际还是华虹半导体，和舰科技目前的产能布局都集中在12英寸上，而扩大到整个中国大陆，在建和规划中的晶圆厂共有22个，其中中芯国际已建和在建的达到5个，而和舰科技目前只有1条，从规模上来看，落后较多。

研究到这里，产能方面已经弄明白了——那么，生产情况，又如何？

7

价格战，背后的秘密

说起代工企业，大家会很直观想起一个公司——富士康（工业互联）。没错，富士康作为全球最大的电子代工企业，是一个很值得研究的标的，不过除了富士康，像电视代工领域的冠捷科技、小家电领域的新宝股份、化妆品领域的诺斯贝尔（新三板上市后被收购）都是代工领域的知名企业。

此外，优塾之前也曾研究过一个标的——申洲国际，这些公司的主要模式，都是在下游碎片化、变动快的产业格局下，接受下游品牌厂的委托，将已经设计好的产品生产出来。强大高效的制造能力，永远都是代工企业的立身之本。

作为代工企业，好的生产管理一般体现在以下5个方面：

（1）良率。良率是整个IC制造环节的重中之重，上文在工艺介绍方面已经提到，IC制造环节的加工主要有三个部分。

（2）精细度极高，是以μm和nm级为单位，这种单位下，一粒看不见的灰尘和杂质附着在晶圆上大概率会导致短路、开路或者电容电阻参数的混乱；

（3）加工程序极为复杂，需要两种上百道或者几百道工序，工序之间参数控制、衔接稍微存在偏差，就容易出现废品。

（4）极端依赖原材料的品质把控，2019年1月，台积电位于中国台湾地区南部科学工业区的12英寸晶圆厂fab14b，由于采用不合格的光阻剂，导致上万片晶圆出现报废，初步预计损失达60亿元新台币（约1.38亿元人民币）。

所以，产线的良率对于整个生产管理是核心因素。

（5）投入产出比。要保证原材料、能耗的投入能够最大程度的实现单位产出，这个主要涉及现场的精细化管理。具体到本案，整个IC制造环节，要用到晶圆、光阻剂、光罩、电子气体等众多原材料，如何使单位原材料产生最大产出，是影响生产成本的重要因素。

以上三方面，看似复杂，但我们通过一个综合的指标可以反映：每片晶圆所耗成本。

以下晶圆每片统一按照8英寸进行折算，理论上一片12英寸晶圆生产出芯片裸片的数量是8英寸晶圆的2.25倍：

和舰科技——2016年至2018年，晶圆销量为69万片、98万片、108万片；每片成本为2160元/片、4022元/片、4631元/片。

台积电——2016年至2017年，晶圆销量为2160万片，2362万片；每片成本为4685元/片、4488元/片。

中芯国际——2016年至2018年，晶圆销量为395万片、431万片、487万片；每片成本为3620元/片、3573元/片、3676元/片。

华虹半导体——2016年至2018年，晶圆销量为178万片、186万片、201万片；每片成本为1966元/片、1882元/片、2039元/片。

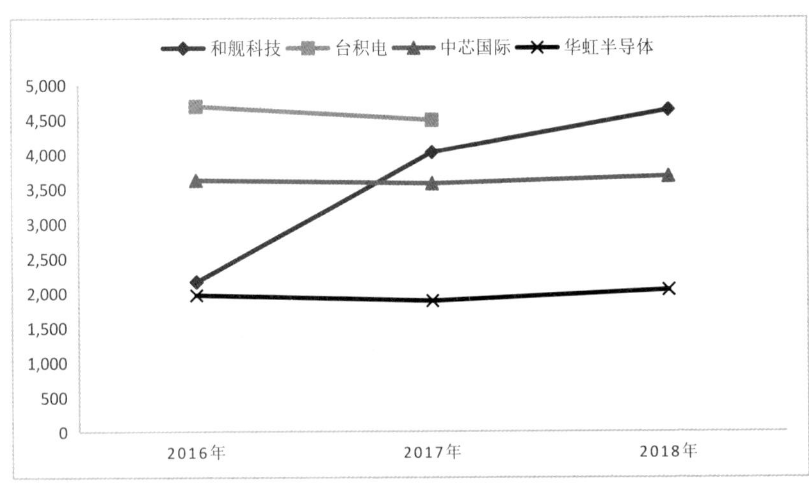

图19：同行公司每片晶圆成本对比（单位：元/片）
来源：并购优塾

注意，作为行业老大的台积电单位成本竟然最高？而规模较低、制程较落后的华虹成本反而最低？

其实很容易理解，因为成本里含有一个重要因素——单位折旧及摊销，从上文也可以看出，台积电就资本开支的金额来说是最高的，所以每年产生了巨额的折旧和摊销，这在很大程度上拉高了其单位晶圆成本。

此处值得仔细琢磨一下，这其实也反映了台积电的经营策略，那就是凭借激进的折旧和领跑优势，可以通过价格战来阻击对手。

台积电的设备折旧年限为2至5年，折旧非常激进，而相对来说，中芯国际和华虹半导体是5至10年，和舰科技6至7年，要保守得多。

项目	房屋及建筑物	机器设备	运输设备	办公设备
中芯国际	25年	5年至10年	-	3年至5年
华虹半导体	25年	5年至10年	5年	5年
和舰科技	20年至40年	6年至7年	6年至7年	3年至7年

表8：和舰科技及同行公司固定资产政策（单位：年）
来源：招股书

而一个制程的生命周期往往是大于5年的，也就意味着台积电的设备折旧提完之后，设备还在使用之中，这时候的产品成本从会计角度上来看会大幅减少（设备折旧占成本比率很高）。而这时台积电的制程技术是领先的，竞争对手还在计提设备折旧。

台积电可以利用成本上的优势大打价格战，让后进者苦不堪言。以28nm为例，台积电2011年新入的产能在2016年底即可计提折旧完毕，2017年开始降价，导致中芯国际和台联电的28nm产品盈利大幅下滑。

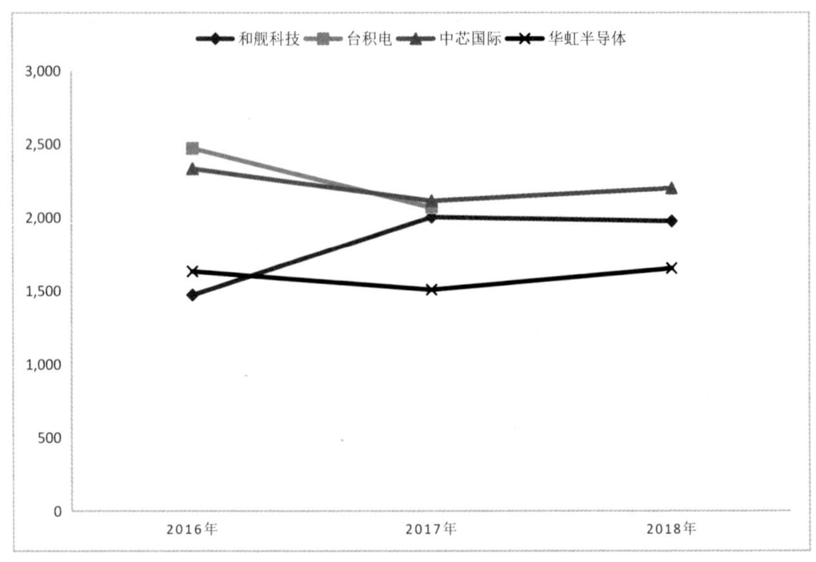

图20：和舰科技及同行公司每片晶圆成本对比（剔除折旧摊销）（单位：元/片）
来源：并购优塾

所以剔除这部分折旧摊销后，可以看出，台积电的每片成本大幅下降，基本处于和中芯国际一样的水平，要知道台积电的制程要领先中芯国际3至4代，每片晶圆实现的收入要远高于中芯国际、和舰科技和华虹半导体。

8

产能利用率，到底如何？

除了以上三要素，这个行业的竞争格局，还要看两个要素：产能利用率和生产交期。

先看和舰科技和几家同行公司2016年至2018年的产能利用率：

（1）和舰科技——为90.71%、109.49%、111.17%；12英寸为93.45%、78.56%、56.44%。

（2）台积电——2016年至2017末年为96%、95%。

（3）中芯国际——95%、87%、95%。

（4）华虹半导体——97.6%、98.1%、99.2%。

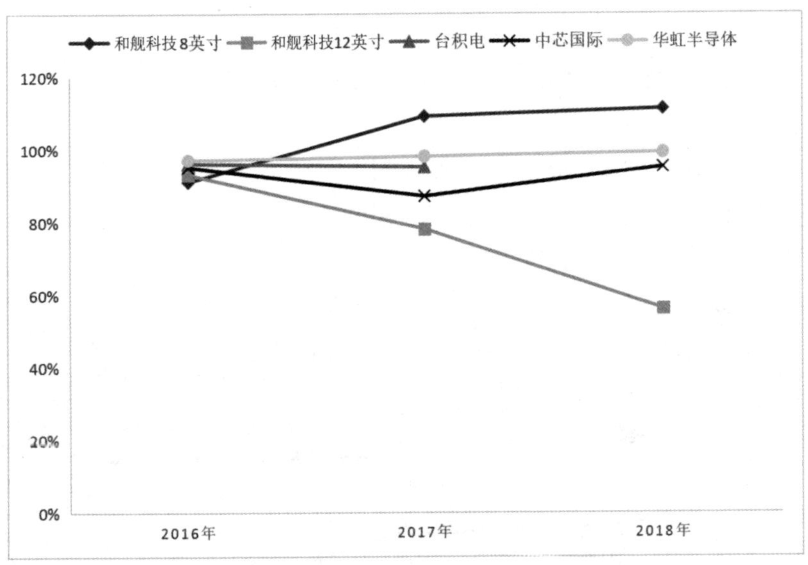

图21：和舰科技及同行公司产能利用率对比（单位：%）
来源：并购优塾

从产能利用率上看，最近三年五家都很高，这也说明了整个集成电路行业景气度还可以。

但整体上和舰科技处于12英寸建设和产能爬坡期，拖累了整体产能利用率；中芯国际、台积电处于比较低的位置，主要是其整体产能要远大于和舰科技和华虹半导体，且最近两年中芯国际一直在新建产能，达到略低于和舰科技和华虹半导体成熟制程的产能利用率，实质上是优于华虹半导体和和舰科技的。

最后一个需要关注的重要问题是生产交期：芯片的重要下游是电脑、手机等消费电子领域，这个领域迭代速度非常快，往往落后一个月的时间就会造成整个销售出现受损，以2015年高通骁龙810处理器为例，因为工艺存在问题，导致下游采用其处理器的小米、魅族等手机大受影响，而此时华为凭借麒麟950的良好性能顺利实现反超。

而生产交期，对应的财务体现，就是存货周转率。

（1）和舰科技，最近三年为：3.5次、5.66次、5.28次；
（2）台积电：8.18次、7.88次、6.02次；
（3）台联电：6.78次、6.93次、7.04次；
（4）中芯国际：4.85次、4.34次、4.3次；
（5）华虹半导体：4.95次、5.13次、5.05次。

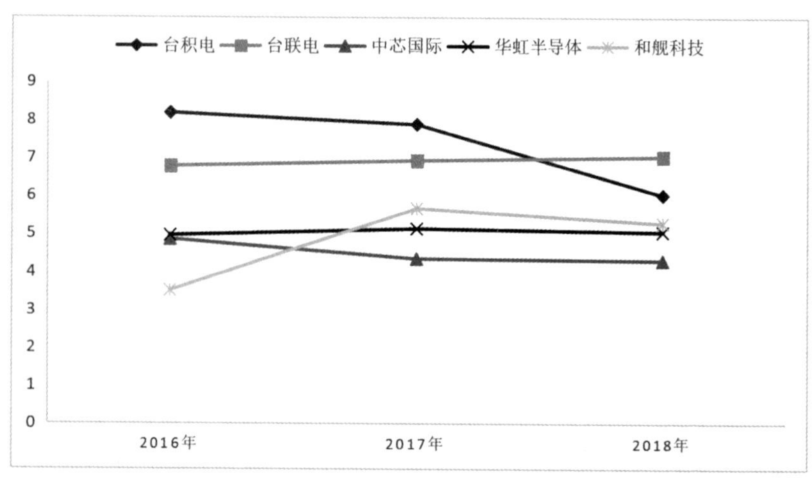

图22：同行企业存货周转率对比（单位：次）
来源：并购优塾

从上可以看出，整体交期效率来看：台积电＞台联电＞和舰科技=华虹半导体＞中芯国际。

需要注意的是，2018年度台积电存货周转率大幅度放缓，目前年报还没公布，需要在后续查核，但按照以前年度存货构成中主要是在产品，且目前7nm还在产量爬坡阶段又在推进5nm，应该是这部分原因拖累了存货周转。

但无论如何有一点是需要肯定的，那就是台积电在领先其他厂商制程2至3个制程的同时，存货周转率还处于最高位置，可以看出其强悍的管理能力。

华虹半导体一直比较平稳，无论是融资、研发、资本支出都是几大厂商中最为保守的，因技术和工艺一直无法解决，目前已经退出先进制程竞赛，主要放在利基市场。

而A股的中芯国际，未来几年会成为中国追逐先进制程的主力，无论是国家大基金的注资、还是有台积电、三星背景的梁孟松加盟，都在某种程度上预示了中芯国际不甘平庸的决心，但是就良品率、制程、交期来说，其还有很长的路要走。

对和舰科技来说，2017年至2018年存货周转相比2016年大幅好转，主要是28nm先进制程开始放量，从这个角度来说，和舰科技的整体管理能力市场优于华虹半导体。

以上环节研究完后，生产环节完毕，最后终于到了企业业务的最后一个环节——销售。

9

销售情况，到底如何？

一个好的销售体系，基本包含两个要素：（1）能够卖出好价钱，也就是每片晶圆实现的销售单价，另外销售毛利率也能反映；（2）买了货以后能够很快收回，对应的财务指标是应收账周转率要快。

直接来看同行业企业的对比数据。

（1）和舰科技：晶圆销量为69万片、98万片、108万片；每片收入为2642元/片、3246元/片、3277元/片。

（2）台积电：晶圆销量为2160万片，2362万片；每片收入为9352元/片、8133元/片。

（3）中芯国际：晶圆销量为395万片、431万片、487万片；每片收入为4911元/片、4594元/片、4271元/片。

（4）华虹半导体：晶圆销量为178万片、186万片、201万片；每片收入为2747元/片、2776元/片、3050元/片。

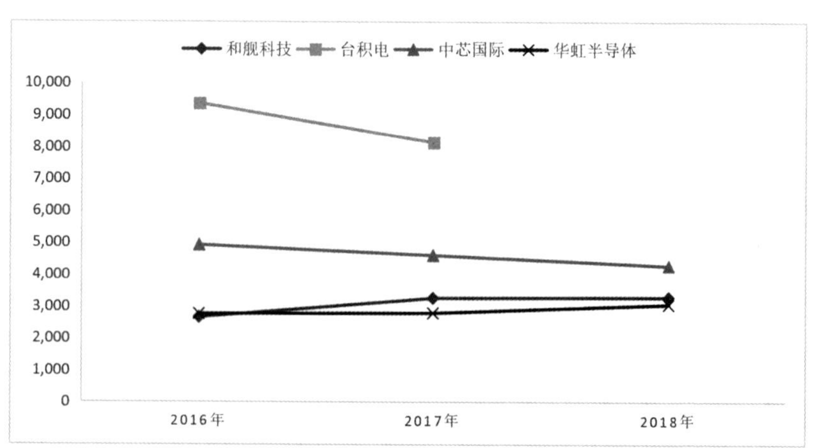

图23：同行企业晶圆实现收入对比（单位：元/片）
来源：并购优塾

从销售单价上看：台积电＞中芯国际＞和舰科技＞华虹半导体。注意，台积电销售单价竟然是中芯国际销售单价的近一倍，是华虹半导体和和舰科技的近两倍，这是为什么？

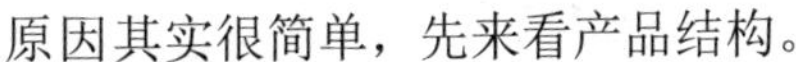

原因其实很简单，先来看产品结构。

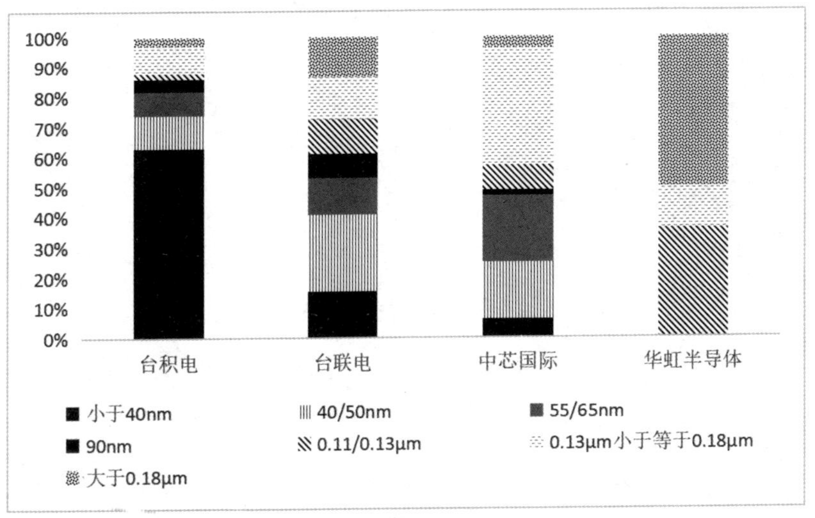

图24：2018年世界晶圆代工厂营业收入结构对比（单位：%）
来源：广发证券

截至2018年，台积电40nm以下先进制程的晶圆在总收入中占比高达63%，而作为对比曾经与之双雄并立的台联电，营业收入占比只有15%，而中芯国际相比之下只有6%，华虹半导体更是在110nm以下制程颗粒无收。而和舰科技，虽说已经获得28nm的技术，但是每片才不到4000元的销售单价，显然是在以低价拉订单。

再看回款情况。最近三年和舰科技应收账周转率分别为4.82次、5.87次、5.64次，仍是处于垫底状态，结合已经实现收入的12英寸产能及和华虹半导体一样水平的销售单价，说明和舰科技目前产品竞争力并不是很强。

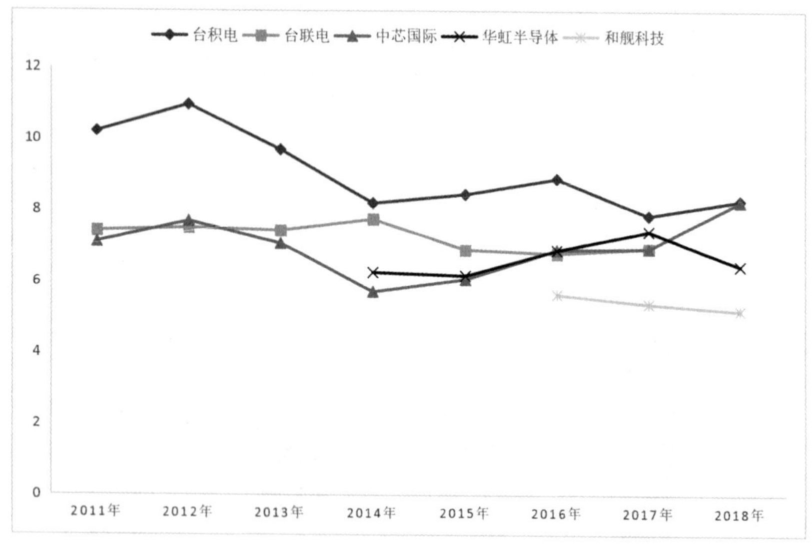

图25：同行企业应收账款周转率对比（单位：次）
来源：并购优塾

10

生意质地和未来，如何展望？

梳理完了经营逻辑，尽管半导体行业比较复杂，但我们可以对本案有一个大概的认识。

第一，从定位上来说，和舰科技其实是母公司台联电的在中国大陆的一个重要棋子，这从其母公司持股高达98%的比率可以看出来，依赖性较高。

第二，从技术上说，尽管其保持较高的研发强度和资本投入，但是技术、资本其实都较依赖母公司台联电，与中芯国际相比不占优势。

第三，从目前产能来说，8英寸晶圆产能不如华虹半导体，12英寸产能建设不如中芯国际，可以说是前有堵截，后有追兵。

第四，从资本支持来说，不能像台积电能够只靠日常经营就能产生巨额的净现金流入，又不能像中芯国际、华虹半导体一样受到国家资本做后盾，定位更是尴尬。

第五，与中芯国际、华虹半导体相比，已经取得28nmHK先进工艺，良品率还不错，但是就目前来看，产品竞争力并不强，这从晶圆每片销售单价和应收账周转率可以看出来。

综合以上五条，这样的生意和市场地位，未来该如何发展？强势企业有强势企业的经营策略，而相对应，弱势企业也有弱势企业的经营策略，没有最好的，只有最合适的。

根据竞争战略大师迈克尔·波特的竞争战略模型，特别是竞争劣势的企业应该采取成本领先战略、差异化战略和集中化战略。那么，对于和舰科技来说，应该采用什么战略？

首先，要解决在哪里竞争的问题，也就是选择细分赛道。

2017年全球半导体市场高达4134亿美元，具体可分为集成电路、光电器件、分立器件、传感器四个部分。其中集成电路占比高达80%，光电器件占比8.4%，分立器件占比5.3%。而集成电路又可以分为微处理器（CPU）、存储器、逻辑器件、模拟器件，其中存储器市场占比最大（30%）、其次是逻辑器件（25%）、微处理器器件（16%）、模拟器件（13%）。

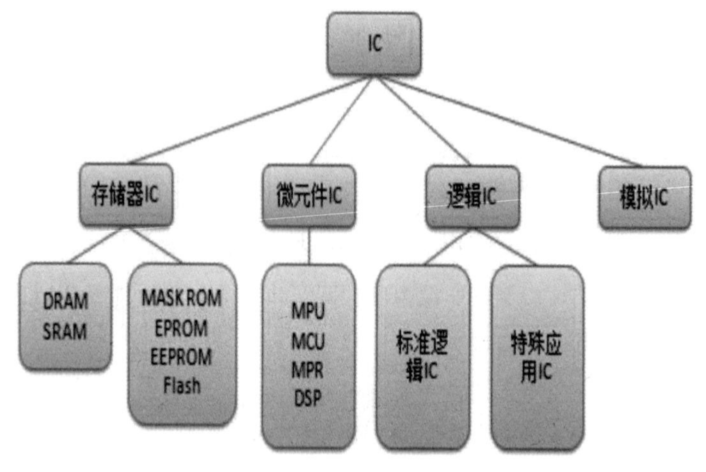

图26：IC产品分类图
来源：国元证券

以上几个赛道，我们逐个分析。

（1）存储器领域。存储器市场可以细分为DRAM、NAND、NOR三大领域。DRAM领域三星、SK海力士和美光三足鼎立，CR3超95%；NAND领域除了DRAM三巨头外还有东芝和西部数据，CR5达97%；NOR领域则由美光、Cypress、旺宏、华邦电和兆易创新垄断，CR5超90%。

虽说国内如兆易创新，属于无晶圆厂的Fabless企业，但该领域巨头企业如三星、SK、美光，基本都采用IDM模式，自建晶圆厂，不找外部代工厂，所以这个领域要避开。

（2）其次是逻辑类IC领域，其中又可划分为模拟逻辑IC和数字IC。

模拟逻辑IC，主要处理连续性的声、光、电、电磁波、速度和温度等自然模拟信号。按照功能主要分为信号链路芯片和电源管理芯片两类，代表公司有德州仪器、ADI，其中德州仪器是IDM企业，ADI是Fabless。

这个领域大多采用成熟制程，对于先进制程要求不高，所以是和舰科技和华虹半导体这类制程落后企业的一个战略领域，华虹半导体营业收入中16%的在里面。

数字逻辑IC，是大家最常见的IC，主要包括CPU、GPU、ASSP，其中CPU、GPU是整个IC的主战场，像英特尔这种霸主长期盘踞，更关键的是英特尔也是IDM企业，肥水不流外人田；GPU领域的英伟达、AMD虽说是Fabless厂商，但是因为GPU对制程要求非常高，代工一般都是找三星或者台积电。所以对于和舰科技和华虹半导体这类小厂也没什么机会。

（3）功率器件。其具体的用途是变频、变相、变压、逆变、整流，主要应用于工控、汽车、通讯和消费电子。以欧美、日本市场为主，且大多是IDM模式，英飞凌、安森美是典型代表。而中国的厂商大多也是IDM模式，产品以低端二极管和低压MOSFET为主，实力较弱。所以整体来看，和舰科技和华虹半导体的机会较少。

（4）射频、混合信号IC。主要是解决通讯信号处理，其主要的应用是WIFI、通讯领域，目前的工艺涵盖28nm至350nm。其中的著名企业是博通，其也是Fabless厂商。从这个角度来说，这是和舰科技和华虹半导体自模拟IC之外又一个战略赛道，在这方面华虹半导体营业收入占比不到10%。

（5）嵌入式非挥发性存储器。这就是大家常见的IC卡芯片，对制程工艺要求低，所以是和舰科技和华虹半导体的核心市场，华虹半导体营业收入的30%以上依赖于它，和舰科技也在重点打造。但是问题在于这些领域大部分为政府、银行机构服务，华虹半导体的国资和政府背景更容易打入这个市场。

综上，对于和舰科技来说，其主要的市场方向应该是模拟IC、射频信号IC，而根据目前的研发方向，和舰科技也是在往该领域发展的，但是这种避开主赛道的策略模式，注定只是小而美的结局。

研究到这里，重大的基本面问题已经解决了，终于到了最核心的部分——估值环节。

对于科技类公司，估值可以说是最难的研究部分，这类公司风险大、收益高、市场波动大、预期波动大，估值区间不容易界定，一旦数据有偏差，分分钟就是上千万元、上亿元的损失。如果你对一家公司什么都研究了，但却没研究估值，那么恕我直言，这样的研究没什么意义。

和舰科技本次科创板上市预计发行股份不超过4亿股，募集资金为25亿元，预计发行市值约为250亿元。很多一级市场、二级市场的人都在关注：这数据，到底是高了还是低了？

11

估值，到底如何测算？

和舰科技利润为负，现金流为正，并且属于科技型公司，资本投入较大，整体来看可以以相对估值法为主。

目前，和舰科技芯片有营业收入，但增速在下滑（因而不适合成长股PEG法估值），同时，还处于亏损阶段（不适合市盈率PE估值），现金流为负（不适合DCF现金流贴现估值）。此外，它的EBIT和EBITDA目前都为负（不适合EV/EBITDA估值法）。

那么，我们主要来看PB、PS以及调整后的PEG与调整后的EV/EBITDA来估值。

（1）PB估值。

台积电：最近三年的PB区间在3.0倍至4.7倍，中位数为3.9倍；
台联电：最近三年的PB区间在0.6倍至1.1倍，中位数为0.9倍；
中芯国际：最近三年的PB区间在0.7倍至1.6倍，中位数为1.2倍；
华虹半导体：最近三年的PB区间在0.6倍至1.3倍，中位数为1.0倍。

综合来看，晶圆代工行业的估值低点是0.6倍，高点是4.7倍，中位数是2.1倍。分别来看：

台积电，是整个晶圆代工行业，无论是技术工艺先进性、产能、内部管理能力当之无愧的第一，所以台积电的PB估值中枢最高；台联电，在美国股市上市，市场估值溢价比较低，所以估值最低。

而中芯国际，因为最近三年得到国家整体的扶持、梁孟松等原台积电技术核心人才的加盟，再加上28nm先进制程已经量产，所以虽然技术水平不如台联电先进，但在目前世界半导体产业转移的背景下，给予了较高的估值。

华虹半导体与和舰科技最为接近，技术上和舰科技28nm两种工艺都已经掌握，要优于华虹半导体。从背景上看，华虹半导体有政府和中国电子信息产业集团支撑，而和舰科技有台联电扶持。

如果将其对标台积电的PB区间，对应和舰科技的净资产99.72亿元，那么，其估值在300亿元至460亿元。假如对标其他公司，则历史PB区间为1倍至1.5倍，其估值区间在100亿元至150亿元。

（2）PS估值。

台积电：最近三年的PS区间在4倍至7倍；
联华电子：最近三年的PS区间在0.9倍至1.3倍；
中芯国际：最近三年的PS区间在0.5倍至1.5倍；
华虹半导体：最近三年的PS区间在1倍至3倍。

综合来看，2018年，和舰科技营业收入为36.94亿元，假如将其对标台积电，其估值区间为147亿元至258亿元，而若对标其他可比公司，其可比PS区间大约在1倍到2倍左右，则对应的估值间很低，为70亿元以下。

（3）调整后的PEG。

由于其目前PE为负，无法直接计算PE。不过，我们稍微调整一下，在乐观估计下，将其对标台积电，来看看极端假设条件下，其未来能达到台积电的盈利水平，那么对其的估值该是什么水平。

先假设，其盈利水平能够达到台积电的平均利润率水平，约为35%。那么，其净利润约为12.92亿元。

再假设，台积电的ROIC保持平稳（25%），PEG=1。那么，当它的再投资率为100%，其内生增速的极值为25%，对应其PE高值为25倍。如果再投资率为50%，其内生增速下降一半，则PE也下降一半为12.5倍。

那么，以台积电的内生增速，来根据PEG预估，PE倍数为12.5倍至25倍，对应的估值为161.5亿元至323亿元。

（4）调整后的EV/EBITDA。

台积电：最近三年的EV/EBITDA区间在6倍至10倍；
联华电子：最近三年的EV/EBITDA区间在3.5倍至4倍；
中芯国际：最近三年的EV/EBITDA区间在4倍至8倍；
华虹半导体：最近三年的EV/EBITDA区间在4倍至9倍；

注意，本案的EV/EBITDA为负，那么，假设其EBITDA/总收入的比例与台积电保持一致，约为67%，那么，对应采用台积电的EV/EBITDA倍数，得到其企业价值为148亿元至248亿元，再扣除净负债，其股权价值为109亿元至209亿元。

而如果对标公司去除台积电，选择其他可比公司的EBITDA/总收入的比率约为35%，EV/EBITDA倍数约为4倍至8倍，则其股权价值就在100亿元以下。

综上：如果将其对标台积电，从其PB估值（300亿元至460亿元）、PS估值（147亿元至258亿元）、调整后PEG估值（161.5亿元至323亿元）、调整后EV/EBITDA估值（109亿元至209亿元）整体来看，估值区间在160亿元至250亿元。

而如果对标其他二线梯队，从其PB估值（100亿元至150亿元）、PS估值（小于70亿元）、调整后PEG估值（35亿元至70亿元）、调整后EV/EBITDA估值（小于100亿元）整体来看，估值区间在100亿元左右。

注意，和舰科技此次发行股份不超过4亿股，募集资金为25亿元，预计发行市值约为250亿元，其估值与以台积电为对标公司的估值逻辑较为相似。而对于和舰科技，无论从技术、产能、市场地位等角度衡量，其与台积电仍相差甚远。因而，整体来看，无论怎么看，发行市值都仍然落在了较高区间。

本文发布于2019年4月15日

澜起科技

占据三星、英特尔上游

天，要研究的公司，是科创板的一员，主做芯片设计。它的独特之处在于，客户名单、供应商名单，都极其豪华。我们随便看几个，大家感受一下：

其前五大客户，包揽了全球排名前四的半导体公司，分别是：三星、英特尔、海力士、美光。同时，其前五大供应商，也包揽了全球芯片制造和封测龙头公司，比如：富士通电子、英特尔、联华电子、台积电等。也正因此，导致其独特的业务现象：其客户集中度、供应商集中度非常高，都在90%以上。看到这里，你可能会猜：上下两头的集中度这么高，它应该被挤压的很惨吧？

我们看看数据：2016年至2018年，其营业收入为8.45亿元、12.28亿元、17.58亿元；净利润为0.93亿元、3.47亿元、7.37亿元；经营活动现金流净额为3.87亿元、2.27亿元、9.69亿元；毛利率为51.20%、53.49%、70.54%；净利率为10.98%、28.26%、41.92%。

注意，其营业收入增速高达40%以上，净利润增速更是高达100%至200%。不仅如此，它最近一期的毛利率，竟然能够高达70%，秒杀同行业的巨头：高通（56%）、英特尔（60%）、博通（50%）、德州仪器（65%）。

它的名字叫：澜起科技，主要产品是内存接口芯片。其产品主要面向服务器内存市场，是服务器CPU存取内存数据的必由通路，可以提高内存数据访问速度和稳定性，以及大容量的需求。

在该领域，它是行业龙头，市场占有率排名全球第一，高达42%。

这公司，十分受英特尔的青睐——2006年，它曾登陆纳斯达克上市，英特尔对其增资（后退出）；2018年11月，英特尔又花了1.75亿美元（约为12亿元人民币），对其增资，持股10%，对应整体估值约为120亿元。

不过，短短半年不到，其拟登陆科创板上市，估值已经增长了近1倍，飙升到230亿元。好，数据分析到这里，值得我们深思的问题来了：

（1）内存接口芯片这门生意，为什么上下游集中度这么高，它在产业链上的话语权究竟如何，是否有什么风险？

（2）凭什么它能做到全球第一，毛利率甚至高达70%，而且还超越英特尔、高通这样无可争议的巨头？

（3）半年不到的时间，其估值增长了1倍，总估值飙至230亿元——如今，无论是一级还是二级，无论是场内人士还是场外人士，大家都极度纠结：这个估值，到底是贵了还是便宜了？

1

内存，这门生意到底如何？

内存，全称随机存取记忆存储器，简称RAM。是沟通中央处理器（CPU）与外部存储设备（比如常见的U盘、硬盘）的桥梁。

其主要的功能是作为一个中转站，将外部存储器中的数据，根据CPU的计算需要，将需要计算的数据，在离他最快的地方暂时存储起来，以便能够最快的进行调用。

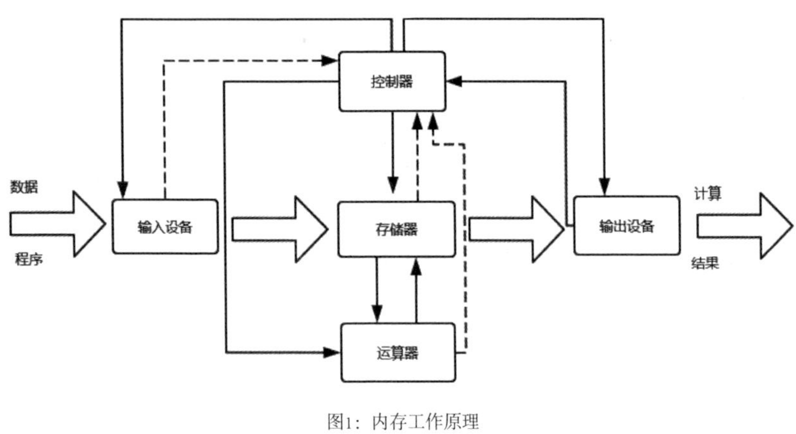

图1：内存工作原理
来源：CSDN博客

按照存储单元工作原理的划分，内存又可分为DRAM（动态随机存取存储器）和SRAM（静态随机存取存储器）。

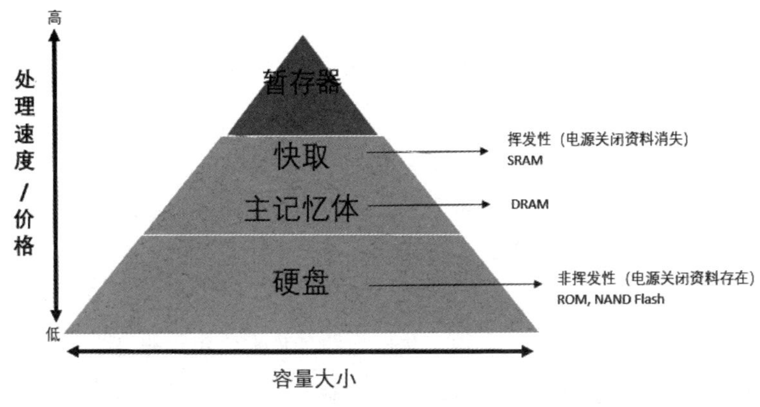

图2：电脑中储存单元原理图
来源：EDN电子技术设计

要实现快速计算的功能，一方面，要保证需要的数据能够很快地输送到CPU，如果直接从外部存储设备上直接读取，效率就会很慢（因为外部硬盘、磁盘这些介质处理速度本身就很慢）；另一方面，如果内存中转站数据太多，冗余数据得不到清理，就会产生拥堵，也就是大家在使用手机、电脑时，经常碰到的卡死问题。

这个时候，一种巧妙的解决方案诞生了。

20世纪60年代，随着晶体管集成电路的发明，促使了DRAM的出现，1966年，IBM的罗伯特·登纳德，发明了晶体管DRAM内存。DRAM，全称动态随机存储器，与之前的SRAM相比，具有两大优点：

第一，能够进行周期性的刷新数据，这个特点决定了它能够不断通过刷新的方式，将已经结束任务的数据清除，同时将仍然在执行任务的数据进行保存并更新。第二，它虽然不如磁盘等其他介质便宜，但是结构简单，比SRAM更便宜。

所以，DRAM出现后，很快就被大量的应用，随着英特尔1970年推出第一款DRAM i1103量产，DRAM迅速得到广泛的推广，并成为RAM的主流应用。这也助推着英特尔成为当时的存储老大。

不过，历史上第一款商用DRAM当时的容量只有1Kb，放在现在，连个网页可能也运行不了。但是，工业化的演进规律决定了，只要需求一直存在，技术就一定会不断迭代。

著名的摩尔定律，预测了集成电路芯片上所集成的电路数目，在价格不变的情况下每隔18个月就要翻一倍。而具体到DARM领域，它的产业规律，就是朝着几大方向持续进化——大容量（能装更多数据）、工作时钟频率要高（更快）、工作电压越来越低（能耗更低）。

1979年，DRAM容量为64Kb，而到了1995年，DRAM容量为256M，提升了4000倍。并且，开发周期几乎每隔两三年就更新一次，技术也从美国等地向日韩等国家转移。

项目	64K	256K	1M	4M	16M	64M	256M	1G
开发周期(月)	10	9	15	20	26	30	29	-
世界领先企业开发时间	1979年	1982年	1985年	1987年	1990年	1992年	1995年	-

表1：DRAM开发周期
来源：并购优塾

DRAM产品迭代，经历以下产品阶段：SDRAM（同步随机存取记忆芯片）——DDR1（双倍速率同步动态随机存储器）——DDR2——DDR3——DDR4。

1961年
- SRAM被提出

1966年
- IBM提出DRAM技术规格

1970年
- 1K DRAM被开发

1993年
- 三星展示KM58SL2000 SDRAM

1996年
- 三星提出DDR RAN

2002年
- 第一个DDR2面世

2005年
- 三星开发出DDR3 RAM原型产品

2011年
- 首款DDR4内存开发完成

图3：DRAM技术的演进历史
来源：华金证券

内存标准类型	核心频率（MHZ）	时钟频率（MHZ）	预读取	数据传输速率（MT/s）	带宽（GB/s）	工作电压（V）
SDRAM	100-166	100-166	1n	100-166	0.8-1.3	3.3
DDR	133-200	133-200	2n	266-400	2.1-3.2	2.5/2.6
DDR2	133-200	266-400	4n	533-800	4.2-6.4	1.8
DDR3	133-200	533-800	8n	1066-1600	8.5-14.9	1.35/1.5
DDR4	133-200	1066-1600	8n	2133-3200	17-21.3	1.2

表2：DDR存储器的发展历程
来源：华金证券

但是注意，内存读取速度的提升，远不及CPU计算速度的提升，后者提升1000倍时，内存读取速度却只提升了20倍，这极大了影响了数据中心高吞吐量的提升。

所以，一个新的、折中的解决方案又诞生了——在DRAM与CPU之间添加一个缓存控制模块。

而这个缓冲控制模块的核心载体，就是内存控制芯片。其包含三大类：内存缓冲器、数据缓冲器、DDR寄存器。

其作用，是将现行寄存式的并行结构，变成了串行的点到点连接，可以解决服务器内存容量增加与速度升级延时增加带来的问题。所以这个技术，成为服务器内存领域的关键技术。

不过，与整个DRAM领域相比，缓存控制芯片这个领域是一个非常细分的领域，2018年的市场容量仅为5.8亿美元，所以，下游三星、英特尔、美光等大厂一般是外购，而不是自研。

目前，这个领域全球范围内也是少数几家在做，美国IDT公司、Rambus，以及本案的澜起科技。

澜起科技创始人名叫杨崇和，曾经就职于美国国家半导体、中国华虹半导体，是连续创业成功者，号称“中国芯片设计第一人”。

其第一次创业，是1997年创立了上海新涛科技。成立之初，就得到老牌半导体国企上海华虹微电子集团、华登国际投资集团（美国VC）和日本野村证券公司940万美元的投资。并在成立后两年，就量产了数模混合芯片，主要出口给日本松下公司，用于电话机使用。

2001年，它被美国IDT公司以8500万美元现金高价收购——这个对价，相当于当时新浪和搜狐在纳斯达克市值的总和。自此，杨崇和及其团队挖到了第一桶金，同时收购协议约束，杨崇和要前往收购方的IDT担任副总裁一职。

而IDT是内存接口芯片领域的行业老大，正是在IDT这一段时间，杨崇和认识到了内存接口芯片的前景——这个时候，DRAM已经进化到了DDR1这个节点，DDR2技术已经出来。

前文已经说过，DDR相比之前技术，最重要的就是引入了缓冲器模块。所以，杨崇和在IDT期满离职后，开始了第二次创业——于2004年成立澜起科技，重点研发内存接口芯片。

比上次更厉害的是，这次创业获得了大型央企——中国电子信息产业集团，以及行业巨头英特尔的投资。2005年，其推出首款DDR2服务内存缓冲芯片。

但是遗憾的是，研发出来了，但没人用，因为，芯片的使用需要经过DRAM厂商三星、服务器厂商如IBM的长时间验证。而澜起科技并未灰心，又于2010年研制成了DDR3服务内存缓冲芯片M88SSTE32882H0，终于，通过了下游大企业的验证。

2013年，其又继续推出DDR4服务器内存缓冲芯片，并第一个获得Intel的认证，并被JEDEC（固态技术协会，国际微电子产业的领导标准机构）确立为行业标准。

也正因为存在技术壁垒和认证壁垒，所以，这个领域行业集中度越来越高， DDR2 阶段的行业参与者超过 10 家，但到了DDR4 阶段，全球只剩下了澜起科技等3家公司，集中度骤然提升。

下表为澜起科技三代产品明细：

技术世代	描述	应用
DDR4	第二代+（Gen2 Plus） DDR4 数据缓冲器芯片	DDR4 LRDIMM 和 NVDIMM，支持速率达 DDR4-3200
	第二代+（Gen2 Plus） DDR4 寄存时钟驱动器芯片	DDR4 RDIMM、LRDIMM 和 NVDIMM，支持速率达 DDR4-3200
	第二代（Gen2） DDR4 数据缓冲器芯片	DDR4 LRDIMM，支持速率达 DDR4-2666
	第二代（Gen2） DDR4 寄存时钟驱动器芯片	DDR4 RDIMM 和 LRDIMM，支持速率达 DDR4-2666
	第一代（Gen1） DDR4 数据缓冲器芯片	DDR4 LRDIMM，支持速率达 DDR4-2400
	第一代（Gen1） DDR4 寄存时钟驱动器芯片	DDR4 RDIMM 和 LRDIMM，支持速率达 DDR4-2400
DDR3	DDR3 内存缓冲器芯片	DDR3 LRDIMM，支持速率达 DDR3-1866
	DDR3 寄存缓冲器芯片（1.5V / 1.35V / 1.25V）	DDR3 RDIMM，支持速率达 DDR3-1866
	DDR3 寄存缓冲器芯片（1.5V / 1.35V）	DDR3 RDIMM，支持速率达 DDR3-1866
DDR2	DDR2 高级内存缓冲器芯片	DDR2 FBDIMM

表3：澜起科技技术产品

图片来源：招股书

漫长耕耘终有收获。2019年3月，澜起科技提交资料，准备在上海证券交易所科创板上市。

2

这门生意，如何赚钱?

澜起科技成立于2004年，股权分散，无实际控制人。第一大股东为中国电子投资控股公司（中国电子信息产业集团持股30%）；英特尔持股10%，为第二大股东。

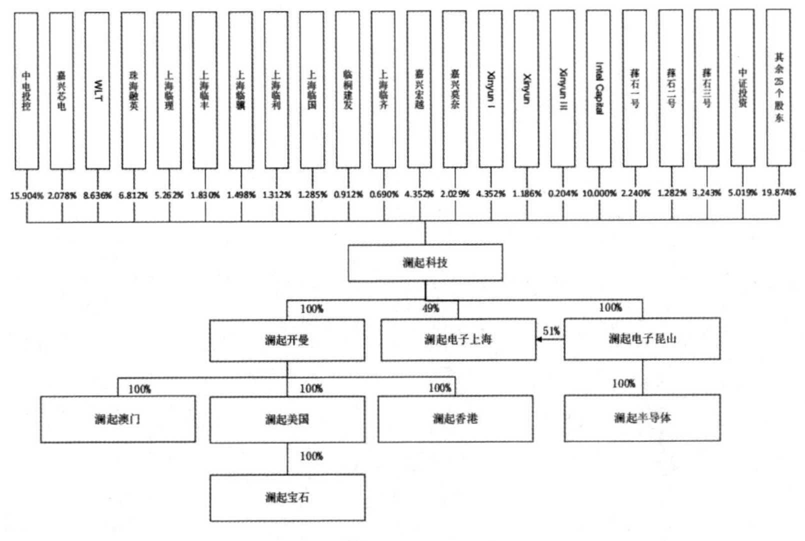

图4：股权结构
来源：招股书

其主要产品为寄存缓冲器、数据缓冲器、内存缓冲器等，是内存条的核心部件之一，主要面向服务器内存市场。

澜起科技属于集成电路行业三大基本模式中的Fabless厂商，只进行芯片设计。不过，其芯片设计需要知识产权许可和设计工具，然后，再交给芯片制造、封测厂商完成产品，再向下游三星英特尔等DRAM厂商销售。

其上游，有四大类型厂商：

（1）IP（芯片架构及指令集）提供商——主要有ARM、Synopsys、Imagination，CR3占比65%，非常集中，毛利率很高，以ARM为例，高达95%。

（2）EDA（集成电路设计工具）工具提供商——主要为Cadence、Synopsys、Mentor Graphics，CR3占比70%以上，非常集中，以Cadence为例，毛利率高达85%以上。

（3）晶圆代工商（Foundry）——主要为台积电、格罗方德、联电，此外还有中芯国际、华虹半导体，CR3占比75%，非常集中，澜起科技的供应商之一就是台积电（台积电先进制程产能一直紧缺，所以对台积电依赖较强）。毛利率方面，差别较大，基本在30%以上。

而芯片封装测试商，主要为日月光、安靠、江苏长电，CR3占比46%，相对集中，行业平均毛利率15%左右。

其中，2018年，澜起科技的上游，前五大供应商为：星科金朋（封测商，已被江苏长电收购）、矽品（封测商，被日月光收购）、富士通电子（封测商）、台联电（芯片制造）、台积电（芯片制造）。注意，五大供应商占比91%，非常集中。

其下游，主要为国际DRAM企业（DRAM技术被日韩掌握）：三星电子（韩国）、SK海力士（韩国）、美光（美国），平均毛利率为58%。

注意，2018年，澜起科技的前五大客户占比为90%，客户集中度也非常高。

来看看，在这样的“产业链夹心层”情况下，它的盈利能力如何：

2016年至2018年，营业收入为8.45亿元、12.28亿元、17.58亿元，增速分别为136.23%、45.28%、43.19%，净利润为0.93亿元、3.47亿元、7.37亿元，增速为237.98%、273.81%、112.41%；经营活动现金流

净额为3.87亿元、2.27亿元、9.69亿元，毛利率为51.20%、53.49%、70.54%，净利率为10.98%、28.26%、41.92%。

其中，收入和毛利结构，均以内存接口芯片为主，消费电子业务中途剥离，于2018年未创造收入。

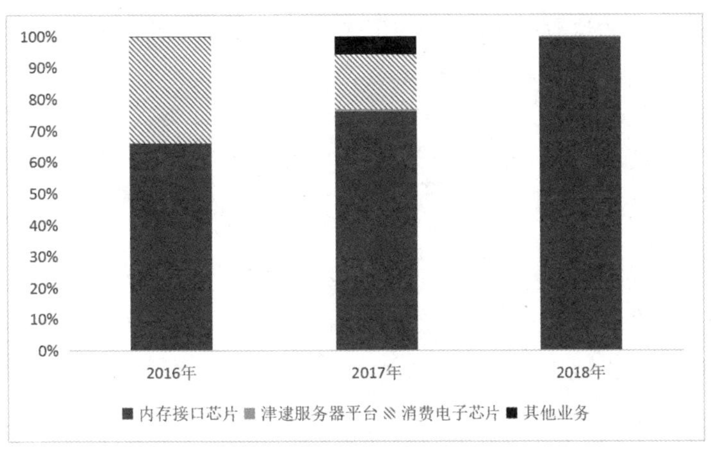

图5：收入结构（单位：%）
来源：并购优塾

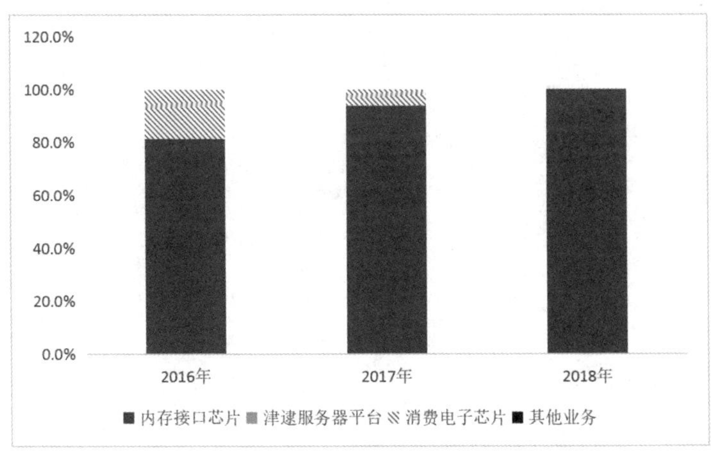

图6：毛利结构（单位：%）
来源：并购优塾

从资产结构来看——2018年，其总资产规模为41.81亿元，其中占比最高的是货币资金，占比高达88%；其次是应收账款，占比5.7%；再次是存货，占比2.8%。以上合计占总资产比达到96.5%。

从损益结构来看——2017年，其营业收入12.28亿元，其中营业成本5.71亿元，占营业收入比46%；研发费用1.88亿元，占比15%；销售费用0.69亿元，占比6%；管理费用0.52亿元，占比4%；资产减值损失0.54亿元，占比4%，剩下净利润40%。

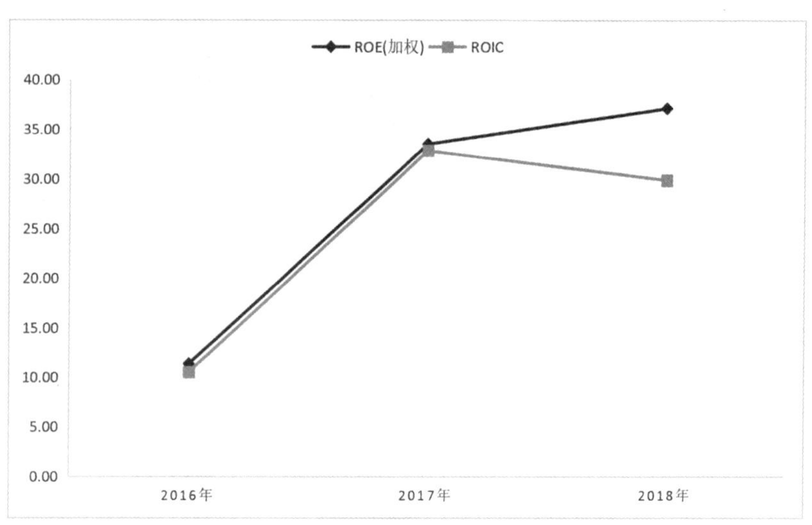

图7：ROE、ROIC（单位：%）
来源：并购优塾

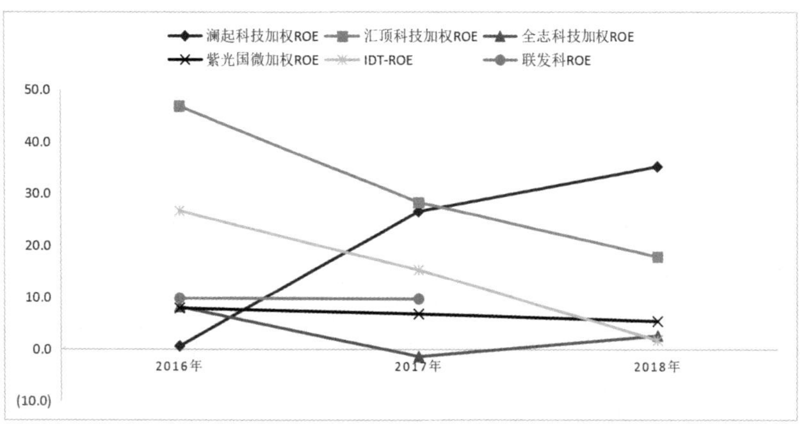

图8：同行业ROE对比（单位：%）
来源：并购优塾

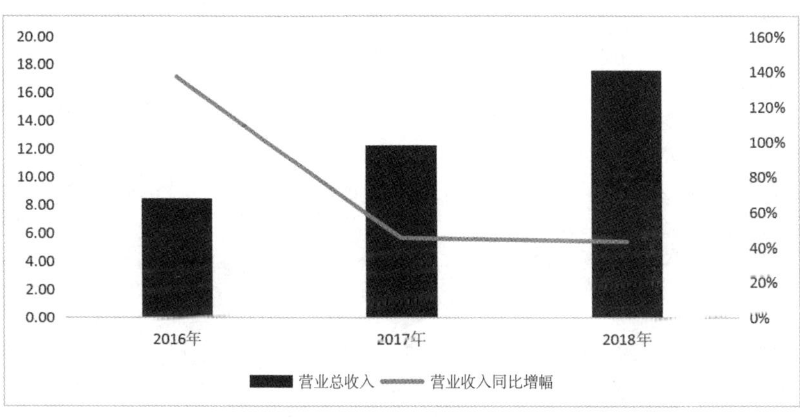

图9：营业收入及营业收入同比增幅（单位：左：亿元、右：%）
来源：并购优塾

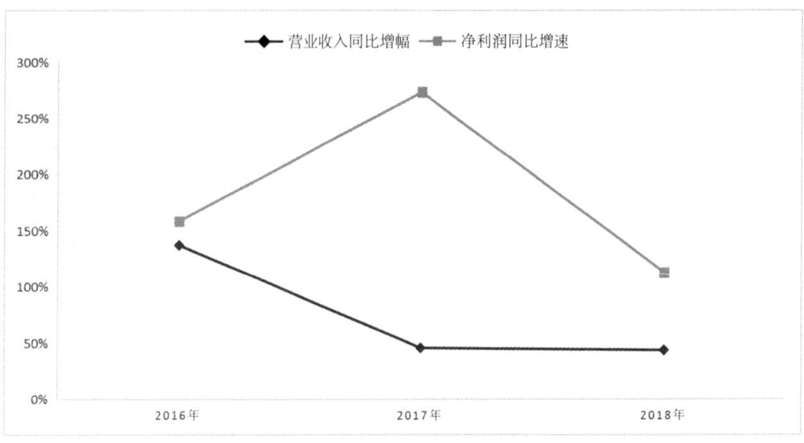

图10：营业收入同比增速、净利润同比增速（单位：%）
来源：并购优塾

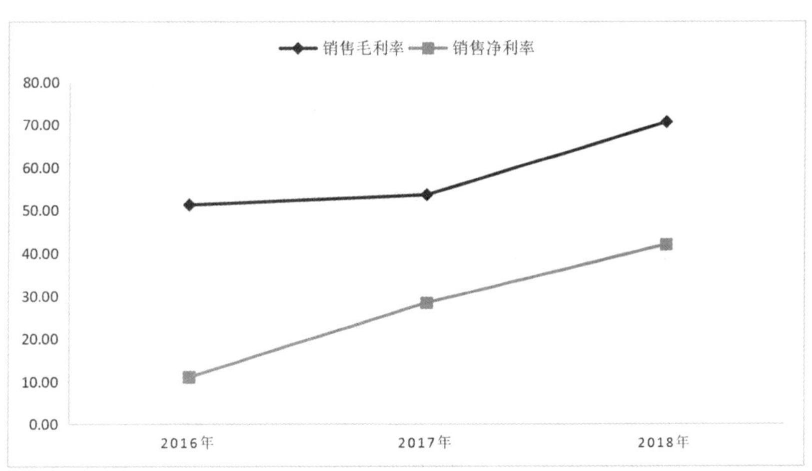

图11：销售毛利率、销售净利率（单位：%）
来源：并购优塾

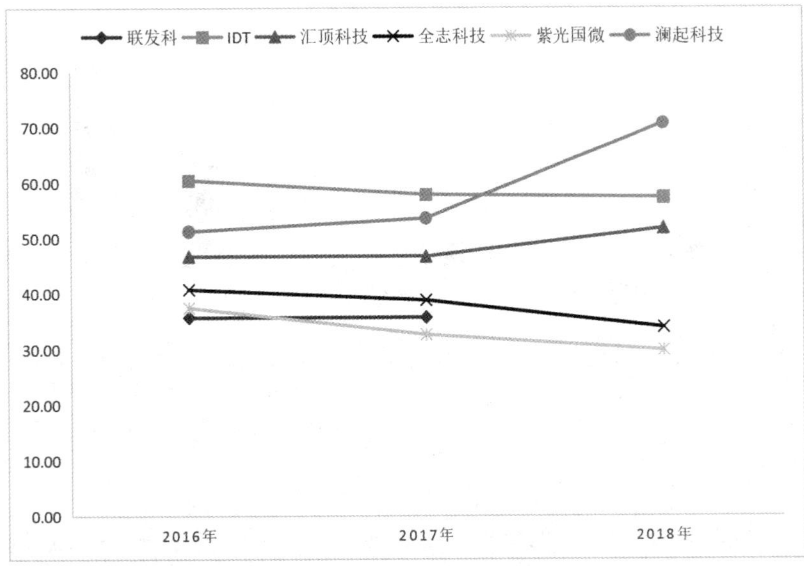

图12：同行业毛利率对比（单位：%）
来源：并购优塾

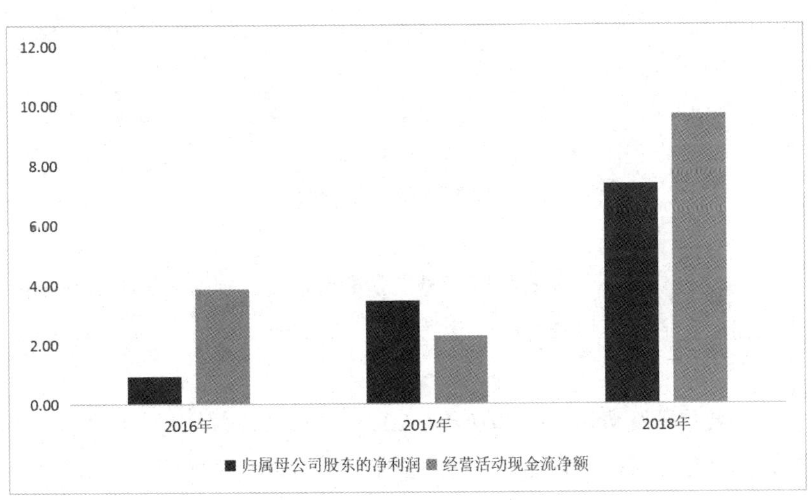

图13：净利润、经营活动现金流净额（单位：亿元）
来源：并购优塾

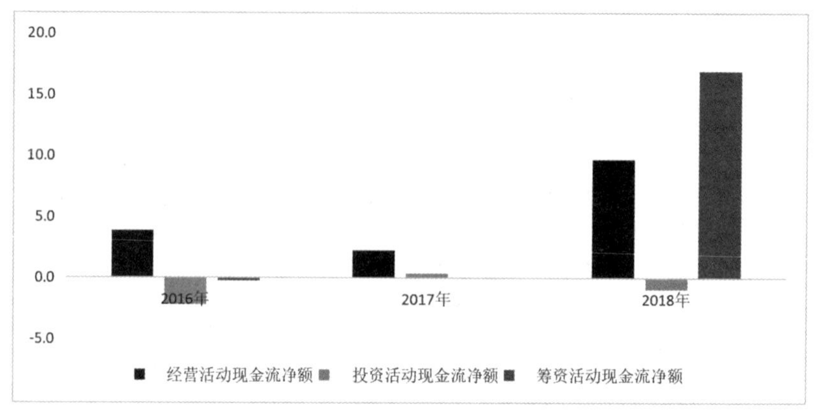

图14：现金流对比（单位：亿元）
来源：并购优塾

综上，这门生意的流程大致呈现这样的链条：研发——制造+封测——销售——回款。

3

研发水平，到底怎么样？

芯片设计行业，其首要因素当然是要看研发，那么，究竟其研发能力如何？我们分三块来看：研发费用、无形资产、专利。

先来看研发费用——2016年至2018年，其研发费用分别为1.98亿元、1.88亿元、2.76亿元，占同期营业收入的比率为23.46%、15.34%、15.74%，三年占比都在15%以上，且年均复合增长率高达18%，资本化比率分别为1.7%、1.5%、1.8%。

15%的研发投入，这个水平在可比公司（主要是芯片设计商）中到底如何？我们对比来看：

（1）汇顶科技——主要做指纹识别芯片，目前已经向屏幕触控及多场景交互领域发展。2016年至2018年研发费用3.08亿元、5.97亿元、8.38亿元，占同期营业收入的比率为10%、16%、23%，最近三年研发支出全部费用化。

（2）全志科技——是以音视频娱乐为核心的系统级的芯片设计商。2016年至2018年研发费用3.3亿元、3.42亿元、3.12亿元，占同期营业收入的比率为26%、28%、23%，研发支出资本化比率为6.86%、0%、0%。

（3）景嘉微——主要以军用图形显控芯片为主，目前已经向民用显卡方面拓展。2016年至2018年研发费用0.5亿元、0.58亿元、0.81亿元，占同期营业收入的比率为18%、19%、20%，最近三年研发支出全部费用化。

（4）紫光国微——主要是国内智能卡芯片的领导者，目前已经在DRAM内存芯片、FPGA可编程器件领域形成了布局。2016年至2018年研发费用4.44亿元、5.03亿元、4.92亿元，占同期营业收入的比率为31%、28%、20%，研发支出资本化比率为56.8%、58.19%、46.48%。

对比可见，同行的研发投入占比几乎在20%以上，澜起科技的研发投入强度较产业链上的这些公司相对偏低。

从研发布局上看，目前其研发方向有两个：

序号	项目名称	研发目的	研发状态
1	Gen 1.0 DDR5寄存时钟驱动器芯片	可应用于DDR5 RDIMM和LRDIMM，符合JEDEC DDR5标准，支持速率高达4800MT/s	设计优化
2	Gen 1.0 DDR5数据缓冲器芯片	可应用于DDR5 LRDIMM，符合JEDEC DDR5标准，支持速率高达4800MT/s	设计优化
3	Gen 2.0 津逮处理器	为服务器平台的核心计算引擎，从而为数据中心市场提供安全可控服务器CPU解决方案	可行性研究
4	Gen 2.0 DDR4混合安全内存模组及所需的RCD/DB芯片	基于澜起科技M88HS26SA架构研发的128GB大容量混合安全内存模组，新架构可支持大容量内存颗粒架构	可行性研究
5	Gen 2.0 DDR4精简混合安全内存模组及所需的RCD芯片	基于澜起科技M88SC26HA的架构，提升内存读写速度及数据实时保护速度达到DDR4 3200MT/s	可行性研究
6	高能效比可编程AI处理器及SoC芯片系列	可编程AI处理器芯片和SoC芯片。AI处理器的超大计算能力可支持多种神经网络模型	可行性研究
7	用于数据中心的AI处理器芯片	AI处理器采用可编程与可重构技术实现硬件平台的灵活性和通用性平衡，扩展平台系统的应用空间	可行性研究

表4：研发方向
来源：招股书

一是，传统产品的升级，主要是DDR5产品的预研，是对以往DRR2——DRR4技术优势的维持性投入。

注意，最新的内存接口芯片技术为DDR4，DDR5在研，预计其基本速度会从目前LPDDR4的基本速度从3200MT/s提升一倍到6400MT/s以上。

值得注意的是，目前，JEDEC（固态技术协会）仍然没有确定DDR5的官方标准规范，而其具有DDR4标准被认定为行业标准的先河，未来能否继续延续标准的认定，值得重点关注。

二是，布局新产品，主要是面向服务器处理器的AI芯片。

注意，新产品与其原始业务差异非常大，该领域目前面临与巨头竞争的压力，比如传统的服务器处理器巨头：英特尔（X86架构）、IBM（Power架构）；GPU技术路线的英伟达；ARM架构下的华为（海思鲲鹏920）。

有意思的是，如果结合可比公司来看，汇顶科技、全志科技正在向汽车、智能家居等其他领域迁移，景嘉微则注重应用拓展，从传统的军用向民用延伸。

注意，整个行业都在寻找新的方向，这到底是为什么？

原因很简单，因为行业天花板比较低。截至2018年，内存接口市场容量只有5.8亿美元，其中澜起科技占比42%、美国IDT市场占比32%、美国Rambus占比26%。所以，其目前的转型策略也在情理之中（此处是个调研点，如果实地调研，需要就老方向的天花板、新方向的市场前景多加询问）。

看完了研发费用，我们再来看下无形资产方面，2016年至2018年其无形资产分别为0.18亿元、0.21亿元、0.26亿元。

项目	2018年12月31日		2017年12月31日		2016年12月31日	
	金额	占比	金额	占比	金额	占比
软件	15.04	0.58%	93.56	4.50%	252.03	14.04%
IP授权	2546.1	98.04%	1933.97	93.03%	1470.16	81.91%
离岸业务执照	35.93	1.38%	51.31	2.47%	72.63	4.05%
合计	2597.07	100.00%	2078.84	100.00%	1794.82	100.00%

表5：无形资产结构（单位：万元）
来源：招股书

从结构上看，IP授权占比90%以上。所谓IP授权，主要是指向半导体IP提供商购买并支付的授权费。

而IP在芯片设计行业有着举足轻重的作用。IP相当于芯片设计的标准和规则，形象得说就像建设一套大楼，门窗该怎么搭建，室内该怎么设置电水暖管线，都有一整套标准，只是集成电路的复杂度要远大于大楼，而且还要保证这套标准的一致性，这样才能保证电子器件之间能够兼容。

这套标准，要么自己研发，要么向外部IP提供商取得授权。就连像华为海思、苹果这种顶级芯片公司，也需要取得ARM的授权，才能生产对应的手机SOC芯片。而澜起科技，90%的IP授权来自于外购。

最后，再来看下专利——2006年至2016年，其境内取得发明专利（剔除实用新型）共41项，境外（基本在美国）取得发明专利46项。

纵观其取得专利的节点，主要集中在2006年至2007年，而其收入释放的节点，则在7年至8年以后，约在2016年至2018年。

不知看完上述数据，你有没有注意到一个细节：收入较专利取得时点存在滞后性，这是为什么？这是由于其下游为三星等世界存储芯片巨头，对于内存接口芯片的技术性和稳定性要求，极其苛刻，需要长期的验证期。

这种依赖关系有好有坏。比如，一旦获得与下游巨头的认证和支持，营业收入会保持快速增长，而一旦被下游联合抵制，营业收入增长会陷入困境。

一个反面案例就是其同行业竞争对手——美国Rambus。其原本在内存接口方面有3000项专利，但其曾经对英特尔、AMD、三星等巨头开展过多次诉讼，并取得了胜利。之后英特尔、AMD等巨头开始扶植澜起科技等新公司，来对Rambus进行技术替代。

这直接导致Rambus的标准变成了非主流标准，最终导致其2018年前三季度只实现营业收入1.6亿美元，低于澜起科技。

研发的难关突破以后，下一步，又该做什么了？

4

存货里，到底藏着什么密码?

当然是落地生产。不过，本案采用的是Fabless模式，只专注芯片设计，而芯片的生产制造、封装测试则通过委外方式完成。其中，硅片晶圆的生产，由晶圆代工厂完成，而芯片的封装测试，由封测厂完成。

因为是委托加工模式，所以，其存货中，有不少委托加工物资。这一点与晶晨股份类似。

我们来看一看本案的存货结构：

项目	2018年度	2017年度	2016年度
原材料	1432	573.16	7744.06
委托加工物资	7817.18	7559.6	8697.66
库存商品	2756.06	2907.43	6815.72
发出商品	62.11	2211.1	2349.5
存货合计①	12067.35	13251.29	25606.9
营业成本②	51773.4	57095.23	41230.9
①②	23.31%	23.21%	62.11%
存货较前期增幅	-8.93%	-48.25%	-
营业成本较前期增幅	-9.32%	38.48%	-

表6：存货结构（单位：万元）
来源：招股书

存货中占比最大的是委托加工物资，占比逐年上升，约为60%左右，其次为库存商品、原材料（晶圆）、发出商品。

注意，发出商品指的是已发货至代销商，但代销商尚未销售给终端客户，因此未能确认销售的商品。通常，存货中有发出商品的，话语权就较低。本案，其发出商品占比日益下降，说明话语权在转好。

看到这里，还没有结束，注意其存货绝对值，从2016年的2.56亿元下降至2018年的1.2亿元，这是什么情况，难道货物这么畅销？其实，背后有三个原因：

第一，2016年、2017年，其内存接口芯片的确畅销，下游需求景气度高。

芯片销售价格分别为9.77元、10.88元、18.23元，三年涨价近一倍，主要是受益于人工智能、数据中心和智能手机爆发，与其销售强相关的DRAM出现了供需缺口失衡，价格上涨。

以DDR3 4Gb 512M 1600MHz为例，现货价格从2016年初1.5美元/颗，上涨至2018年初的4美元/颗，三年上涨160%。

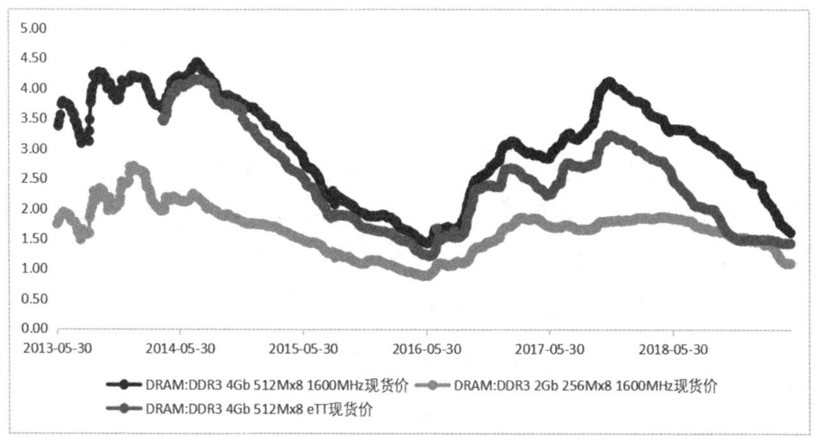

图15：DDR系列单价（单位：美元）
来源：wind

所以，它的存货周转率在2016年、2017年分别为1.61次/年、2.94次/年，得到大幅提升。同时，也正是因为行情好，所以，其也采取了备货策略，来抢占市场。

但是，芯片迭代很快，备货很容易发生减值风险，所以，其存货大幅下降的第二个原因，是计提了大额存货跌价准备。

2016年至2018年，其存货跌价准备分别为8524.94万元、8511.12万元和8076.35万元，分别占各期末存货比重为24.98%、39.11%和40.09%。

此外，还有第三个偶然因素——它在2017年聚焦主业（内存接口业务），并剥离消费电子芯片业务，使得相关消费电子芯片的存货大幅减少。

项目	2018年度		2017年度		2016年度	
	毛利	占比	毛利	占比	毛利	占比
内存接口芯片	123844.21	99.88%	61538.04	93.73%	35175.37	81.30%
消费电子芯片	-	-	3936.68	6%	8088.18	18.70%
津逮服务器平台	148.85	0.12%	181.54	0.28%	-	-
合计	123993.06	100%	65656.26	100%	43263.55	100%

表7：产品结构（单位：万元）
来源：招股书

不过，通过业务结构调整，其高毛利率的内存接口芯片业务（毛利率在50%至60%之间），取代了低毛利率的消费电子芯片业务（毛利率在20%左右）。所以，其综合毛利率大幅提升，涨到70%，毛利率水平与国外同行相当，不过，远比国内同行要高。

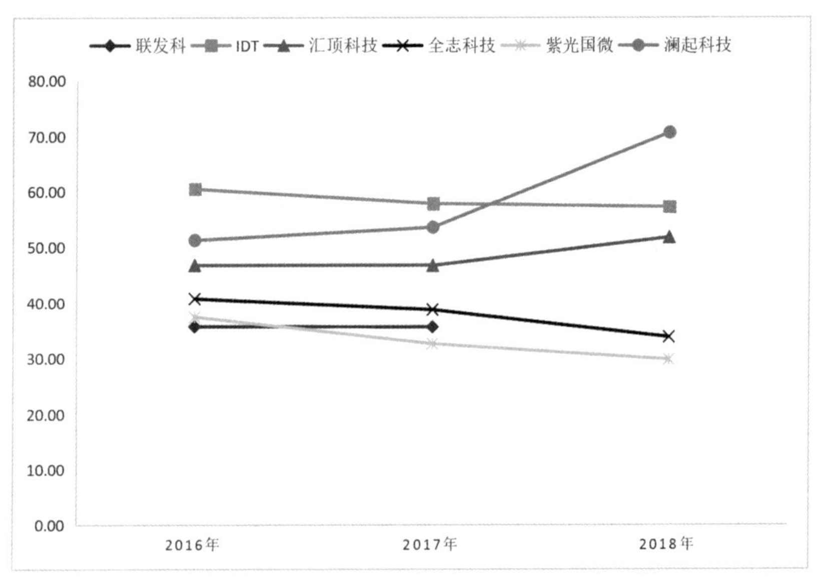

图16：毛利率同行业对比（单位：%）
来源：并购优塾

到这一步，芯片产品都准备好，接下来，就要卖给下游客户。

5

应收账款，怎么回事？

由于下游DRAM行业的集中度非常高，CR3占据了90%以上的市场份额，被三星电子、海力士、美光科技所包揽。因此，报告期内，其客户集中度不断提升，从70%提升至90%。

年份	序号	客户信息	营业收入	占比
2018年	1	第一大客户	47335.46	26.93%
	2	第二大客户	44462.00	25.30%
	3	第三大客户	36518.00	20.78%
	4	第四大客户	15882.96	9.04%
	5	第五大客户	14150.43	8.05%
		合计	158348.85	90.10%
2017年	1	第一大客户	29245.46	23.82%
	2	第二大客户	27733.52	22.59%
	3	第三大客户	21680.19	17.66%
	4	第四大客户	16024.01	13.05%
	5	第五大客户	8062.88	6.57%
		合计	102746.06	83.69%
2016年	1	第一大客户	23456.88	27.76%
	2	第二大客户	13645.89	16.15%
	3	第三大客户	9837.03	11.64%
	4	第四大客户	7576.79	8.97%
	5	第五大客户	4780.45	5.66%
		合计	59297.04	70.18%

表8：前五大客户（单位：万元）
来源：招股书

看到这里，你可能会觉得，集中度这么高，会不会下游话语权强，导致本案应收账款很高，周转率很低？比如和舰科技，同样是科创板拟上市公司，其客户集中度为60%，而其2016年至2018年应收账周转率分别为：4.82次、5.87次、5.64次，行业排名垫底。

回到本案，我们直接来看数据：2016年至2018年，其应收账款为0.59亿元、1.19亿元、2.41亿元，占同期营业收入的比率为6.98%、9.69%、13.71%，应收账周转率为14.37次、13.79次、9.75次。

确实，应收账款在放大，周转率在下滑，不过，对比同行业公司来看：

（1）美国IDT（组合信号供应商，世界老牌内存接口芯片供应商），20016年至2018年的应收账金额分别为5亿元、7亿元、8亿元，占同期营业收入的比率为11.1%、14%、15.09%，应收账周转率为10.11次、8.9次、8.51次。

（2）汇顶科技，20016年至2018年应收账款占营业收入的比率分别为20.88%、11.38%、22.31%，应收账周转率为7.29次、6.93次、5.96次。

（3）联发科，20016年至2017年应收账款占营业收入的比率分别为10%、16.63%，应收账周转率为15.02次、12.75次。

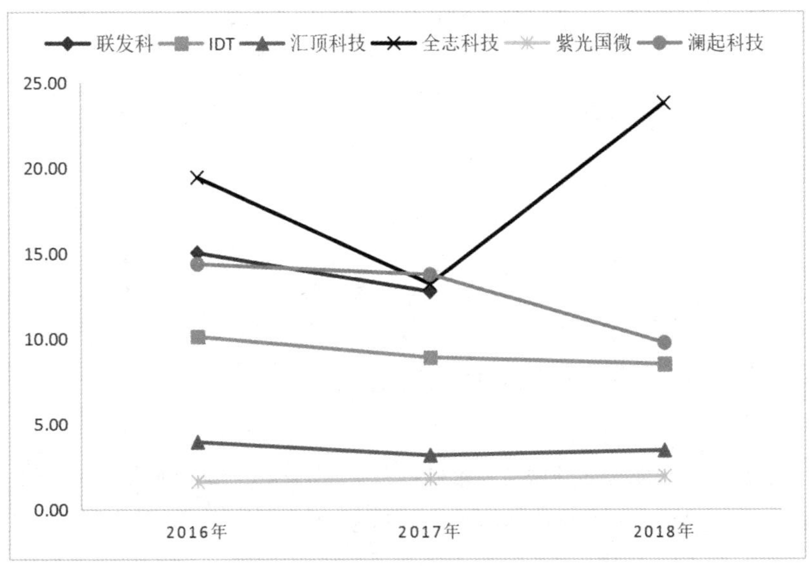

图17：应收账款周转率对比（单位：次）
来源：并购优塾

从数据上可知，其周转率在2018年有所放大，这可能是和2018年下半年DRAM价格下跌、下游需求放缓所致，相应放宽了一些信用期。

不过，整体来看，其应收账款周转率高达10次左右，在行业内排名靠前，说明仍然具有较强的话语权。

要知道，它下游全是巨头。能维持这样的话语权，可能有几个原因：

一、它是该领域的龙头企业，技术护城河高；

二、下游对其成本的敏感度不高。通常一条内存条的物料成本中，DRAM内存颗粒占到95%以上，而缓存芯片仅占2%左右，其下游三星、SK海力士、美光等三大DRAM生产厂商属于寡头垄断格局，经常利用寡头地位对下游的手机、电脑、服务器涨价，对于价格上涨消化能力比较强。

以上，产销链条研究完成，那么，未来澜起科技的前景究竟如何？

6

这行业，到底怎么样?

澜起科技属于面向服务器端的内存接口芯片赛道，面临的主要是数据中心日益提高的海量数据的吞吐和调运问题。

其上游，为IP提供商、晶圆代工厂、封装测试厂等服务商；其下游，为DRAM内存模组提供商，最终作为数据中心服务器的重要器件，应用于数据中心服务器。

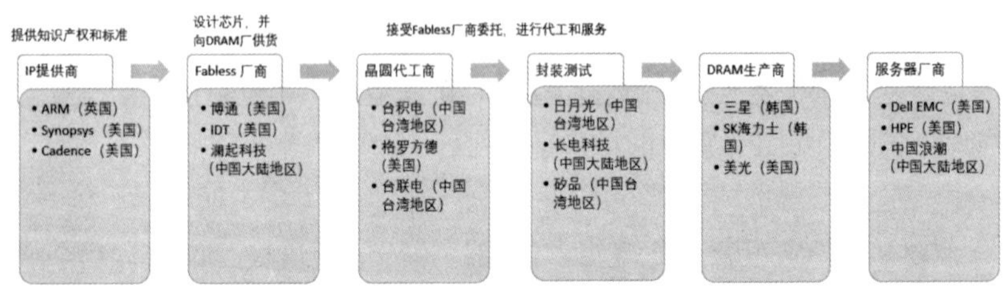

图18：产业链
来源：并购优塾

目前，全球范围只有澜起科技、IDT、Rambus三家企业能够提供，CR3占比高达90%以上，2018年市场容量为5.8亿美元，最近三年的年均复合增速达到43%。主要得益于最近几年大型和超大型企业数据中心或者云计算的快速发展。

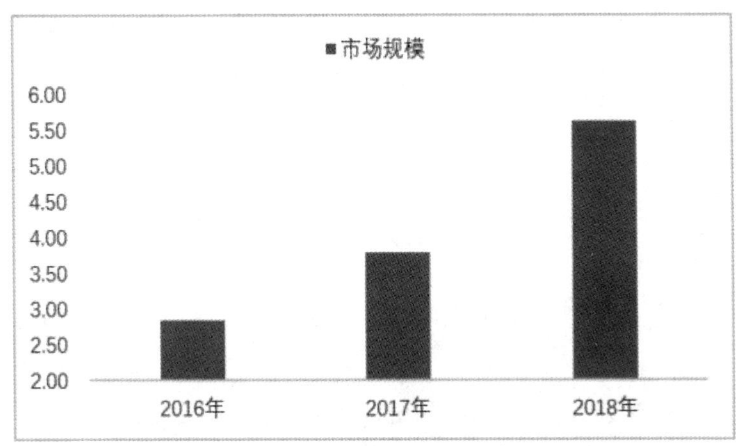

图19：2016年至2018年内存接口芯片市场规模（单位：亿美元）
来源：招股书

其未来增长驱动力，主要有二：

一、云计算、大数据和人工智能的发展，对于内存性能和容量的进一步需求。

根据DRAMeXchange统计，目前服务器平均内存装载量已达到145GB，预计到2021年标准型服务器DRAM平均容量将达到366GB，CAGR将达26%。而内存的增长对于内存接口芯片，有直接的拉动能力。

二、内存接口芯片应用场景的进一步拓宽。

例如，边缘计算场景下使用侧，对于低延时、大容量、低能耗数据的存储需求与运输需求，以及向个人电脑侧的延伸等。

综上，预计在未来期间内，内存接口芯片需求仍将会以稳定的状态继续增加，因而，即便总天花板不高，但短期增长却较为确定。接下来，澜起科技还有一个疑问没有解决：其在研的新业务，未来表现将会如何？

7

新业务增长，能展望吗？

目前，其新业务的布局，关键词是云计算、人工智能。

2017年，澜起科技联合清华大学，英特尔推出了其面向数据中心应用的津逮服务器CPU，目前又在研发面向服务器的AI处理器。从2017年至2018年财务数据方面来看，津逮服务器CPU还未有收入贡献。

目前AI处理器有四大技术路线，多强角逐：（1）基于GPU通用技术，代表企业是英伟达；（2）基于FPGA，代表企业是赛灵思；（3）基于ASIC技术，代表企业是谷歌TPU平台；（4）基于传统CPU技术，代表是该领域的霸主英特尔。

在技术尚未进化出垄断主流路线之前，这个领域基本只适合VC投资。根据目前的公开资料看，澜起科技的主要技术路线是以英特尔X86CPU架构为基础，融合FPGA+SRAM可重构计算的技术路线。

这个技术路线，总体来说还是比较稳健的路线。截至目前，X86架构服务器仍然占据着80%以上的服务器市场份额，采用X86架构作为基础架构，能够很好的融合现有技术。

不过，光有技术路径还不够，AI技术的发展，整体上是呈碎片化发展的，极端依赖应用场景，场景——算法——算力结合非常紧密。这决定了只有聚焦特定场景，精耕细作，才能最终产生价值。

其中，场景需要商业化能力，算法需要解决方案的整合能力，而算力/性能才是以IC设计为基础的技术能力。所以，如何实现场景+算法+技术的深度融合，这对于澜起科技这种技术驱动的中小科创企业来说，需要更深层次的变革。

说了这么多，最重要的问题来了：估值。如今，无论一级还是二级，无论场内还是场外，大家都非常焦虑、眼巴巴地望着——科技类公司本身技术不确定性高、高收益、高风险，估值区间一旦出错，分分钟就可能酿成几千万元、上亿元的亏损。

所以，我们来研究澜起科技的估值。

8

极为重要的事
估值，到底如何测算？

通过上述基本面分析，由于澜起科技属于轻资产模式，所以，并不适用PB估值法。同时，由于IC设计行业是一个研发投入高的行业，所以，如果研发支出全部费用化后，会让利润失真，也不适用于普通意义上的PE估值法。

鉴于澜起科技近三年收入增速约在40%，且具有半导体概念加持，所以，相对估值方面，澜起科技可以采用P/S、PEG估值方法，同时，如果我们对研发费用进行调整，也可以参考调整后的PE数据。而在绝对估值方面，则可以采用DCF现金流贴现法。

接下来，我们逐个来看，先看相对估值法：

（1）先用P/S估值法：第一步，我们来横向观察一下同行业可比公司的取值区间。

国内同行业上市公司：

（1）汇顶科技——历史PS区间为9.3倍至14.3倍；
（2）全志科技——历史PS区间为5.5倍至8.6倍；
（3）扬杰科技——历史PS区间为5.9倍至10.2倍；
（4）中颖电子——历史PS区间为5.5倍至12倍；

国外同行业上市公司：

（1）美国IDT——历史三年PS区间为3.4倍至5.8倍；
（2）美国Rambus——历史三年PS区间为3.4倍至4.6倍；

国外采用Fabless的芯片设计公司：

（1）博通——历史三年PS区间为4.2倍至6.6倍；
（2）赛灵思——历史三年PS区间为5.0倍至8.8倍；
（3）英伟达——历史三年PS区间为7.0倍至16.9倍；

结合三类公司的比较，可以看出，A股的估值溢价要高于成熟市场的美国股市，而英伟达例外，主要因为有人工智能概念加持，PS倍数达到

16.9倍。另外一个情况是博通、赛灵思和英伟达估值水平要高于IDT、Rambus，主要在于美国股市对于大盘绩优股的估值溢价要高于小盘股，这个也是美国股市与A股估值体系重要的区别。

而国内IC设计企业基本都聚焦在专用IC或者边缘赛道。例如，全志科技数模混合高速信号的设计与集成技术；汇顶科技主要在指纹识别领域；扬杰科技主要集中在电力功率IC领域；中颖电子主要在AMOLED驱动IC领域。

这些公司未来的增长路径基本一致：在既有利基市场做到极致，并力求向外延伸。所以，从估值上，澜起科技应该参照国内专用IC的估值逻辑。其中：

汇顶科技的估值溢价最高，是因为其ROE明显高于行业平均值（上市初期约为40%，后逐渐下降至当前20%左右），同时，其又是指纹识别概念龙头企业，业务增速受指纹识别拉动特别明显，所以，其估值溢价最高。而全志科技的收入增速很低，甚至负增长，所以，PS取值最低。

结合本案，澜起科技的收入增速较快，同时Roe也比较高，在30%左右。综合考虑，P/S估值范围取至9倍至12倍左右，对应的股权价值约在158亿元至210亿元。

（2）接着，我们用PEG法来看——按照彼得·林奇的估值逻辑，关键是要确认其收入增速，假如PEG=1，那么，其收入增速×100得出的数据，约等于它的PE倍数。

来看澜起科技的营业收入增速情况：2016年至2018年，其营业收入增速分别为136.93%、45.28%、43.19%。注意，2016年增速极高，这是受益下游DRAM景气周期向上，量价提升。

那么，一个重要问题是：如果按照43%的增速，给40倍的增速是否合理？

这里，有两个细节需要注意：第一，2017年，其增速腰斩，但是此时仍然处于下游景气度上行期；第二，2018年下游景气度下滑，但其增速维稳。

所以，我们预判其增速很难长期维持40%的高增长，未来增速大概率会下调。那么，究竟会下调至多少？这里，我们参考国外成熟市场同行可比公司的增速，以及下游dram芯片市场的需求增速来做调整。

IDT公司	2012年	2013年	2014年	2015年	2016年	2017年
IDT	-7.49%	0.07%	18.18%	21.73%	4.43%	15.73%
Rambus	25.07%	16.00%	9.23%	-0.09%	13.61%	16.79%
美光	10.19%	80.29%	-1.01%	-23.43%	63.90%	49.55%
SK海力士	-2.25%	39.39%	20.90%	9.77%	-8.51%	75.80%

表9：同行业营业收入增速对比（单位：%）
来源：并购优塾

注意上表，景气度上行期，IDT、 Rambus增速大概在15%至20%。同时，由于澜起科技目前处于行业第一的地位，所以，取乐观增速为30%。而另一方面，根据WSTS数据显示，2019年下游DRAM市场会出现-17%的负增长，至2021年后才实现缓慢转暖，基于此，我们给予其保守增速为20%。

那么，按照PEG=1股价合理估值的假设，则可以推算其合理的PE倍数大约在20倍至30倍。

不过，如果将估值区间对标国内另一家芯片设计龙头公司——汇顶科技，那么，估值区间可能会有所抬升。汇顶科技ROE在20%至40%，而历史PE区间在35.3倍至59.6倍，这也变相说明，龙头公司能够享受估值溢价。

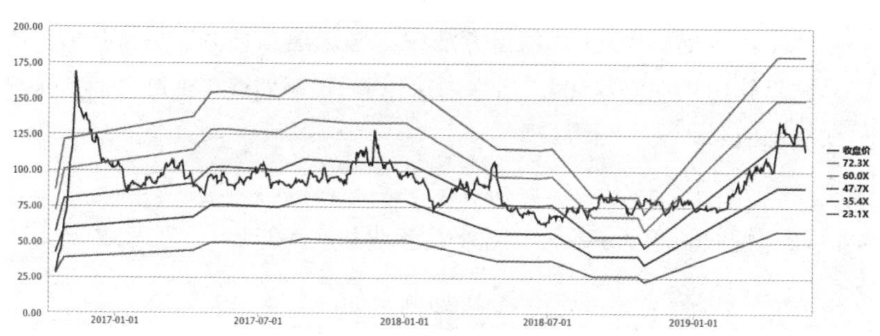

图20：汇顶科技PE
来源：wind

因此，对于澜起科技，其也是行业龙头，并且ROE水平也在30%左右，那么，有两种区间可选择，一是保守的取值法（20倍至30倍），二是考虑龙头溢价的乐观取值法做一定的溢价（30倍至40倍）。

按照这个数据对应来看，2018年澜起科技净利润为7.37亿元，那么，按照保守的取值法，股权估值147亿元至221亿元；按照乐观的取值法，股权价值221亿元至294亿元。

9

现金流贴现，到底怎么算？

接下来看绝对估值法，也就是DCF估值法。

（1）营业收入增速——三年复合历史增速（44%）、内生增速（波动较大，这里取2017年数据8.4%），全球半导体设计行业增速（14%）、中国半导体设计行业增速（28%）、中国服务器行业增速（13.1%）。

综上，考虑到上述PEG估值方法中，对增速预估为30倍至40倍，所以，这里给出乐观增速30%，保守增速13%，预测期逐年递减，而后永续增速分别取3%、0%。

（2）营业利润率——取行业平均营业利润率35%。

（3）资本性支出——澜起科技属于轻资产运作模式，历史资本性支出和折旧均很少，资本性支出/折旧摊销较低，历史约为44%。我们假设其资本性支出增速保持在营业收入人增速的50%。

（4）营运资本占营业收入的比率——取历史均值43%。

（5）WACC——因为它没有债务，WACC就等于股权成本，加之行业技术迭代的风险，这里取9%。

通过DCF估值法得到企业价值在87亿元至238亿元，加上现金和有价证券35亿元，股权价值为122亿元至273亿元。

综上，三种估值方法交叉比对：

P/S估值法——股权价值约为158亿元至210亿元，对应PE区间为21倍至28倍，对应PS区间约为9倍至12倍；

PEG估值法——股权价值为221亿元至294亿元，对应PE区间为20倍至30倍，对应PS区间为8.38倍至12.57倍；

DCF估值法——股权价值为122亿元至273亿元，对应PE为16.5倍至37倍，PS区间为6.94倍至15.53倍。

综上，如果PE在20倍以下、PS在8倍以下，安全边际相对较高，如果PE在35倍以上、PS在14倍以上，则安全边际可能相对较低。

澜起科技，此次估值为230亿元，对应PE约为31倍，PS为13倍。值得一提的是，任何人在任何时点，对任何公司都不可能做出百分百准确的预估，因而，本报告仅做方法讨论，具体数据不具备参考价值。同时，考虑到大A散户的情绪化特征，估值区间更加难以预计。后续的一切思考，都需要你自己完成。

如果调研澜起科技，应该问什么？（1）如何在下游DRAM市场出现转冷的情况下，仍然实现了销售价格大幅提升；（2）其产品获得英特尔、三星等巨头认证都做了哪些工作？（3）未来向服务器CPU芯片、AI芯片延伸都做了哪些储备，有什么样的策略？

综合来看，澜起科技尽管市场占有率高，但并非是产业链上横纵向话语权都强大的企业，而是典型的细分领域成长股，比较适合配置数量较多、单一品种风险对总净值影响不大的成长型策略。

本文发布于2019年4月24日

	预计现金流										
	基期	1	2	3	4	5	6	7	8	9	10
收入增速		30.00%	27.0%	24.0%	21.0%	18.0%	15.0%	12.0%	9.0%	6.0%	3.00%
折旧增速		15.00%	13.50%	12.00%	10.50%	9.00%	7.50%	6.00%	4.50%	3.00%	3.00%
收入金额	17.58	22.85	29.71	38.62	50.21	59.25	68.14	76.31	83.18	88.17	90.82
1-息税前利润率		65.00%	65.00%	65.00%	65.00%	65.00%	65.00%	65.00%	65.00%	65.00%	65.00%
营业成本费用=收入*（1-息税前利润率）	0.00	14.86	19.31	25.11	32.64	38.51	44.29	49.60	54.07	57.31	59.03
EBIT	7.31	8.00	10.40	13.52	17.57	20.74	23.85	26.71	29.11	30.86	31.79
税率	25.00%	25.00%	25.00%	25.00%	25.00%	25.00%	25.00%	25.00%	25.00%	25.00%	25.00%
EBIT (1-t)	5.48	6.00	7.80	10.14	13.18	15.55	17.89	20.03	21.83	23.14	23.84
折旧摊销	0.22	0.25	0.29	0.32	0.36	0.39	0.42	0.44	0.46	0.48	0.49
资本支出	0.18	0.23	0.30	0.37	0.45	0.53	0.61	0.68	0.74	0.78	0.49
营运资本变动	0.66	2.11	2.74	3.57	4.63	3.62	3.55	3.27	2.75	2.00	1.06
自由现金流	4.86	3.91	5.05	6.53	8.45	11.80	14.14	16.53	18.81	20.84	22.78

表10：乐观预测（单位：亿元）

来源：并购优塾

第二部分

互联网

优刻得

云计算：科技趋势VS公用事业

要说时下的热词，除了新能源、氢能源、5G、生物制药……还有就是——ABC。这个ABC不是中国农行，更不是女性用品，而是AI（人工智能）+Big Data（大数据）+Cloud（云计算）三者的合成词。

其中，云计算不仅是实现AI、Big Data一个重要基础，还是IT中的第四次革命。因此，亚马逊、微软、谷歌、阿里巴巴、腾讯、华为等科技巨头，斯坦福、麻省理工、伯克利、清华、北大等全球知名高校，均加入云计算领域的研究队伍中。

如今，科创板也迎来首家云计算领域企业——优刻得（U-Cloud）。

它是科创板首家同股不同权的企业，且背后有中国移动站台，直接为其提供基础设施、政企客户等资源。有了大佬支持，业绩自然不会差。

直接来看数据：2016年至2018年，其营业收入分别为5.16亿元、8.40亿元、11.87亿元，净利润为-2.11亿元、0.59亿元、0.77亿元，经营活动现金流净额为0.88亿元、1.93亿元、4.46亿元，毛利率为29.07%、36.43%、39.43%，净利率为-40.89%、7.02%、6.49%。

看完以上数据，你应该注意一件事：其现金流远远好于净利润，且毛利率、净利率大幅上升，营业收入三年复合增速高达51.67%。现金流，正是分析这个行业的关键点。

不仅业绩好，作为一家创业公司，其已经摆脱烧钱阶段，开始扭亏为盈。而相比之下，同行业的巨头阿里云，仍然在大笔烧钱。

2016年至2018年，阿里云的营业收入为30.19亿元、66.63亿元、

133.9亿元，营业利润为-26.05亿元、-16.81亿元、-30.85亿元，营业利润率为-86%、-25%、-23%。（注：阿里财报的截止日期为3月31日）

基础数据研究到这里，值得我们深思的问题来了：

（1）云计算领域，一个新兴行业，其经营逻辑到底是什么？作为重要程度堪比水、电、气的未来基础设施，这门生意的长远发展，要看什么？

（2）优刻得的体量不及行业巨头公司的十分之一，却抢先扭亏为盈，背后的逻辑是什么？

（3）众所周知，科技类公司估值难点较多，尤其云计算属于新兴行业，没有完全可以对比的公司，而且很多公司面临亏损问题。这样的公司，到底应该怎样为其估值？

（4）按照优刻得的募资金额和融资比率推算，此次它的发行估值已经高达190亿元左右，对应市盈率高达246.75倍。因为刚扭亏为赢，数据极高，而即便考虑PS估值，市销率也高达15.63倍。无论一级还是二级、场内还是场外，无数机构都盯着。这样的数据，到底是贵了，还是便宜了？

1

云计算，生意逻辑是怎样的?

云计算，是继大小型机时代、PC时代、互联网时代后的第四次IT产业革命。这四次革命，分别以集成电路、微处理器和操作系统、因特网和虚拟化技术、虚拟化和分布式技术为基础。

这四次大规模的技术迭代，使得IT服务围绕这个链条演变：大型企业化→中小型企业化→个人化→公共基础资源，并且，逐步向全社会渗透，单位成本也从之前的千万元级别降低为几十元，市场规模从之前的百亿元上升到十万亿元级别。

图1：IT产业的四次革命
来源：国元证券

注意，在云计算出现之前，传统企业需要自行搭建IT系统，不仅要购买服务器、交换机等硬件设备，同时，需要购买一些付费软件，再找专门的IT人员维护，成本极高。

对于企业来说，计算机等硬件和软件，本身并非他们真正需要的，仅仅是完成工作、提供效率的工具而已。而云计算的出现，提供了一种新思路，可以帮助企业节约成本、提升效率。

其本质是一种资源共享，终极目标是把计算机算力作为一种公共设施，提供给公众，就像使用水、电、煤气、电话那样方便，按需收费。

而这种想法并不是预设的，而是技术进化而演变出来的产物，这背后的技术包括：虚拟化、分布式数据存储、数据管理、编程模式、信息安全等。比如，虚拟机技术，早在1965年由IBM推出System/360Model 67和TSS分时共享系统，解决了当时流行的大型机价格贵、使用成本高的弊端。它通过虚拟机监视器（Virtual Machine Monitor）虚拟所有的硬件接口，允许多用户共享一台计算设备。

到了20世纪80至90年代，微处理器和操作系统出现，引发了PC革命。比如，IBM推出了搭载英特尔的X86微处理器和微软DOS系统的PC电脑。

1998年，VMware公司首次引入X86的虚拟技术，通过运行在Windows NT上的VMware来启动Windows95。次年，还推出可在X86平台上流畅运行的第一款VMware Workstation，虚拟化技术走下大型机的神坛。

电气和电子工程师协会（IEEE）颁布了用以标准化VLAN实现方案的802.1Q协议标准草案，将大型网络划分为多个小网络，解决广播和组播流量占据带宽多的问题。

不过，PC时代存在专机专用的特性，也导致资源大量浪费。21世纪初，受益于因特网和虚拟化技术的出现，服务器门槛被打破，开始进入互联网时代，云计算也开始真正萌芽。

互联网时代，用户需求多样，以此为基础的新业态和新业务不断出现，如电商、邮箱、社交等新业务层出不穷，这使得用户对数据存储和数据处理的要求越来越高。

传统的存储，光纤成本高，且存储达到其上线时，扩展能力需要增减扩展柜、人工维护等，成本较高。因此，降成本、方便扩容、可以进行大量数据存储、吞吐的需求逐渐出现。

在这一需求驱动下，Google发布了三篇论文，标志着分布式存储技术的诞生。

第一篇论文（2003年），讲述了可扩展的分布式文件系统，并提出了分布式存储技术，这使得云计算的存储更加便捷，信息也更安全。

第二篇论文（2004年），讲述大数据的分布式计算，即将任务分解后，在多台处理能力较弱的计算节点中同时处理，然后将结果合并从而完成大数据处理，让信息处理更加高效。

第三篇论文（2006年），讲述了用于存储和管理结构化数据的分布式存储系统。

这三篇论文，被称为引爆大数据时代的三大论文，更是启发了NoSQL数据库，谷歌CEO在搜索引擎大会，首次提出了“云计算”的概念。

不过，真正将云计算发扬光大的其实是亚马逊。亚马逊的核心业务为电子商务，这一业务存在明显的季节性，如圣诞节、黑色星期五时销售火爆。销售火爆也带来了数据处理的稳定性问题，必须要开发扩展性以适应业务的开展。

之后，亚马逊提出初步解决配置IT资源的路径：把IT基础设施分化到最小的原子单元，让程序员可以以最大的自由度来选择各类stack。

有了这个想法，2006年，亚马逊以Web服务的形式，向企业提供云计算服务，如弹性计算网云（EC2）、简单储存服务（S3）、简单数据库（SimpleDB）等。

技术进化到此处，我们来看看亚马逊的股价走势。

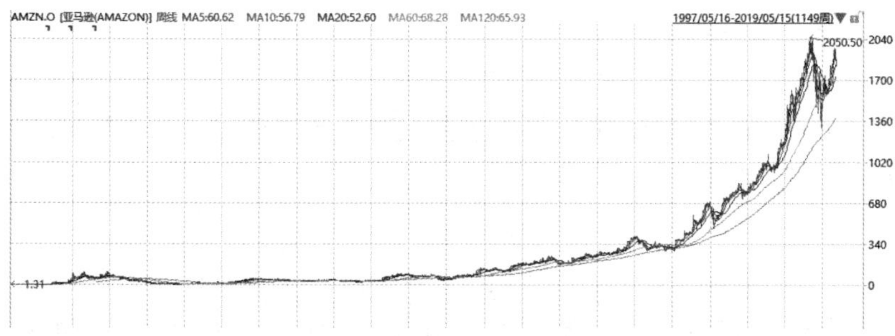

图2：亚马逊股价走势图
来源：wind

在亚马逊之后，云计算研发大军开始飞速扩充。

2008年，微软发布公有云计算平台——Windows Azure Platform（为开发者提供可运行在云服务器、数据中心、Web和PC上的应用程序）、谷歌推出Google App Enging云计算平台。

2009年后，云计算格局逐步成型，并且进入快速发展时代。如今在全球范围内，形成以亚马逊AWS、微软Azure、阿里云三大巨头公司为主的云计算产业格局。

2008年，国内互联网发展迅速，电子商务兴起，使得淘宝、支付宝用户激增，数据越来越多，尤其是早上8:00到9:30，服务器的使用率都会飙升至98%。

怎么解决这个问题？阿里巴巴只能持续购买服务器和软件。

不过，当时互联网基本采用传统的IOE架构，即IBM的服务器、Oracle的数据库、EMC的存储设备。不过，这些设备价值不菲，一个小型的服务器就几十万元甚至上百万元，商业数据库更是达到千万元级别，这还不算维护费用。且阿里巴巴业务处于快速扩张期，数据多，国外设备的实用性较差。

因此，最为理想的方法就是建设自己的云计算架构，同时调动数以万计的服务器进行处理。

于是，2008年，阿里巴巴集团首席执行官马云高薪聘用时任微软亚洲研究院常务副院长的王坚，并成立阿里研究院，组织阿里云计算架构的开发。最终，成功开发出“飞天”系统。并在2010年，开始平稳运行。很快，阿里云的成功，吸引了其他巨头进入这个领域。[1]

2

在这样的背景下登场

华为2010年宣布进军云计算领域；腾讯2013年面向社会开放云；小米2014年投资金山云。中国三大互联网公司中两大巨头分别竞争，百度速度缓慢，直到2017年才开始进入。

除了巨头公司，还有创业公司，典型的有U-cloud、Qingcloud、七牛云（后被阿巴巴里收购）、北森云等。在创业公司中，就属本案——U-cloud发展较好，当然，这背后离不开其创始人：季昕华。

季昕华，同济大学电气自动化专业学士、复旦大学软件工程学硕士，是“中国第一代黑客”代表人物。在校期间便对计算机痴迷，通过自学，从计算机“菜鸟”变成专家，钻研系统和企业漏洞并无偿反馈、公布，其发现的微软漏洞，后被人利用制造出了“冲击波”病毒。

大学毕业后，其先后创办了“阿拉上海”（消费点评类网站）、“仕易”网（网络题库）。不过，均以失败告终。

2002年，季昕华加入华为安全部门，随后升职为部门经理，负责网络安全事务。

2004年，腾讯向其抛出橄榄枝，在与腾讯公司CTO张志东交谈之后，季昕华加入腾讯，负责黑客入侵、QQ号被盗、扫黄打非等网络安全工作，在其30岁时就成为腾讯最年轻的部门负责人，并在此结识了莫显峰和华琨，他们也是优刻得的创始人。

优秀的人，总能左右逢源。2009年，盛大网络的CEO陈天桥找到季昕华，经过一番交谈，他决定加入盛大，并从安全领域转向云计算。2010年，他成功开发盛大云，仅比阿里云稍微晚一点。2011年，盛大云正式上线。

2012年，季昕华从盛大离职，创立UCloud，聚焦云计算。凭借其自身的工作经历，很快召集了腾讯、盛大云和其他互联网公司的技术骨干。[2]

UCloud成立的第二年，手机游戏爆发。手机游戏研发的需求增多，但小企业的资金有限，很难配备齐全的硬件开发设备，于是，云计算的需求便多了起来。因此优刻得到发展壮大，并逐步受到资本方的青睐。

2013年，优刻得获得DCM、贝塔斯曼的A轮融资1000万美元；2014年，获得君联资本、贝塔斯曼、DCM的B轮融资5000万美元；2015年，获得君联资本、VMS Legend InvestmentFundI、光信资本等的C轮融资1亿美元；2017年，获得元禾控股、中国国际金融的D轮融资9.6亿元人民币；2018年，完成E轮融资，投资方为中国移动旗下中移资本。

目前，其在全球有21个大数据中心、5万多家客户，间接用户量近10亿，业务也从最早爆发的手机游戏，扩展到政企、金融科技、新零售、在线教育、智能医疗等众多领域。

2019年3月，优刻得申报科创板。介绍到这里，一个问题是：季昕华是如何从巨头林立的云计算赛道突出重围的？

3

云计算赛道，如何赚钱？

优刻得成立于2012年，其第一大控股股东为季昕华，季昕华、莫显峰、华琨在2018年5月签订《一致行动协议》，三人为优刻得的实控人，共持有29.73%的股权。

值得注意的是，优刻得在2018年进行股改，设置A、B类股和特别表决权。如此一来，季昕华、莫显峰、华琨三人合计拥有64.71%的表决权。尽管之前经过多轮融资，但其对企业经营方向仍有绝对话语权。

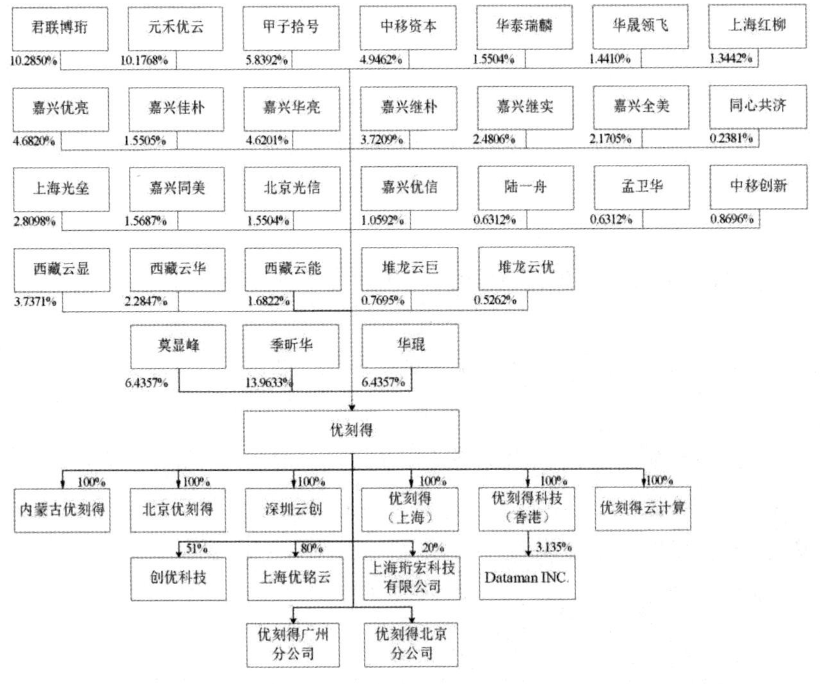

图3：股权结构图（单位：%）
来源：招股书

优刻得的主营业务是提供云计算服务，即将传统的IT服务集中于云端，按照部署模式划分，包含：公有云、私有云及混合云业务。

我们来梳理一下云计算的产业链。

上游——为基础设施提供商，如服务器（中低端占据85%的市场规模）、网络传输设备等设备供应商和IDC数据中心服务、网络带宽、IP、CDN等资源供应商，代表公司为万国数据、世纪互联、Equinix、浪潮信息、IBM等。毛利率在10%至20%。

中游——云计算服务供应商，可划分为三类：IaaS（基础设施即服务）、PaaS（平台即服务）和SaaS（软件即服务）。IaaS的典型代表有亚马逊的AWS、微软的Azure和阿里云；PaaS代表企业较少；SaaS的典型代表有Adobe、Salesforece、Servicenow等。中游毛利率整体在40%至80%。

下游——即需要IT云服务的各行业企业。

结合本案，我们来看看这条产业链的动态状况。

上游采购：一是设备，如服务器、网络传输等，占总采购金额约50%；二是资源，如IDC数据中心服务、网络带宽、IP、CDN等资源，采购占比40%左右。供应商集中度约为50%，前三大供应商有紫光华山、浪潮集团、曙光信息。

下游销售：主要面向移动互联、互动娱乐、企业服务等互联网客户，以直销为主，比如凡普金科、杭州有赞。一般来说，对中小型客户提供标准化产品和服务，而针对大客户会提供定制化服务。目前，前五大客户销售额占比约20%，集中度很低。

这样的产业链格局之下，业绩到底如何？

2016年至2018年，其营业收入分别为5.16亿元、8.40亿元、11.87亿元，净利润为-2.11亿元、0.59亿元、0.77亿元，经营活动现金流净额为0.88亿元、1.93亿元、4.46亿元，毛利率为29.07%、36.43%、39.43%，净利率为-40.89% 、7.02%、6.49%。

注意，营业收入三年复合增速高达51.67%，且现金流远远高于净利润，毛利率、净利率都呈上升趋势。

从收入结构和毛利结构来看，优刻得的公有云业务占比最大。

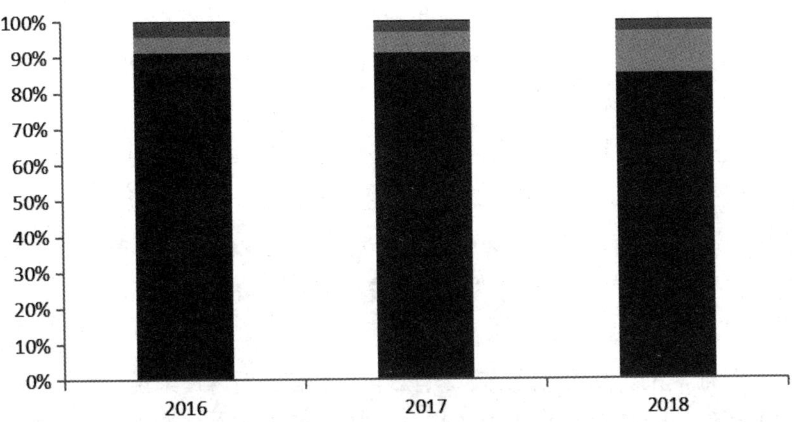

图4：收入结构（单位：%）
来源：并购优塾

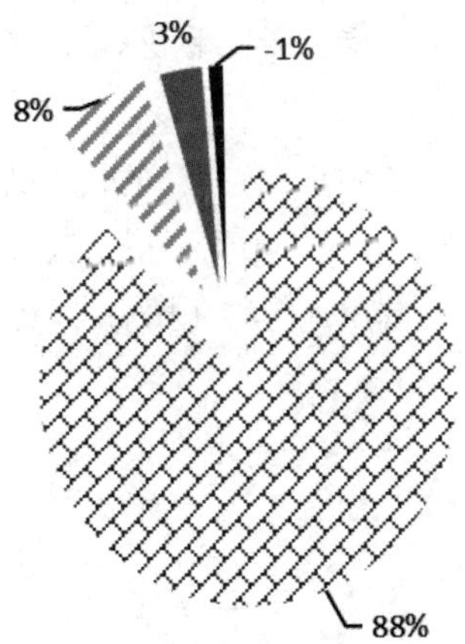

图5：毛利结构（单位：%）
来源：并购优塾

公有云，是指服务商将自有的服务器、存储等基础设备，放置在IDC（互联网数据中心）中统一运营管理，并向客户提供无差别的云计算产品和服务。私有云，是指为特定用户配备单独的IT基础设施，并提供云计算服务。而混合云，则是指公有云和私有云的结合，更为灵活。

显然，这三种云，差异在于公有云具有资源共享性和明显的规模效应，但安全性有限。而私有云的私密性更好，属于专有资源。由于私有云安全性要求高，需求主要针对大企业，大企业一般自行配置硬件设备，云服务商相当于“管家”，提供托管服务，按服务收费。

目前，主要商业化的还是公有云，这种模式对客户来说，不仅可以节省硬件的购买和维护成本，还可以按需采购，自行配置CPU、存储或带宽使用量等，付费模式选择性也多，可以按时、周、月、年进行付费。

优刻得的公有云业务占公司所有业务比率88%以上，毛利率为41%，私有云（毛利率44.6%）、混合云（毛利率25.7%）占比合计10%。

根据提供服务内容的不同，公有云的收入结构还可以继续拆分，包含计算、网络、数据库、存储、数据分析、云分发、云安全等。其中，计算占比最高（60%），其次是网络（16%）、数据库（10%）。

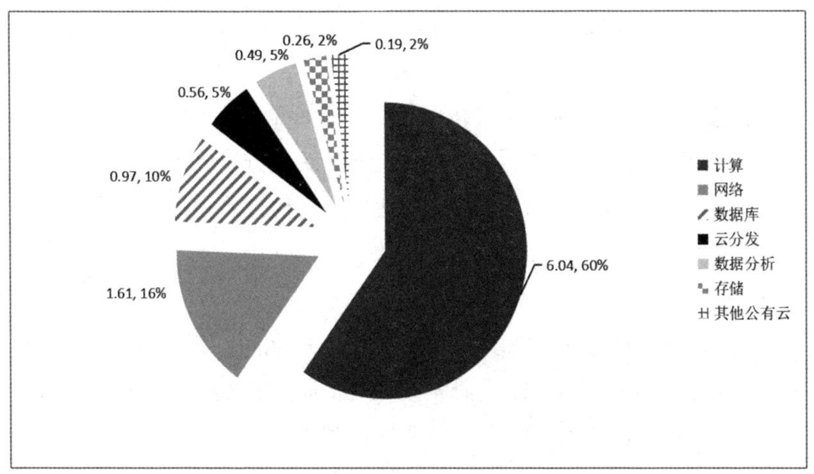

图6：优刻得2018年公有云收入（单位：亿元，%）
来源：并购优塾

以上几大业务，其中：

（1）计算服务——公有云业务的核心需求，是指提供计算单元，该部分产品包括：云主机业务（如UHost云主机、GPU云主机、UDHost私有专区）和物理云主机，前者占计算服务收入的80%以上。

（2）网络服务——计算服务的配套服务，主要负责传输客户的业务内容，包括：基础网络服务（如带宽、IP、负载均衡等）和增值网络服务（高速通道 UDPN 和全球加速、专线接入等增值服务），前者占网络服务收入的80%以上。

（3）数据库——也是计算服务的配套服务，包括云数据库、云闪存等产品。

看完收入和产品结构，我们再来看看资产结构和利润结构。

从资产结构来看——以2018年为例，优刻得总资产21.56亿元，总负债4.35亿元。资产中，货币资金占比最高，为43.63%，其次是固定资产（38.56%）、应收账款（8.15%）；从负债结构来看，最重的是应付账款，占总资产比为8.79%，其次是预收账款（5.83%）。

从利润结构来看——2018年营业收入11.87亿元，其中60.52%的钱花在了成本上，13.51%花在了研发费用上，11.92%花在了销售费用，9.64%花在了管理费用，留下了7.14%的净利润。

粗略可见，这是一门重资产投入、重研发投入的生意，同时，本案话语权应该不弱，账面现金很多，还有不少应付账款和预收账款。

接着，我们再来看几张基本面数据图：

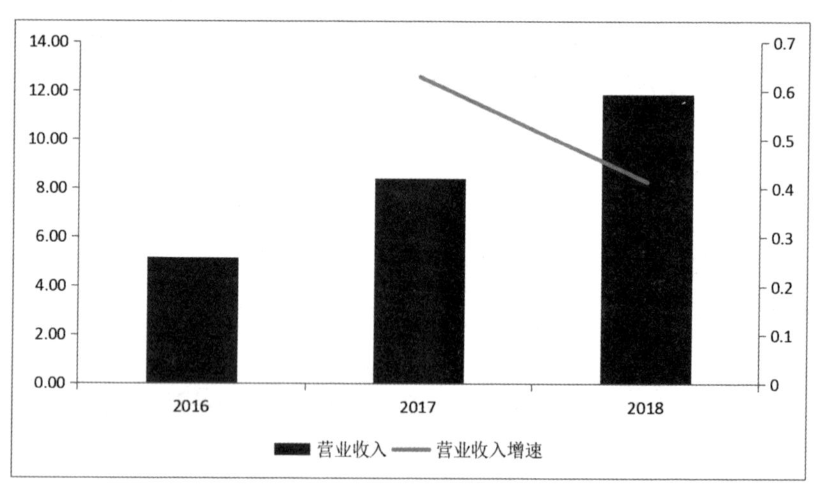

图7：营业收入、营业收入增速（单位：左：亿元、右：%）
来源：并购优塾

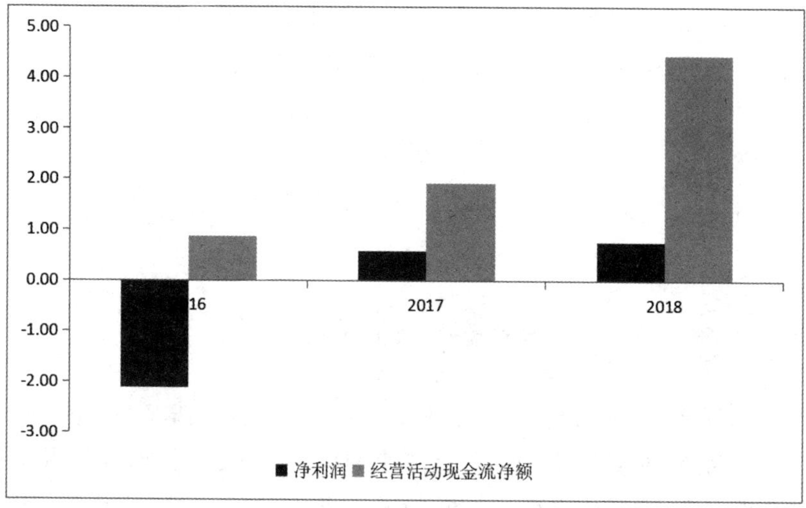

图8：净利润、现金流净额（单位：亿元）
来源：并购优塾

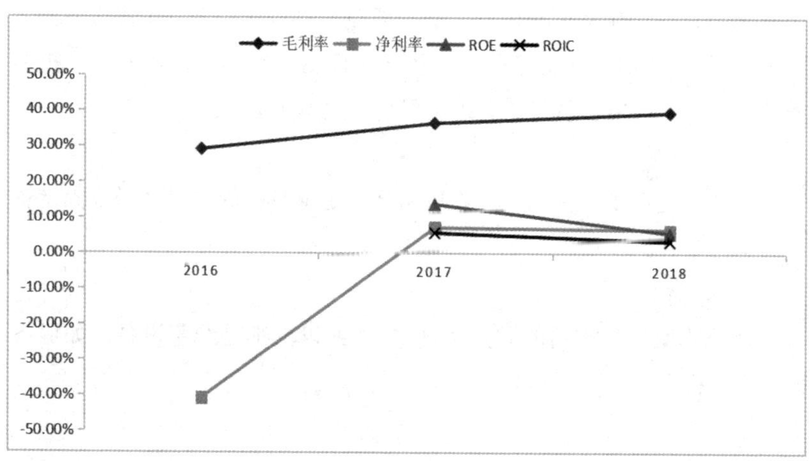

图9：毛利率、净利率、ROE、ROIC（单位：%）
来源：并购优塾

综上，这门生意的业务流程，可大致梳理如下：采购设备——研发——客户签约——销售。接下来，我们逐个复盘。

4

资产规模，如何扩张?

云计算，看起来高大上，其本质其实是一项资源共享服务，由云计算服务商购买服务器等资产，然后将其租赁给有需要的企业，满足用户不同的需求，并按需收费。这和水、电、煤气、军工、环保、通信、共享单车这些生意模式，本质上没什么区别。

所以，这门生意要想做好，必须要投入更多的资金，购置服务器等固定资产和IDC数据服务、带宽等资源。而由于前期投入资本大（折旧摊销多），所以要想盈利，必须实现超大规模化运营。

综上，这些商业逻辑体现在财务数据上就是：固定资产以及固定资产的运营效率。

回到本案，优刻得的固定资产中，99%以上都是经营设备，如服务器、交换机等。

2016年至2018年，其固定资产为3.86亿元、5.01亿元、8.31亿元，占总资产的比率为23.7%、30.6%、38.5%，营业收入为5.16亿元、8.40亿元、11.87亿元，固定资产对营业收入的拉动为1.34、1.68、1.43，其经营设备折旧年限为4年，残值率为5%。

这个数据在同行业处于何种地位，我们来比较一下：从行业来看，和优刻得处于同一公有云赛道中IaaS细分市场的玩家有：

全球前五家公司：亚马逊（51.8%）、微软（13.3%）、阿里巴巴（4.6%）、谷歌（3.3%）、IBM（1.9%）；国内前五家公司：阿里（45.5%）、腾讯（10.3%）、中国电信（7.6%）、金山云（6.5%）、AWS（亚马逊旗下，5.4%）。

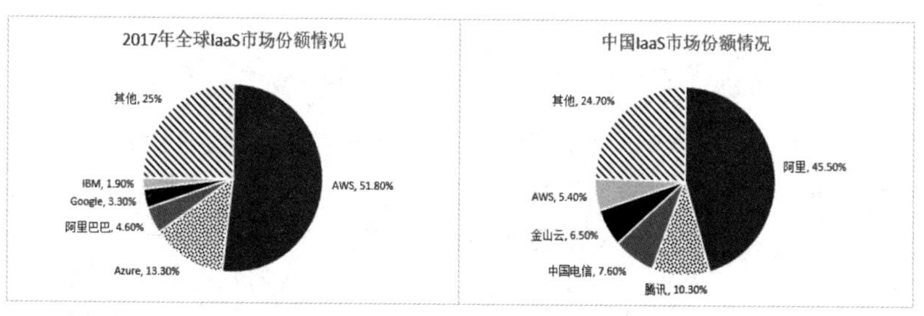

图10：IaaS市场份额（单位：%）
来源：国元证券

从上可见，全球市场和国内市场的集中度较高，CR3均超过60%，并且，龙头公司均为TMT巨头，可见，该赛道具有典型的“赢家通吃”属性。

但注意，龙头之间的云计算收入体量，也显著不同。

2018年，亚马逊、阿里云的云计算收入分别为188.51亿美元、133.9亿元，虽然营业收入都过百亿元，但亚马逊的体量是阿里云的10倍左右。尽管收入很高，但云计算收入占公司总营业收入比率并不高，亚马逊云只占11%，阿里云则更少，只占比5%。

结合本案，优刻得的营业收入不足阿里云营业收入的十分之一，体量、占比都无法直接对比。延伸思考一下，是否可以和同产业链环节中的PaaS、SaaS服务商对比？

先来看看PaaS服务商——PaaS服务有点像“夹心”层业务，通常，IaaS厂商可以向上延伸至PaaS，而SaaS厂商也可向下延伸至PaaS。

比如，以SaaS起家的Salesforce（客户关系管理系统CRM服务商），旗下有PaaS平台，名为Salesforce.com；而IaaS龙头亚马逊，也发布了官方PaaS平台，名为Beanstalk。但这些业务也很难拆分对比。

再来看看SaaS服务商——SaaS市场代表公司较多，典型代表包括：Adobe（数字媒体和在线营销解决方案供应商）、Salesforce、Servicenow（自动化信息技术服务）、Workday（人力资源信息系统服务商）、Atlassian（针对开发工程师和项目经理的软件）。

不过，SaaS主要提供的是软件服务，对硬件的需求并不是很大，固定资产占比较少，不超过总资产的10%。因此，SaaS的边际使用成本很低，固定资产对营业收入的拉动在4——16之间，远高于优刻得，可比性小。

那么，我们不如换个思路，从IaaS的商业模式出发，将可比范围扩大到产业链上游——同时具备大型设备购入且具有租赁性质的企业。比如光环新网（IDC数据中心、AWS产品与服务的直销商、世纪互联（IDC数据中心、微软云合作）、数据港（IDC数据中心）、万国数据（云基础服务商）、Equinix（IDC服务公司）。

来对比一下，上述几家公司是什么水平：

（1）光环新网——2016年至2018年，其固定资产为27.25亿元、38.54亿元、40.4亿元，占总资产比为30.55%、36.31%、35.48%，营业收入为23.18亿元、40.77亿元、60.23亿元，固定资产对营业收入的拉动为0.85、1.06、1.49。

（2）世纪互联——2016年至2018年，其固定资产为37.82亿元、33.19亿元、40.31亿元，占总资产比为30.44%、33.5%、36.15%，营业收入为36.42亿元、33.93亿元、34.01亿元，固定资产对营业收入的拉动为0.96、1.02、0.84。

（3）数据港——2016年至2018年，其固定资产为7.01亿元、8亿元、13.41亿元，占总资产比为59.47%、47.33%、50.44%，营业收入为4.06亿元、5.2亿元、9.1亿元，固定资产对营业收入的拉动为0.58、0.65、0.68。

（4）万国数据——2016年至2018年，其固定资产为43.23亿元、81.66亿元、139.95亿元，占总资产比为52.69%、62.12%、67.01%，营业收入为10.56亿元、16.16亿元、27.92亿元，固定资产对营业收入的拉动为0.24、0.20、0.20。

（5）Equinix——2016年至2018年，其固定资产为71.99亿美元、93.95亿美元、110.26亿美元，占总资产比为57.1%、50.26%、54.46%，营业收入为36.12亿美元、43.68亿美元、50.72亿美元，固定资产对营业收入的拉动为0.50、0.46、0.46。

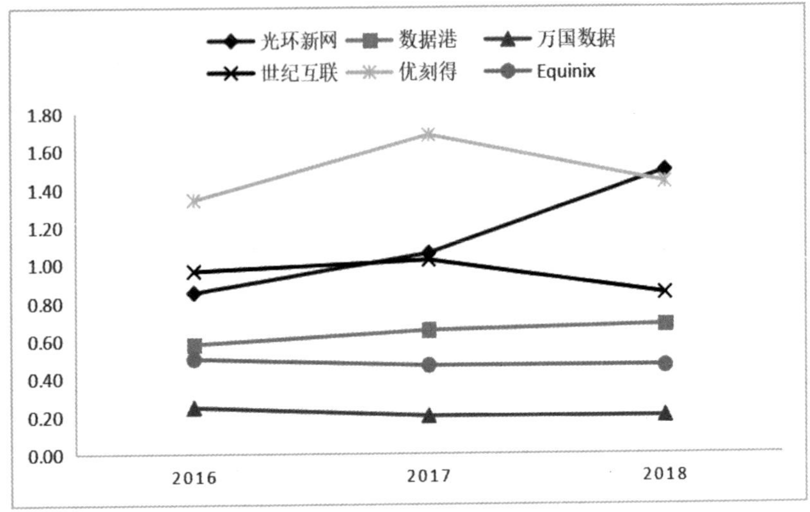

图11：固定资产对营业收入的拉动（单位：%）
来源：并购优塾

通过对比，我们发现：云计算服务商的固定资产对营业收入的拉动作用明显强于上游IDC服务中心，这主要是因为IDC服务中心的资产更重，以机柜、建筑物为主。

其中，光环新网在2018年，固定资产对收入的拉动作用大幅上升，是因为它和亚马逊合作，直销其AWS在中国的业务，云计算业务收入上涨。

另外注意，国外IDC服务中心龙头Equinix，固定资产规模最大，高达750多亿美元。其固定资产对营业收入的拉动最低，这主要是因为它的固定资产中，包括了核心系统、在建工程等。

项目	2018年	2017年
核心系统	7073912	6334702
房屋建筑物	4822501	3906686
租赁装修	1637133	1850351
在建工程	974152	425428
私人物业	857585	798133
土地	631367	423539
合计	15996650	13738839
累计折旧	-4970630	-4344237
净物业、厂房及设备	11026020	9394602

表1：固定资产结构（单位：千美元）
来源：公司年报

来看一下Equinix在美国股市的股价走势。

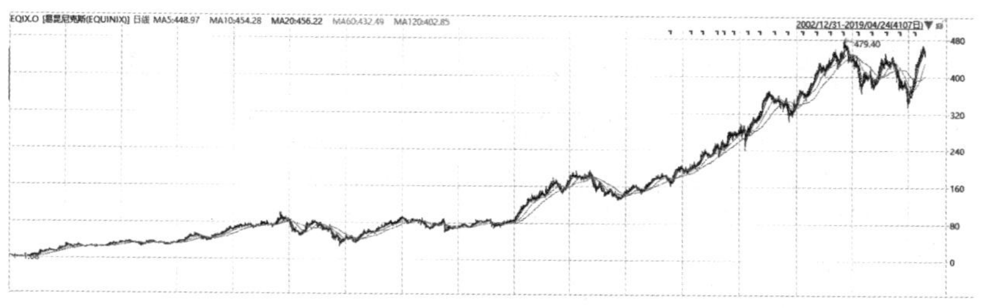

图12：Equinix股价走势
来源：wind

回到优刻得，由于云计算生意需要重资产投入，所以，此次其募资用途，就是在内蒙古建设数据中心，扩大运营规模。

序号	项目名称	投资总额	拟投入募集资金	建设期
1	多媒体云平台	104583.83	104583.83	5年
2	网络环境下应用数据安全流通平台项目	22048.48	22048.48	5年
3	新一代人工智能服务平台项目	88027.24	88027.24	5年
4	内蒙古乌兰察布市集宁区优刻得数据中心项目	480000.00	260132.82	7年
合计		694659.55	474792.37	-

表2：募投项目和金额（单位：万元）
来源：招股书

5

技术实力，到底如何？

在云计算中，比较关键的技术有虚拟化技术和分布式数据存储技术。

（1）虚拟化技术。这个技术是云计算的基础，是指计算元件在虚拟的基础上运行，而不是真实的基础。这样，用户就可以在单台服务器上，运行多个虚拟系统和应用，提高服务器效率。

我们举个例子：假设优塾吃瓜店只购买了一台32G内存的主机，服务员A、B各自单独需要8G、16G内存，这怎么办？

普通的解决方法有两种，要么，同时运行这台主机，各自配置运行环境；要么，再购买一台8G的主机。前者，可能出现要求运行的环境不一样，且数据存储在同一台主机，存在数据安全风险；而后者则成本更高。

而现在，通过虚拟化技术，就能解决以上冲突。即：可以在该台主机上，生成两个操作系统，分别拥有8G、16G内存，任选操作系统，并且实现资源隔离。

虚拟化不改变硬件，而是利用软件的方法抽象、虚拟出IT资源，从而实现与底层硬件的隔离，通过虚拟CPU、虚拟内存、虚拟I/O，让用户的操作系统（Guest OS）认为其在真实的计算机上运行。

该技术可以帮助物理主机更好地实现分区（多个虚拟机同时运行）、隔离（虚拟机分离）、封装（移动和复制）、独立（任一服务器上运行），从而实现计算资源共享、客户按需定制、精细化管理等功能。

目前，比较常用的虚拟机技术有VMWare（付费的商用软件、不开源）、Xen（开源、维护成本高）、KVM（使用最多且开源）。

（2）分布式数据存储技术。简单来说，分布式数据存储是将数据分散存储到多个存储服务器上，并将这些分散的存储资源，构成一个虚拟的存储设备。由于，云计算要为大量用户服务，因此会产生海量数据，这就需要存储系统可用、稳定，且读写传输性能良好。

分布式存储可满足以上述求，通过分散存储，其成本低、安全性高且容错功能较强。目前，比较常用的是Google开发的GFS，和Hadoop开发的 HDFS分布式存储系统。

除了存储海量数据，还需对数据实施高效的管理。目前主要有Google的BT(BigTable)数据管理技术和Hadoop的开源数据管理模块HBase。

正是由于云计算涉及海量数据存储和管理，这就和大数据相契合。因此，众多云计算服务商均涉及大数据服务，典型的有亚马逊、IBM、微软、谷歌、阿里巴巴等巨头，这些公司提供基于云的数据库平台以支持大数据开发。

除了上述两个最重要的技术之外，云计算还涉及编程模式、分布式资源管理、信息安全调查和平台管理等技术。

优刻得目前拥有5项专利，主要在分布式存储、数据读写、云端数据托管和热补丁加载等领域。在研项目10项，主要集中在RDMA（远程直接数据存取，解决处理延时问题）、虚拟化、数据加密和智能化发展。

序号	专利号	专利名称	专利类型	专利权人	专利申请日	取得时间/授权公告日	取得方式
1	ZL201210526884.5	一种块设备的分布式储存方法和系统	发明	发行人	2012年12月10日	2018年8月21日	原始取得
2	ZL201610936538.12	数据读写方法及数据读写系统	发明	发行人	2016年11月1日	2019年2月19日	原始取得
3	ZL201611206602.8	一种热补丁加载方法以及装置	发明	发行人	2016年12月23日	2019年2月12日	原始取得
4	ZL201611207823.7	一种热补丁信息查询方法以及装置	发明	发行人	2016年12月23日	2019年1月22日	原始取得
5	ZL201611237063.4	一种云端数据托管系统及云端数据托管方法	发明	发行人	2016年12月28日	2019年2月12日	原始取得

表3：优刻得专利统计
来源：招股书

抛开这些专有名词，要判断优刻得的技术研发实力，可以通过研发投入来分析。2016年至2018年，优刻得的研发投入分别为0.98亿元、1.06亿元、1.60亿元，占营业收入的比率分别为18.97%、12.68%、13.51%，零资本化。

这个数据表现如何，我们来对比一下同行业公司：

（1）光环新网——2016年至2018年，其研发投入为1.12亿元、1.12亿元、1.83亿元，占营业收入的比率为4.8%、2.8%、3.0%，零资本化。

（2）数据港——2016年至2018年，其研发投入为0.2亿元、0.23亿元、0.23亿元，占营业收入的比率为4.8%、4.5%、2.5%，零资本化。

（3）万国数据——2016年至2018年，其研发投入为0.09亿元、0.07亿元、0.14亿元，占营业收入的比率为0.9%、0.4%、0.5%，零资本化。

（4）世纪互联——2016年至2018年，其研发投入为1.49亿元、1.49亿元、0.92亿元，占营业收入的比率为4.1%、4.4%、2.7%，零资本化。

（5）Equinix——2016年至2018年，未披露研发投入。

可以看出，云计算服务商的研发投入要高于数据中心的研发投入。而业务相近的光环新网的研发投入较低，这主要是因为其云计算服务主要依托亚马逊AWS研发，因而研发投入较少。

看到这里还不够，由于其同行业其他云计算服务商同样具有高研发的驱动特性，所以，还可以和SaaS服务商比一比。

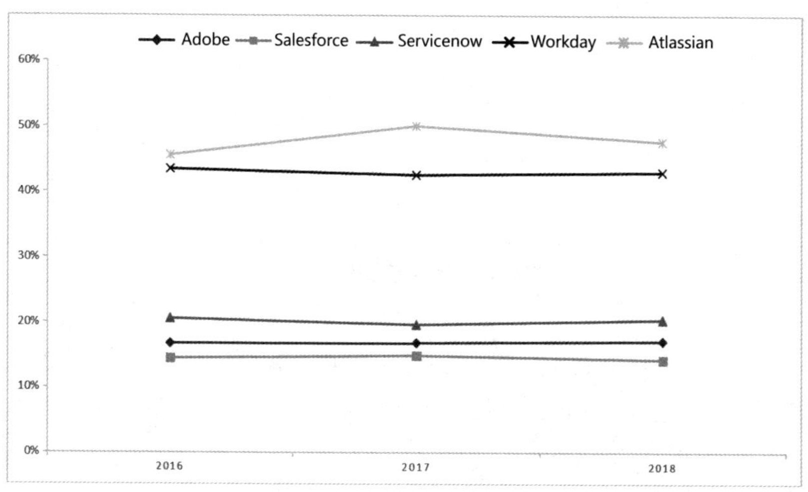

图13：SaaS服务商研发投入占比（单位：%）
来源：并购优塾

对比发现，SaaS服务商的研发投入普遍很高，都在14%以上，且较为稳定。其中，Workday和Atlassian上市日期比较短，营业收入规模较小，导致其研发投入占比高出同行公司。而研发投入占13%左右的优刻得，其研发投入水平与同行业差距不大。

另外，由于技术研发都需要高科技人才，所以，我们再来看下其核心技术人员情况。

目前，优刻得拥有543名研发人员，占总员工的比率为51.46%。

其核心技术人员：季昕华（CEO），曾在华为、腾讯、盛大网络任职；莫显峰（CTO），曾在东软集团、华为、腾讯担任高级工程师；杨镭，曾任盛大网络运维和研发人员。可以看出，核心技术人员都有丰富的经验，且前两位是实际控制人，背书较强且中短期较为稳定。

分析完技术，下一步，就来分析一下市场，优刻得是如何获取客户订单的。

6

产业话语权，到底怎样?

优刻得的订单来源主要包括大客户和中小客户。对于前者，主要提供定制化的服务，因此，收款按照合同约定；对于后者，按照客户的需求，提供的是标准化的产品。

其收费模式为所有客户均通过公司的云计算控制台在线充值→选择→订购→使用公有云产品。具体的收入确认标准为产品所有权的风险和报酬转移，现实操作中其每月进行系统结算，以客户的消费金额为准。

对于大客户而言，其支持后付费模式，由于款项结算时间差异，便会形成一定的应收账款。而对于中小客户而言，他们一般会先在官网上按照需求下订单，然后付款，再自行安排消费，因此会形成预收账款。

我们分别来看数据：

应收账款——近三年分别为0.57亿元、1.21亿元、1.76亿元，占营业收入的比率为11.05%、14.40%、14.83%；

预收账款——近三年分别为0.85亿元、1.12亿元、1.26亿元，占营业收入的比率为16.47%、13.33%、10.61%；

这个预数据占比，到底高不高？来和同行对比看看。

先来和上游的IDC数据中心企业对比一下。

预收占营业收入的比率	2016	2017	2018
光环新网	10.5%	3.5%	2.5%
数据港	0.0%	0.0%	0.8%
万国数据	3.9%	3.5%	2.6%
世纪互联	8.8%	1.7%	1.7%
Equinix	0.0%	0.0%	0.0%
应收占营业收入的比率	**2016**	**2017**	**2018**
光环新网	24.2%	24.2%	26.9%
数据港	18.7%	25.8%	32.0%
万国数据	18.8%	22.6%	19.2%
世纪互联	18.0%	13.4%	15.4%
Equinix	11.0%	13.2%	12.4%

表4：预收和应收占营业收入比率
来源：并购优塾

可以看出，IDC行业的预收较少，应收较多，这是因为他们都面向大企业，如Equinix的客户阵容相当豪华，典型的有亚马逊、思科、IBM、微软、甲骨文、网飞……不过，通过对比，强弱可见，Equinix应收账款占比最少，对下游的话语权更高。

同时，从客户名单也能看出，在云计算产业链，Equinix属于典型的咽喉赛道。这个产业链格局，和通信领域的基础设施光纤之于通信行业有点类似。

再来和其他云计算服务商对比。

从SaaS行业来看，优刻得主要为软件的订阅服务，因此预收账款为主，占比较高。整个SaaS的预收账款占比在30%以上，其中，Salesforce、Servicenow、Workday的预收账款金额更是高达60%。

预收账款占比60%，是什么概念？这个比率，不仅秒杀了ERP软件领域的用友网络（13%）、金蝶国际（30.11%），教育领域的中公教育（31%），甚至超过了甲骨文（21.2%）、微软（26.2%）等巨头公司，以及之前我们研究过的金融软件巨头——恒生电子（47%）。

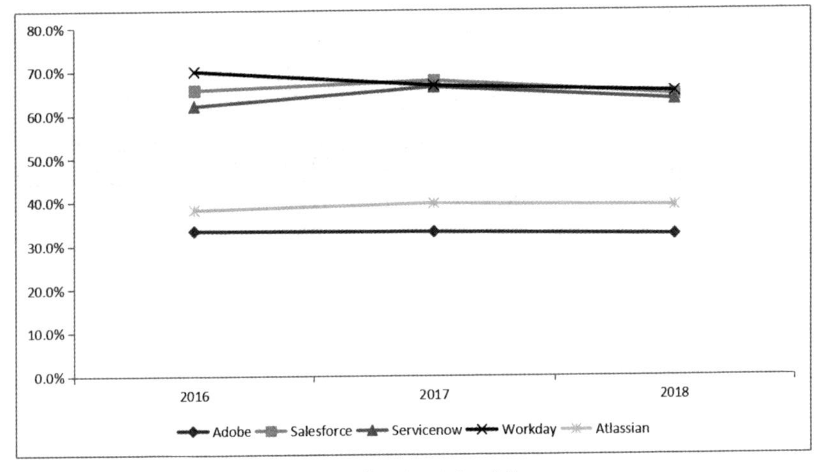

图14：预收占营业收入比率（单位：%）
来源：并购优塾

整体来看，优刻得在云计算服务商赛道的话语权要好于上游IDC数据中心，而同样为云计算服务商，更接近终端应用的SaaS服务商，预收账款更高。

看到这里，还没有结束，优刻得的应收账款占营业收入的比率在不断上升，而预收账款占营业收入的比率却在不断下滑，这是为什么？有两种可能：

一是，主动放宽信用期去抢占大客户市场，导致大客户贡献营业收入增多，小客户预收账款增速不及大客户，导致其预收账款占比下降；二是，市场竞争加剧，导致其不得不放宽信用期，且小客户的获取难度上升，预收账款占比下降。

前者会导致市场份额的提升，后者会导致市场份额的下降。优刻得到底属于哪一种情况，我们从以下两点来分析：

（1）市场发展——中国公有云市场，处于一个快速发展的时代，并且在公有云细分市场中，IaaS增速最快，发展潜力最大。

2017年，中国公有云规模为246.8亿元，同比增长55.7%，其中，IaaS市场规模达148.7亿元，占比60%，同比增长70.14%；而PaaS市场规模为11.6亿元，同比增长52.64%；SaaS市场规模104.5亿元，同比增长39.15%。

预计到2021年，中国公有云市场规模将达到902.6亿元，平均年复合增长率35.87%。

（2）竞争情况——云计算服务的行业集中度不断提升，马太效应明显。

从国内市场占有率来看，2016年至2018年上半年，除了腾讯云和阿里云的市场份额有所上升（阿里云的增幅小于腾讯云的增幅），优刻得和中国电信、金山云的市场份额均出现下滑。CR3集中度提升，行业出现强者恒强的局面。

这意味着一个重要的细节，云计算行业虽然高速发展，但最终享有市场红利的还是排名靠前的寡头企业。考虑到行业特性，以及抗风险能力，如果研究云计算领域，阿里云自然是首选。

公司	2016年	2018Q2
阿里云	40.67%	43.00%
中国电信	8.51%	8.00%
腾讯云	7.34%	11.00%
金山云	6.02%	5.00%
AWS	-	6.00%
ucloud	5.00%	4.80%
其他	32.46%	22.20%
合计	100.00%	100.00%

表5：市场份额（单位：%）
来源：并购优塾

这在全球云计算的竞争格局中，也出现了同样的现象。

从全球竞争格局来看，亚马逊、微软、阿里云等公司，逐渐取代IBM和Rackspace等硬件企业。亚马逊的AWS始终保持第一，2015年至2017年，其市场占有率从39.72%一路上涨到51.8%，微软从5.81%上涨到13.3%，阿里巴巴从1.77%上涨到4.6%。

CR3的份额从48.2%上涨到69.7%，行业龙头效应明显。

综上可见，面对市场竞争激烈的格局，优刻得应收账款占比放大、预收账款占比下滑的数据大概率属于第二种情形。

不过，即使是这种情况，还有一个细节值得注意：虽然营业收入体量、市场份额都比不上阿里云，但是作为一个云计算领域中比较稀缺的龙头、独立的第三方平台、创业型公司，其竟然能够在财务数据上领先阿里云，率先扭亏为盈。这是为什么？

7

到底怎么扭亏的？

我们看看，盈亏平衡是怎么做到的。来看数据，2016年至2018年：

优刻得——营业收入为5.16亿元、8.40亿元、11.87亿元，营业利润为-2.16亿元、0.40亿元、0.86亿元，营业利润率为-41.9%、4.8%、7.2%。

阿里云——营业收入为30.19亿元、66.63亿元、133.9亿元，营业利润为-26.05亿元、-16.81亿元、-30.85亿元，营业利润率为-86%、-25%、-23%。

你看，阿里云还在巨亏，优刻得已经开始盈利了。其扭亏为盈的秘诀就在于管理费用和销售费用的降低。

从销售费用方面来看——2016年，优刻得开始进行品牌推广活动，费用较高，当年亏损，而后期市场推广费下降，导致销售费用下降。

项目	2018年度			2017年度			2016年度	
	金额	占比	增长率	金额	占比	增长率	金额	占比
职工薪酬	11007.35	77.79%	40.25%	7848.47	79.73%	41.88%	5531.63	53.42%
市场推广费	1552.58	10.97%	85.68%	836.14	8.49%	-78.14%	3824.72	36.94%
业务招待费	528.72	3.74%	67.01%	316.58	3.22%	49.58%	211.64	2.04%
差旅费	506.65	3.58%	73.69%	291.69	2.96%	17.72%	247.78	2.39%
其他	555.40	3.92%	0.87%	550.62	5.59%	2.11%	539.26	5.21%
合计	14150.70	100.00%	43.76%	9843.5	100.00%	-4.94%	10355.03	100.00%

表6：销售费用统计表（单位：万元）
来源：招股书

从管理费用方面来看——2016年，优刻得对技术人员实施股权激励，导致其管理费用较高，后期股权激励比率降低，因此管理费用随之降低。

项目	2018年度			2017年度			2016年度	
	金额	占比	增长率	金额	占比	增长率	金额	占比
职工薪酬	5898.77	51.54%	20.07%	4912.83	47.09%	54.45%	3180.83	20.65%
租赁费	1618.88	14.15%	32.51%	1221.73	11.71%	-0.59%	1228.93	7.98%
股份支付费用	1283.06	11.21%	-4.52%	1343.83	12.88%	-83.70%	8242.66	53.51%
其他	2643.58	23.10%	-10.53%	2954.6	28.32%	7.35%	2752.36	17.87%
合计	11444.29	100.00%	9.69%	10432.99	100.00%	-32.27%	15404.78	100.00%
剔除股份支付	10161.23	88.79%	11.80%	9089.16	87.12%	26.91%	7162.12	46.49%

表7：管理费用统计表（单位：万元）
来源：招股书

这里，如果推广收入、股份支付费用按照营业收入增速增长，其营业利润将为-2.11亿元、-1.22亿元、-1.44亿元。

此外，优刻得的未分配利润也在2018年扭亏为盈，这主要是因其在2018年进行股份改制，未分配利润受股改净资产折股影响，亏损减少1.53亿元，并不是真实的盈利。

项目	2018年12月31日	2017年12月31日	2016年12月31日
未分配利润	2515139.74	-231060183.57	-307894784.80
归属于母公司股东权益合计	1734245067.71	1185462012.45	-54593063.61
少数股东权益	-13181053.77	-10255710.27	-3926120.62
股东权益合计	1721064013.94	1175206302.18	-58519184.23
负债和股东权益合计	2155812132.43	1638580924.88	1626480081.57

表8：未分配利润统计表（单位：元）
来源：招股书

以上，我们都是以公有云为讨论重点，接下来，我们来研究整个云计算领域的前景？

8

云计算赛道，未来如何？

首先，云计算按照部署模式不同，主要分为公有云、私有云和混合云。

从市场规模来看，全球市场以公有云为主，而国内市场以私有云为主。以2015年为例，全球云计算行业中，公有云市场份额占比为62.88%；而同比之下，国内云计算行业中，公有云市场份额占比仅为27.09%，未来存在趋同的趋势。

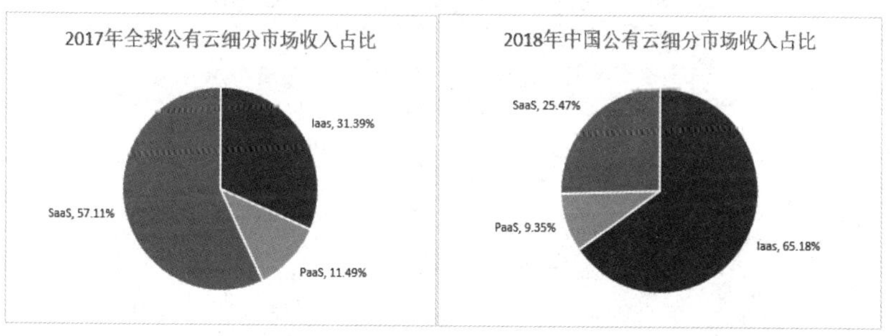

图15：公有云细分市场情况（单位：%）
来源：招股书

具体来看，国内私有云市场规模较大，基数也大，但从竞争格局来看，因安全性高和投入成本大，主要集中在政府、金融和电信等行业，更为细分，因此同行企业较多，很难出现赢者通吃的局面。代表企业有华为、新华三（紫光集团旗下）、VMware（威睿，美股代码VMW.N）等。

而国内的公有云市场呈现基数小、快速增长的特点，其增速高于30%，远远大于私有云的市场，且相对于私有云来说，公有云产品更加标准化，容易出现赢者通吃的局面，因此市场潜力较大。

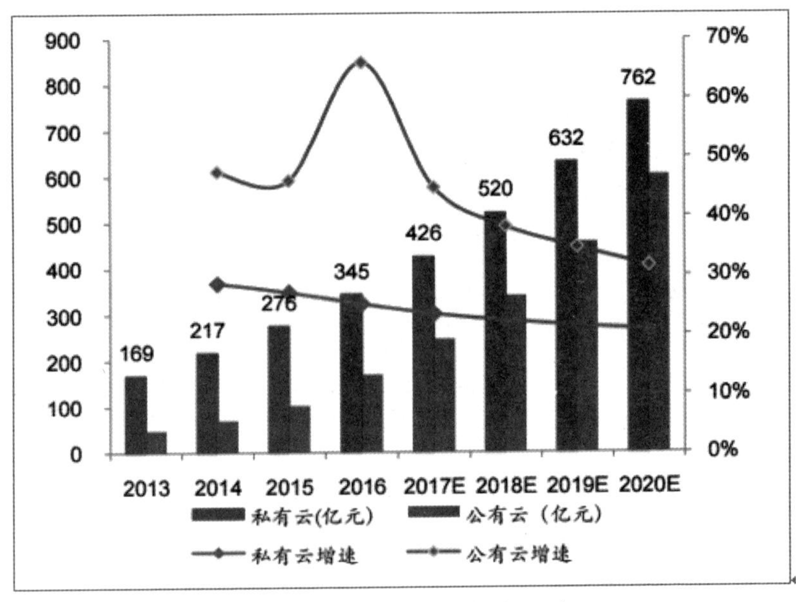

图16：中国公、私有云规模（单位：左：亿元、右：%）
来源：中国产业信息网

其次，云计算按照服务模式不同，又分为三类：IaaS（基础设施即服务）、PaaS（平台即服务）和SaaS（软件即服务）。

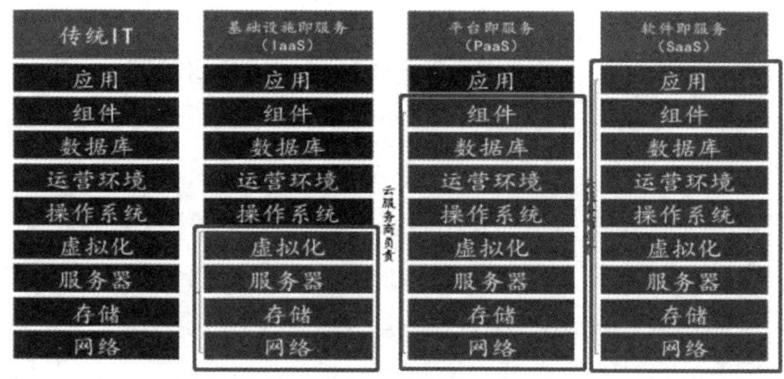

图17：云计算产业链构成
来源：国元证券

因全球私有云业务占比较少，国内云计算未来大概率会向国外市场看齐，因此这一块主要看公有云下的服务模式细分市场。

总体来看，国内市场和全球市场存在差异，全球公有云市场主要以SaaS为主，占比为57%；国内因起步较晚，主要以IaaS为主，占比为65%。

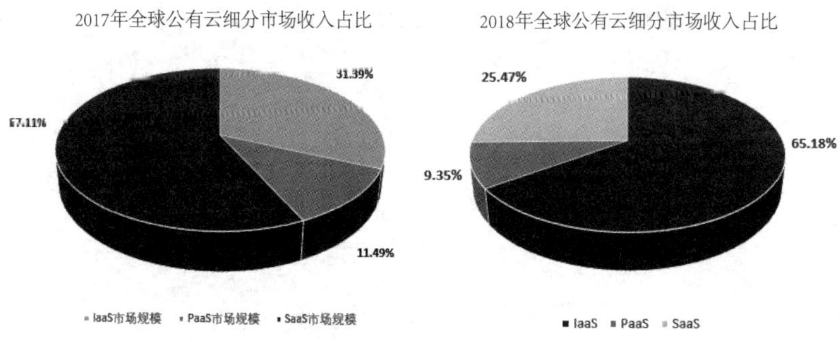

图18：公有云细分市场情况（单位：%）
来源：招股书

IaaS——向用户提供的是计算、网络、存储以及其他基础资源，用户无须购买硬件。

2017年，全球公有云细分市场中，IaaS的市场规模为326亿美元，占比为31%。该部分市场集中度高，全球、国内CR5均在75%左右，代表企业有阿里云、腾讯云、亚马逊、微软。

PaaS——向用户提供的是运行在云基础设施之上的软件开发和运行平台，为用户创造软件开发环境。由于PaaS属于云计算的中间层，容易受上下游的挤压,小型企业生存压力较大。

2017年，全球公有云细分市场中，PaaS的市场规模为128亿美元，占比为12%，比率最小。代表企业有阿里云、Oracle、AWS、微软、IBM。

SaaS——向用户交付直接可使用的软件，代表产品为OA、CRM、ERP，三者合计占SaaS市场75%的份额。2017年，全球公有云细分市场中SaaS的市场规模为656亿美元，占云计算市场份额比率为59%。代表企业有Adobe、Salesforce、Servicenow、Workday、Atlassian、用友网络等。

SaaS是全球公有云占比最大的细分市场，业绩表现自然不错。国外上市企业股价表现强势，下图为SaaS企业Salesforce的股价走势：

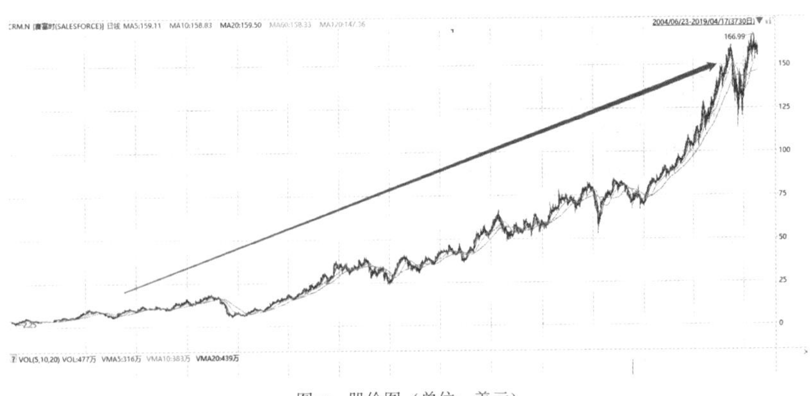

图19：股价图（单位：美元）
来源：wind

总体来看，在云计算这条产业链的上游市场中，可以研究IDC服务商，行业龙头企业具备规模护城河，有马太效应，研究逻辑类似于公用事业、基础设施赛道。典型的比如Equinix和万国数据。

有个细节需要注意，由于这个领域的基础设施特性，导致国外和国内竞争格局不同，国内主要由运营商主导（如下图）。

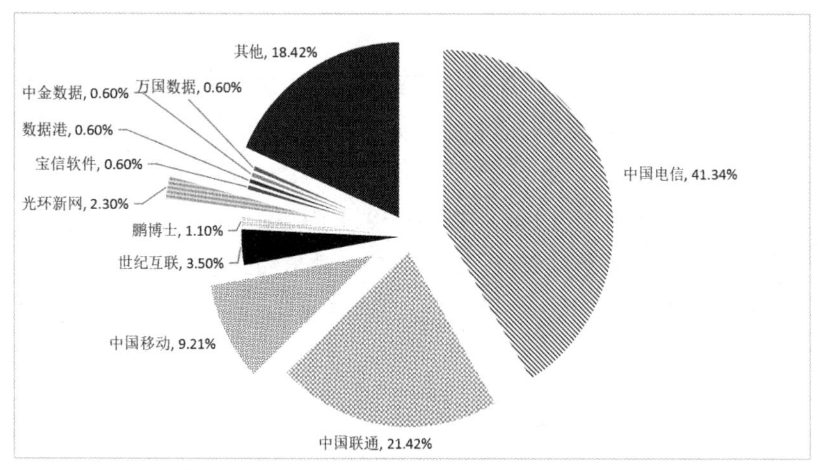

图20：IDC竞争格局（单位：%）
来源：智研咨询

中游市场中，主要潜力市场是公有云。公有云中比较有看点的是SaaS和IaaS，前者市场较为细分，产品差异化很大，所以，容易诞生细分市场龙头；后者则比较标准，行业较为集中，马太效应也非常明显。

优刻得，其主业集中在公用云中的IaaS，竞争格局比较激烈。根据IDC的报告，2017年，其在该市场占比为5.3%，仅次于阿里云（45.5%）、腾讯云（10.3%）、中国电信（7.6%）、金山云（6.5%）、AWS（5.4%），排名第六。（这个竞争格局，大家可以仔细思考一下）

那么，接下来重要问题来了，作为云计算加持的概念股，优刻得的估值究竟是多少？

注意，对于云计算服务商，估值可以说是最难的研究部分。这类公司与传统公司商业模型差别巨大，一方面，其盈利状况处于微利或亏损的状态，而另一方面却享受着很高的估值。比如SaaS领域，上市一年的Workday和上市三年的Atlassian，上市后股价持续攀升估值较难。

此外，本案处于云计算的IaaS赛道，同类型、且以该业务为主业（营业收入占比超过50%）的企业较少，因此可比公司较少。

优刻得申报科创板上市，拟发行12140万股，占发行后总股本的比为25.01%，计划募集资金47.5亿元，发行估值约190亿元，PS为15.63倍。很多一级二级机构，场内场外人士都在关注，这样的估值，到底是高了还是低了？

9

估值，到底该如何测算？

优刻得，仍处于高速成长期，盈利未形成规模，研发投入又很高，因此通过PE估值体系进行估值不合理，容易导致PE估值畸高。那么，考虑到云计算服务商的收款模式中，预收账款占比较高，未来转换为收入的确定性较强，同时，经营活动现金流较好。

所以，本案，相对法估值我们主要采用PS估值法。

此外，由于同样处于IaaS赛道的阿里巴巴、亚马逊体量太大，云计算收入占比很低。所以，很难找到完全可比的对标公司，于是，我们还是和上文一样，分三大类公司进行对比。

第一类：阿里巴巴、亚马逊，由于其在美国股市上市，估值区间较为成熟。

根据摩根士丹利测算，2017年，亚马逊云计算营业收入174.59亿美元，阿里云营业收入66.63亿元。预计到2020年，亚马逊云计算营业收入400亿美元、阿里云营业收入50.6亿美元，复合增速为51%、128%，PS估值分别为6.75倍、2.39倍PS。

第二类，参考上游IDC数据中心公司的估值。

光环新网：其历史PS估值为3.5倍至6.7倍；
万国数据：其历史PS估值为4.5倍至9倍；
世纪互联：其历史PS估值为1.7倍至3.1倍。

第三类，SaaS类服务商的估值。

Adobe：其历史PS估值为7.6倍至13.7倍；
Salesforce：其历史PS估值为6.4倍至8.7倍；
Servicenow：其历史PS估值为10.2倍至14.6倍；
Workday：其历史PS估值为10.8倍至13.5倍；
Atlassian：其历史PS估值为12.7倍至24倍，2017年上市，估值较高。

由于IaaS更为标准化，而SaaS更为差异化，所以，SaaS的估值溢价明显更高。而与IDC相比，IaaS又具有预收款更高的特点。同时，考虑到云计算概念在A股稀缺，其上市后，可能会享受稀缺龙头的溢价。

因此，这里我们对其取值范围做个极值假设：

极低值——以IDC的高值作为其数据低值，取6.7倍；

极高值——极度乐观假设，如果对标SaaS服务商的标杆企业Adobe，取其估值高位为13.7倍。

注意，这里对标Adobe是考虑到它的估值与净利率（25%至28%）、ROE（9%至17%）较为匹配，而workday和Servicenow虽然P/S估值高，但它们自上市以来，净利率、ROE一直处于亏损状态。类似的，Salesforce也刚刚在2016年扭亏，净利率和ROE还处于很低水平，所以，未将其作为参考。

综上，取其PS区间为6.7倍至13.7倍，对应股权价值大约为81亿元至166亿元。

不过，以上数据都是较为粗略的预估，并且只是单一的估值逻辑，数据准确度有限，不可能作为参考。接着，还必须再通过DCF现金流贴现法，进行交叉验证。

10

绝对估值，在什么区间?

现金流贴现，预测的主要环节假设如下：

（1）营业收入增速——三年复合历史增速（51.67%）、2017年中国公有云同比增速（55.7%，预计未来5年复合增速为35.87%）、全球公有云同比增速（29.22%，预计未来5年复合增速为22%）、内生增速（64%），并且，考虑到同行业巨头情况，根据公开数据，亚马逊的AWS和阿里云的三年营业收入复合增速分别为45%、111%。

因优刻得目前处于快速发展阶段，其再投资率较高，为1171%，日后较难维持，所以自身的内生增速失真，不做参考。另外，将上市时间较长的Salesforce和Servicenow的增速拉出来看，增速会呈现阶梯下降。

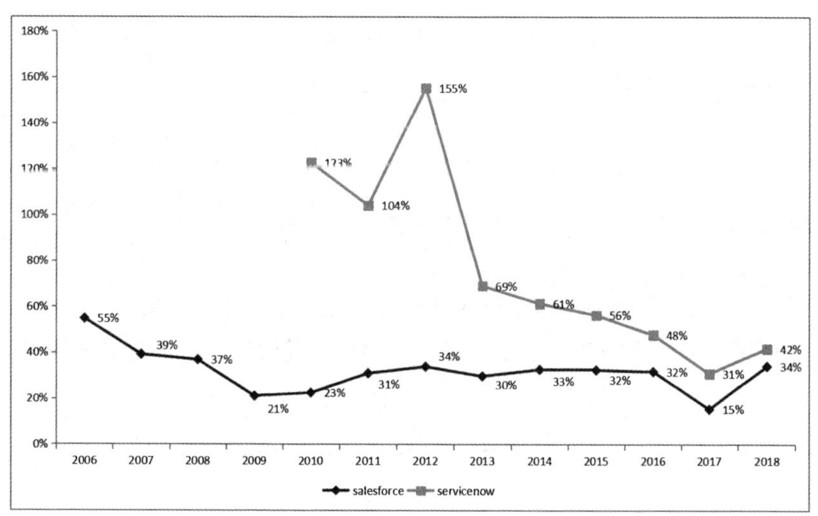

图21：营业收入增速对比（单位：%）
来源：并购优塾

因此，这里和以往不一样，我们按照三段式进行增速递减。按照乐观增速取50%、悲观增速取30%。永续增长方面，乐观增速为3%，保守增速为0%。

类型	1	2	3	4	5	6	7	8	9	10
乐观	50.00%	50.00%	50.00%	40.00%	40.00%	40.00%	30.00%	21.00%	12.00%	3.00%
悲观	30.00%	30.00%	30.00%	20.00%	20.00%	20.00%	10.00%	6.67%	3033%	0.00%

表9：营业收入增速取值（单位：%）
来源：并购优塾

（2）营业利润率——其历史三年营业利润率分别为-39.7%、4.0%、4.4%，由于高速成长期营业利润率极不稳定，并且2017年刚实现扭亏。

目前，国内IaaS服务晚于国外，基本处于亏损状态，例如，2016年至2018年，阿里云的营业利润率为：-86%、-25%、-23%；而国外的亚马逊AWS，则已经实现盈利，营业利润率为：25.4%、24.8%、28.4%。

考虑到其业绩未来释放，且其地位不及亚马逊，因此其营业利润率三段逐渐提升至20%。

（3）折旧/摊销——优刻得的历史平均折旧和摊销与营业收入增速较匹配，因此假设未来稳定经营情况下，折旧增加额与企业增速一致。

（4）资本支出——优刻得目前处于高速发展阶段，其历史资本性支出/折旧与摊销的比为237%、165%、343%，因此预计其资本性支出/折旧比为250%，并呈现阶梯下降趋势，至永续期的100%。此外，其在2018年资本支出较大，因此，基期数据进行平滑，取三年均值4.34亿元。

（5）营运资本占营业收入比率——其历史三年数据为-68%、-24%、-11%。考虑到行业存在马太效应，营运资本占营业收入的比率为-10%。

（6）WACC——综合计算，同时考虑到行业的竞争激烈，取较高的资本成本为10.14%。

预测乐观情况自由现金流的取值，具体如下。

按照以上参数大致测算，计算企业价值41.5亿元至197亿元，净债务为9.41亿元，所以股权价值51.9亿元至206亿元，对应的PS估值区间4.3倍至17.4倍。

综上，我们根据两种方法计算结果来看：

相对估值法——股权价值51.9亿元至206亿元，对应的PS估值区间为4.3倍至17.4倍；

绝对估值法——股权价值81亿元至166亿元，对应的PS估值区间为6.7倍至13.7倍。

结合来看，数据区间81亿元至166亿元。所以，如果PS在6.7倍左右及以下相对安全边际较高，而如果PS上升至13.7倍左右及以上，则安全边际相对较低。

目前，优刻得计划募集资金47.5亿元，按募资金额推算其估值约190亿元，PS为15.63倍，落在了较高位置。当然，任何人在任何时点，对任何公司都不可能做出百分百准确的预估，因而本案仅做方法讨论，具体数据不具备任何参考价值。此外，本案的测算过程已经相当乐观，并且还没把赢家通吃的行业属性考虑进去。

	基期	1	2	3	4	5	6	7	8	9	10
收入增速		50.00%	50.00%	50.00%	40.00%	40.00%	40.00%	30.00%	21.00%	12.00%	3.00%
资本支出/折旧的比例		250%	250%	250%	200%	200%	200%	150%	133%	117%	100%
折旧增速		50%	50%	50%	40%	40%	40%	30%	21%	12%	3%
收入金额	11.87	17.81	26.71	40.06	56.09	78.52	109.93	142.91	172.92	193.67	199.48
1-息税前利润率	96%	95%	95%	95%	90%	90%	90%	85%	83%	82%	80%
营业成本费用=收入×（1 - 息税前利润率）	11.35	16.91	25.37	38.06	50.48	70.67	98.94	121.47	144.10	158.16	159.58
EBIT=净利润+所得税+利息，或EBIT=经营利润+投资收益+营业外收入 - 营业外支出	0.52	0.89	1.34	2.00	5.61	7.85	10.99	21.44	28.82	35.51	39.90
税率	15%	15%	15%	15%	15%	15%	15%	15%	15%	15%	15%
EBIT (1-t)	0.44	0.76	1.14	1.70	4.77	6.67	9.34	18.22	24.50	30.18	33.91
折旧摊销	2.35	3.53	5.29	7.93	11.10	15.55	21.76	28.29	34.23	38.34	39.49
资本支出	4.34	8.81	13.22	19.83	22.21	31.09	43.53	42.44	45.64	44.73	39.49
营运资本变动	0.73	-0.59	-0.89	-1.34	-1.60	-2.24	-3.14	-3.30	-3.00	-2.08	-0.58
自由现金流	-2.28	-3.94	-5.91	-8.86	-4.73	-6.63	-9.28	7.37	16.09	25.86	34.49
终值											497.57

表10：乐观现金流预测（单位：亿元）
来源：并购优塾

本报告参考资料如下，特此鸣谢

[1]阿里云的这群疯子 ，浅黑科技，2018-10

[2]季昕华：顶级黑客变身创业公司保姆，中国青年报，2015-05

本文发布于2019年4月28日

中国通号

全球最大轨交系统供应商

之前我们研究过很多行业龙头公司，它们在上市之后股价都出现大幅度上涨。但是，我们今天要研究的这家公司，从2015年在港股上市至今，股价只能用一个字形容——稳。它的股价始终在5.3港元至6港元之间波动，几乎不受任何市场影响。

2019年2月，贝莱德增持了0.09%。先来看一下股价走势图。

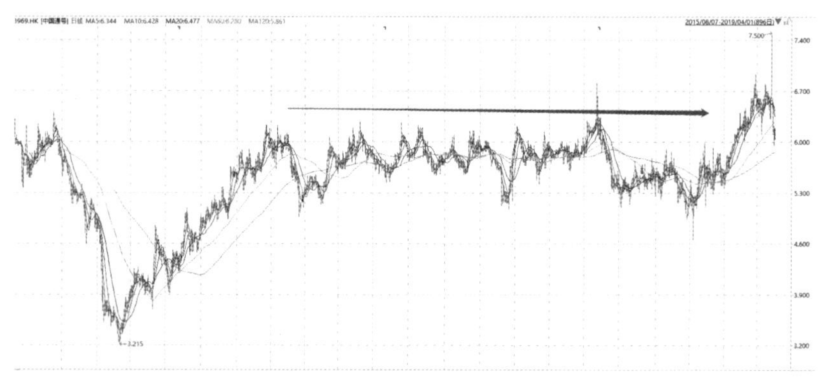

图1：股价图（单位：港元）
来源：wind

它名叫中国通号（3969.HK），自2009年起，就已经成为全球最大的轨道交通通信系统供应商，也是我国京沪高铁、武广高铁、哈大高铁、兰新高铁、京津城际等国内重大高铁项目建设的重要参与方。并且，早在2014年，其收入规模就已经超过全球第二大供应商（安萨尔多信号系统公司）1.6倍，远远甩开竞争对手。

同时，它在我国时速300千米以上的高铁项目中，核心设备市场占有率超过93%，是绝对的市场寡头。

这么一个行业巨头，它的业绩究竟如何？

2015年至2018年半年报，其营业收入分别为239.52亿元、294.02亿元、344.34亿元、188.45亿元，净利润分别为26.23亿元、31.91亿元、35.13亿元、22.01亿元，经营活动现金流净额分别为27.63亿元、29.35亿元、-8.86亿元、-16.57亿元，毛利率分别为25.11%、25.26%、24.37%、21.73%，净利率分别为10.94%、10.84%、10.19%、11.65%。

从业绩增速来看，近三年营业收入年复合增速为19.9%，净利润年复合增速为15.73%。如此巨大的体量，能维持这样的增速，已经相当不错。

不仅如此，更加重要的是，中国通号还准备在科创板上市，募集资金约105亿元，成为科创板首家在A+H股上市的公司。

数据粗略分析至此，一些值得我们深入思考的问题来了：

（1）轨道交通信号系统，作用是什么？本案的核心护城河究竟在哪里？如今的寡头地位，能否让它实现持续的增长？

（2）随着我国高铁建设度过快速建设期，那么，作为信号系统供应商，未来的增长空间在哪里？

（3）目前，经过长达三年多的震荡消化后，其PE约为13倍，这样的数据水平，究竟处于什么样的区间？到底是贵了，还是便宜了？

1

轨道交通信号系统，如何运营？

轨道交通信号系统是指用于保证列车运行安全，指挥并控制列车行驶，实现轨道交通高效运营的一种列车自动控制系统。但凡铁路交通这门生意存在，轨道交通信号系统就会常青。在国际上，轨道交通系统产业的发展历史，主要经历了三个阶段：

19世纪，铁路诞生初期，在两个相邻的车站之间，为了保证行车安全，只允许有一列火车运行，这种方法叫作“闭塞”。以这种方式通行，列车通过数量很少。

为了解决通车数量的问题，20世纪30年代，出现了基于轨道电路的自动闭塞装置，这就是第一代轨道交通信号系统。

它将两个车站之间，分割成若干个区段，在各小区间的交界处装设信号机，根据列车在各区间运行的位置，信号机可自动显示红、黄、绿等颜色的灯光，用以指挥后续列车的运行。这样，保证同一时期内、两个车站之间，有更多的列车运行，这样的设备，就是自动闭塞装置。

但是，这种方式也存在有一个问题——系统无法知道列车在分区内的具体位置。为了充分保证安全，必须在两列车间增加一个防护区段。

因此，20世纪70年代，基于数字轨道电路的准移动闭塞出现了，这就是第二代轨道交通信号系统。

法国的阿尔斯通、德国的西门子、美国的西屋、瑞典的ADTranz、美国的US&S等公司，引领了这种技术潮流。

它通过应答器等装置来判断分区占用情况，并传输信息。它可以告知后续列车继续前行的距离，后续列车可根据这一距离合理地采取减速或制动，从而可改善列车速度控制，缩小列车安全间隔，提高线路利用效率。但是，它并没有完全突破物理分区的限制。

因此，20世纪90年代，第三代轨道交通信号系统——移动闭塞出现。

移动闭塞的线路，取消了物理层次上的分区划分，而是将线路分成若干个通过数据库预先定义的线路单元，每个单元长度为几米到十几米。

移动闭塞系统中，列车和轨旁设备必须保持连续的双向通信。列车不间断地向轨旁控制器传输其标识、位置、方向和速度，轨旁控制器根据来自自动列车的信息计算、确定列车的安全行驶间隔，并将相关信息传递给列车，控制列车运行。

目前，世界上具有代表性的轨道交通信号系统，主要包括：法国U/T系统、德国的LZB系统、日本新干线的ATC系统以及我国的LKJ系统。

	法国 TVM300	法国 TVM430	德国 LZB	日本 ATC
速度控制方式	分级速度阶梯控制	分级速度模式曲线控制	一次模式曲线控制	一次模式曲线控制
地对车信息传输	无绝缘模拟轨道电路	无绝缘模拟轨道电路	数字轨道电路	有绝缘模拟轨道电路
车对地信息传输	点式应答器	点式应答器	点式应答器	点式应答器
最高运行速度	270km/h	320km/h	270km/h	270km/h

表1：各个轨道交通信号系统差异

来源：并购优塾

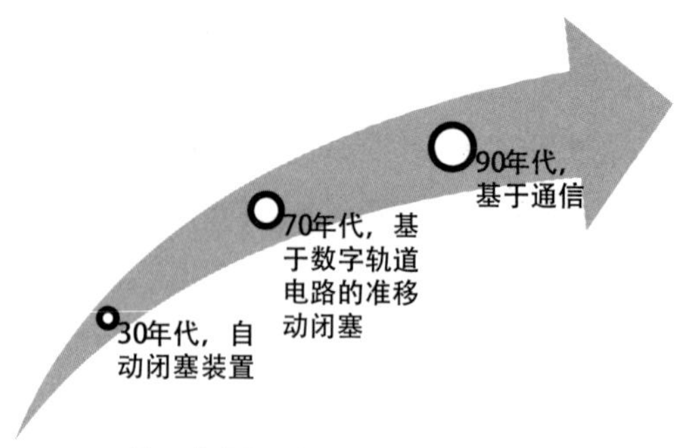

图2：轨道交通信号系统发展的三个阶段
来源：国海证券

我国的轨道交通信号系统行业，在全球来看发展较晚。

20世纪80年代，我国铁路列车运行控制主要通过地面信号向司机提供视觉信号的方式。但是这种方式受地形和气候条件影响较大。因此，我国开发推广了自动停车装置，当地面停车信号未被司机响应时，就强迫列车自动停车。

但是，由于这种自动停车装置设计简陋，控制模式简单，功能单一，虽然在防止事故上起到一定作用，但是在使用、管理和设备质量上存在许多不足，不能适应我国复杂的铁路运输环境。

因此，20世纪90年代初，我国多个铁路局开始组织开发车载列车运行控制装置，共有7种型号车载装置试验运行。但是，由于这些装置在功能、结构、操作方法等方面均不一致，很难在全路推广。

不过，其中安全性较高、契合我国铁路管理体制的LKJ系统，随后实现了全路推广。

虽然我国的铁路信号系统发展较国外晚，但是发展速度较快，目前已经基本接近国际先进水平。

技术引进，是导致发展速度快的关键一环。其中，中国通号和阿尔斯通合作，成立卡斯柯，进行铁路、城轨信号系统的建设。中国通号的前身是铁道部通信信号公司，资金实力雄厚，研发实力较强，在技术上拥有国内其他公司无法比拟的优势，如今发展成为轨道信号系统龙头企业。

2003年，为使我国列车运行控制体系标准化，铁道部制定了《中国列车控制系统（CTCS）技术规范总则（暂行）》，根据不同线路运输需求，将列控系统划分为CTCS-0到CTCS-4共五个等级。

这五级系统，主要按技术类型和所用列车速度来划分。

CTCS-0和CTCS-1：主要适用于速度较低的普通列车，其中，CTCS-0主要基于自动闭塞设备，技术相对落后；CTCS-1类似于第二代基于数字轨道电路的准移动闭塞。

CTCS-2和CTCS-3：适用于时速在200km/h以上的高铁、城际铁路，主要基于第三代基于通信的移动闭塞系统，而CTCS-3相较于CTCS-2的主要区别在于其使用的是无线设备，技术更为先进。

CTCS-4：尚未上市。

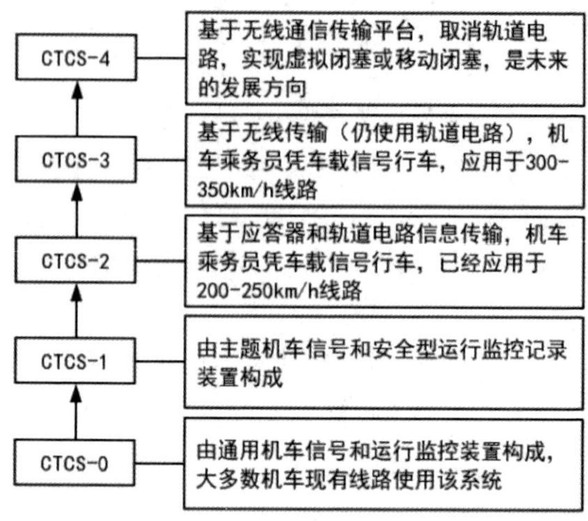

图3：轨交信号系统的分级
来源：方正证券

我国CTCS系统供应商主要为中国通号、中车时代、和利时自动化等。其中，中国通号的市场占有率高达60%。

不过，除铁路之外，还有另一条赛道值得关注。目前我国的城市轨道交通如地铁领域，应用最广泛的是CBTC（Communication Based Train Control），这是一种由欧洲发展而来的系统。

CBTC，是基于通信的列车自动控制系统，可以实现车——地之间的双向通信，使用无线双向通信代替轨道电路，实现对列车运行的控制，能够有效、安全地提高线路通行能力并缩短行车间隔。适用于短编组、高密度运行。

CBTC主要由ATP（列车自动保护）、ATO（列车自动运行）、ATS（列车自动监控）、DCS（数据通信系统）、CI（计算机联锁系统）等子系统构成。其中，ATP和ATO是核心系统。

但是，由于技术要求高，这两个系统目前主要被外国厂商控制，如西门子、阿尔斯通、泰雷兹等，国产化率低。目前，我国拥有CBTC技术的主要为中国通号、中车时代、交控科技、众合科技等少数企业。其中，中国通号的市场占有率高达40%。

梳理完以上信息可知，中国通号作为我国轨道交通通信系统的龙头企业，拥有CBTC系统、CTCS-3系统技术，其中CTCS-3是它的核心产品，并且是全球唯一拥有从设计、设备制造、系统交付为一体的供应商。

2

轨道信号系统，到底有多重要?

护城河，第一在于技术壁垒；第二在于寡头地位。

中国通号，成立于2010年，其控股股东为中国通号集团，持股比率为75.14%。

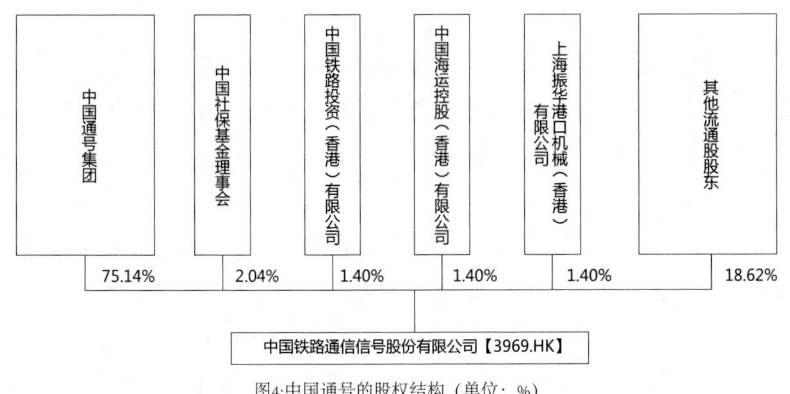

图4:中国通号的股权结构（单位：%）
来源：兴业证券

2015年至2018年半年报显示，其营业收入分别为239.52亿元、294.02亿元、344.34亿元、188.45亿元，净利润分别为26.23亿元、31.91亿元、35.13亿元、22.01亿元，经营活动现金流净额分别为27.63亿元、29.35亿元、-8.86亿元、-16.57亿元，毛利率分别为25.11%、25.26%、24.37%、21.73%，净利率分别为10.94%、10.84%、10.19%、11.65%。

近三年营业收入年复合增速为19.9%，净利润年复合增速为15.73%。

注意两件事：一、净利润增速小于营业收入增速；二、经营活动现金流净额为负，主要由于投资了PPP项目进入主体施工阶段，所以经营活动现金流出较多。

从资产结构来看——2017年，其资产总额为612.45亿元，前五大资产分别为：应收客户合同款项（28.88%）、现金及现金等价物（21.03%）、贸易应收款项及应收票据（20.29%）、物业厂房与设备（7.08%）、存货（5.44%）；负债总额为360.2亿元，其中占比较高的为：贸易应付款项及应付票据（67.28%）、其他应付款项、客户预付款及应计费用（14.43%）。

从利润结构来看——2017年，其营业收入为344.34亿元，其中75.63%花在了成本上，2.01%花在了销售费用上，9.92%花在了管理费用上，0.15%花在了财务费用上，最终净利率为10.19%。

其营业收入主要来源于：系统交付业务、工程总承包业务、设计集成业务和设备制造业务四大板块。其中：

（1）系统交付业务：主要为轨道交通控制系统项目提供施工、安装、测试、维护服务。

（2）工程总承包业务：主要为地方政府主导的轨道交通配套市政工程、海绵城市、综合管廊、智能建筑等工程的建设承包及相关建设服务。

（3）设计集成业务：主要为轨道交通控制系统项目工程设计及系统集成服务等。

（4）设备制造业务：主要包括生产和销售信号系统产品、通信信息系统产品及其他产品等。

其中，轨道交通信号系统的施工顺序一般为：设计集成→设备制造→系统交付。

从收入结构上看，系统交付业务是它的主要收入来源，占2017年收入比为30%，其次为工程总承包业务（28%）、设计集成业务（25%）、设备制造业务（17%）。

而它的毛利主要来源则是设计集成业务，毛利占比为42%，其次为设备制造业务（29%）、系统交付业务（15%）、工程总承包业务（13%）。

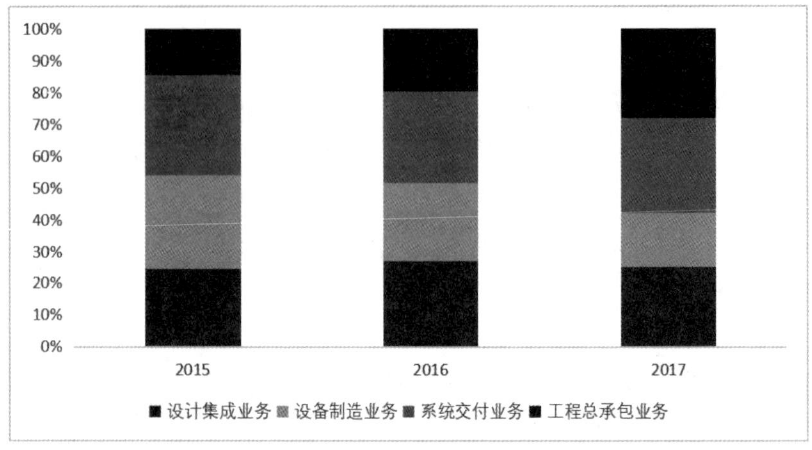

图5：收入结构（单位：%）
来源：并购优塾

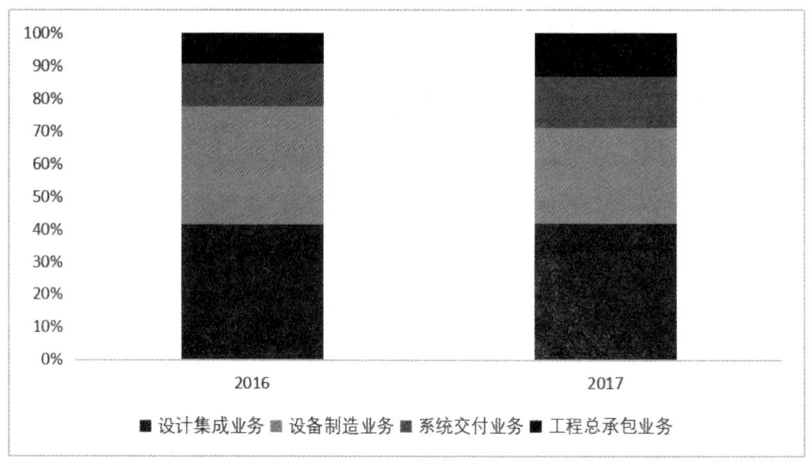

图6：毛利结构（单位：%）
来源：并购优塾

从产业链来看，其上游为电器元器件、电线电缆、化工产品、黑色金属及有色金属等供应商，前五大供应商占2017年总采购额的比率为6.7%，集中度较低。

其下游为铁路部门，前五大客户销售额占2017年总销售额的比率为11%，集中度较低，不过，从应收账款占比来看，中国通号对下游的话语权不强，2017年应收账款占营业收入的比率达到51%。

在研究本案之前，先来回顾一下整条轨道交通信号系统产业链：

上游——为电器元器件、电线电缆、黑色金属及有色金属等供应商，平均毛利率为14%左右，代表公司为南洋股份、工业富联等。

中游——为通信系统生产厂商，平均毛利率约为33%左右，代表公司为中国通号、中车时代、和利时等。

下游——为铁路建设单位及铁道部，平均毛利率约为9%左右，代表公司为中国铁建、中国中铁等。

中国通号的上市时间不长，大致可分两个阶段来分析：

（1）2012年至2014年（上市前，业绩上涨）；
（2）2015年至今（上市后，业绩平稳但增速下滑）。

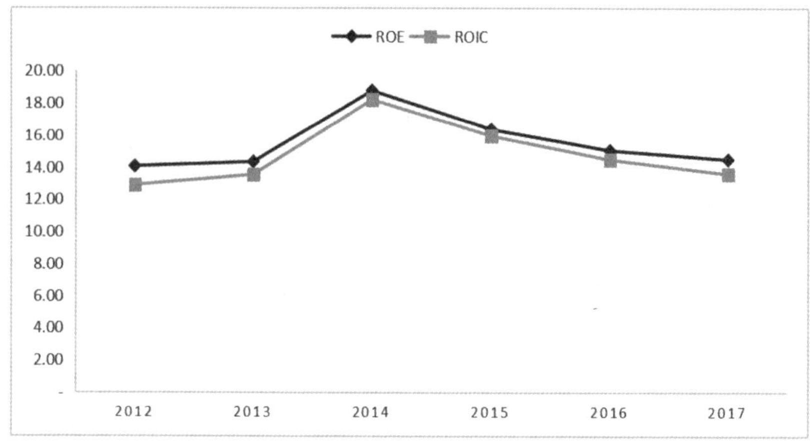

图7：ROE、ROIC（单位：%）
来源：并购优塾

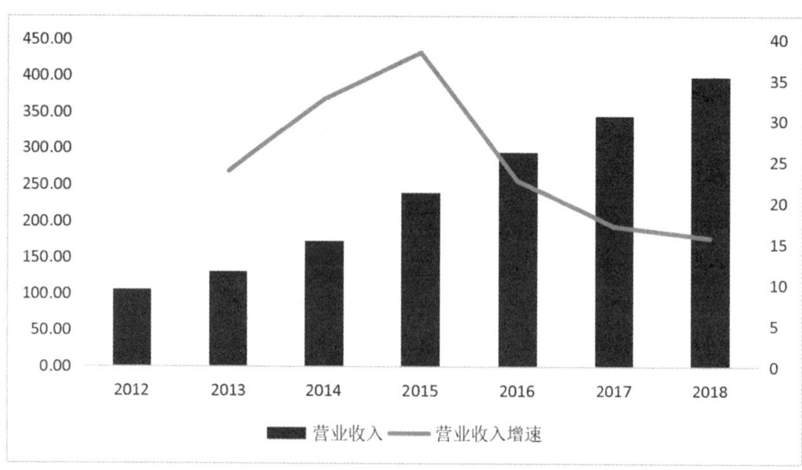

图8：营业收入、营业收入增速（单位：左：亿元、右：%）
来源：并购优塾

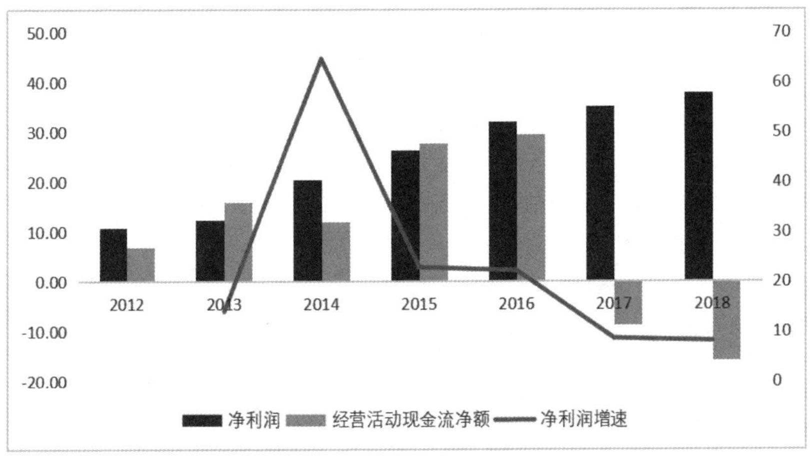

图9：净利润、经营活动现金流净额、净利润增速（单位：左：亿元、右：%）
来源：并购优塾

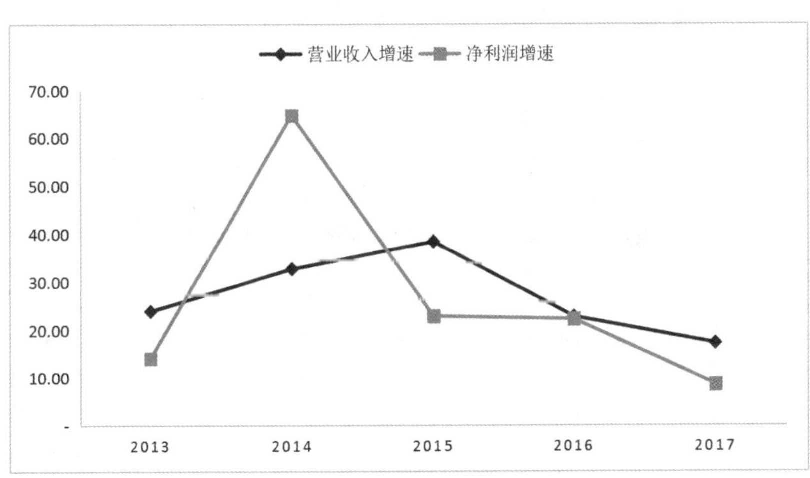

图10：营业收入增速、净利润增速（单位：%）
来源：并购优塾

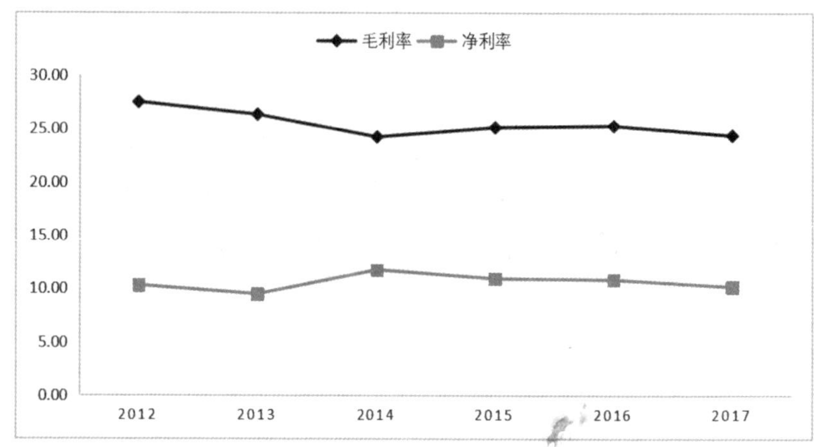

图11：毛利率、净利率（单位：%）
来源：并购优塾

综合来看，如果要看透本案的基本面，必须深挖以下几点细节：

（1）第一阶段，它的ROE、营业收入、净利润增速均在不断上升，而2015年上市后却开始下滑，这究竟是为什么？

（2）第一阶段，为什么它的毛利率下降，但是净利率却在提升？

（3）2017年，它的经营活动现金流首次为负，这一年究竟发生了什么？

3

业绩，为什么提升？

上市前，中国通号的ROE和ROIC不断上升，ROE从2012年的14.05%，上涨至2014年的18.79%，ROIC从2012年的12.89%，上涨至2014年的18.23%。而拉动ROE和ROIC上升的主要因素，是净利率的提升。

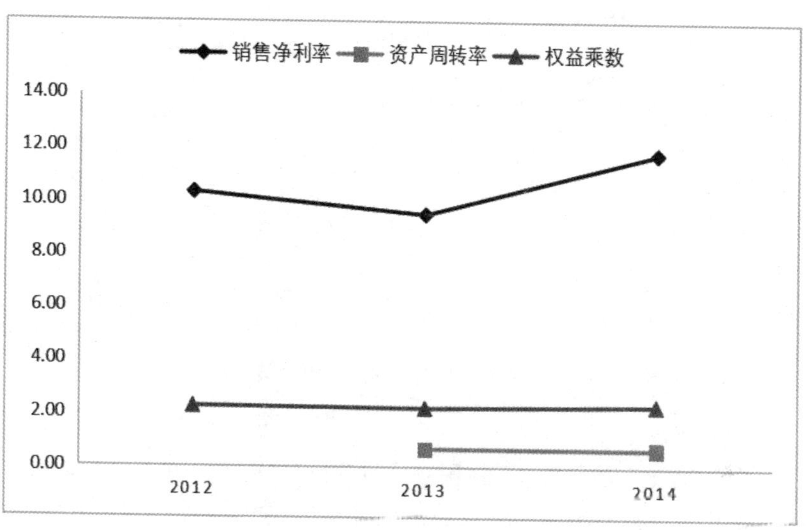

图12：杜邦分析
来源：并购优塾

导致净利率提升的因素，可能有两方面：一是毛利率提升，二是费用下降。那么，究竟是什么因素拉升它的净利率？我们分别来看。

先来看毛利率——这一阶段它的毛利率其实在下滑，从2012年27.49%下降至2014年24.21%。

这主要由于其毛利较低的系统交付服务业务，以及其他业务的业务规模上升，收入占比从2012年26.9%上升至2014年37.8%，拉低整体毛利率。

由于它的主要收入来源为铁路信号系统，即CTCS系统，因此，我们来看看同为CTCS系统供应商的企业的毛利率情况。

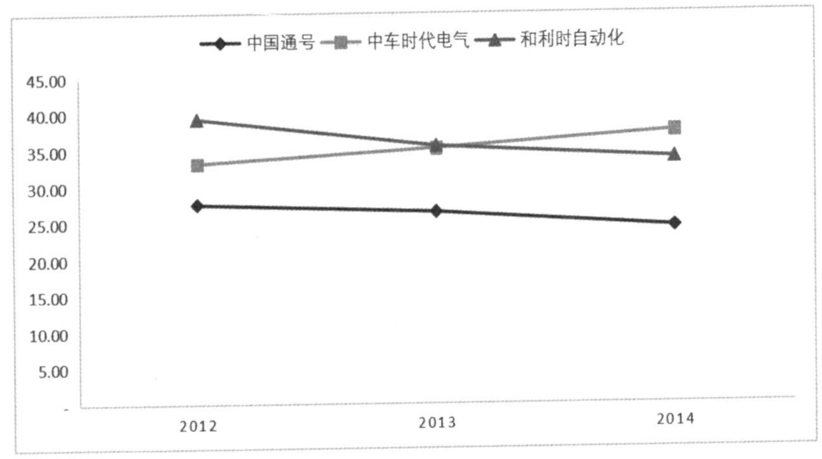

图13：同行业企业毛利率对比（单位：%）
来源：并购优塾

通过对比，我们发现，中国通号的毛利率明显低于中车时代、和利时自动化。这是为什么？

这是由于它们的业务结构不同导致的。中国通号，业务包括了"设计→制造→建设（对应上面的系统交付业务）"，而另外两家业务结构大多以"设计+制造"为主。而建设业务的毛利率较低，所以拉低了整体的毛利率水平。

另外，从毛利率变动走势来看，中国通号、和利时的毛利率同时下降，而中车时代的毛利率却在上升。原因在于其毛利率较高的业务（轨道信号系统业务和机车系统业务）收入占比提升所致。

既然本案毛利率没有上升，那么，其净利率提升只能是费用下降导致。

再来看费用方面——管理费用方面，其通过优化管理结构、提升管理效率，使管理费用率从2012年15%下降至2014年12%；销售费用方面，它的销售费用率从2012年至2014年始终维持在3%。而它的财务费用很低，基本可以忽略。

这个水平到底如何，再来对比同行企业看看。

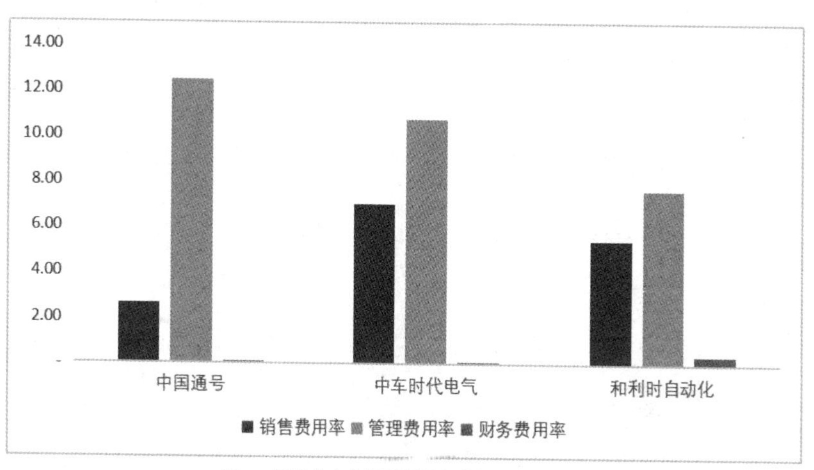

图14：同行业企业期间费用率对比（单位：%）
来源：并购优塾

注意，其中中国通号的销售费用率很低，约为2.76%，而中车时代约为5.77%、和利时约为7.23%。

为什么销售费用率这么低？这主要和话语权有关。

从规模来看，中国通号是全球第一大轨道交通控制系统供应商，而中车时代和和利时的规模相对较小。

从技术方面来看，中国通号和和利时的产品覆盖CTCS-2、CTCS-3，而中车时代的产品则为CTCS-2，技术难度略低于CTCS-3。

从业务结构来看，中国通号和中车时代的业务，主要集中在轨道交通通信系统领域，而和利时的业务则覆盖了其他领域，因此其销售费用率高于另外两家公司。

因此，与同行相比，虽然毛利率相差10%至15%，但这并不关乎核心竞争力的强弱，只是收入结构的差异所致。并且，由于其技术领先、规模领先，其在净利率的差异上，缺口并不大。

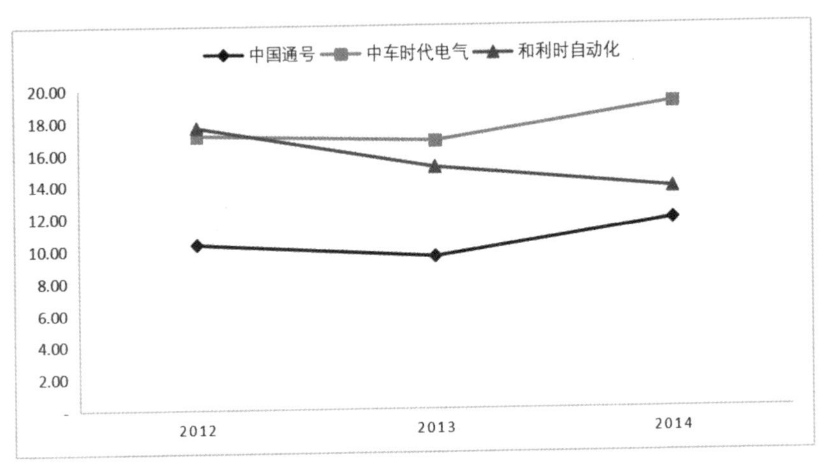

图15：同行业企业净利率对比（单位：%）
来源：并购优塾

以上和可比公司之间的质地比较已经完成。但是，仅看质地还不行，还得要关注它的业绩增速，注意，本案2013年至2014年营业收入增速一直保持在20%至30%，而净利润增速则大幅度上涨。

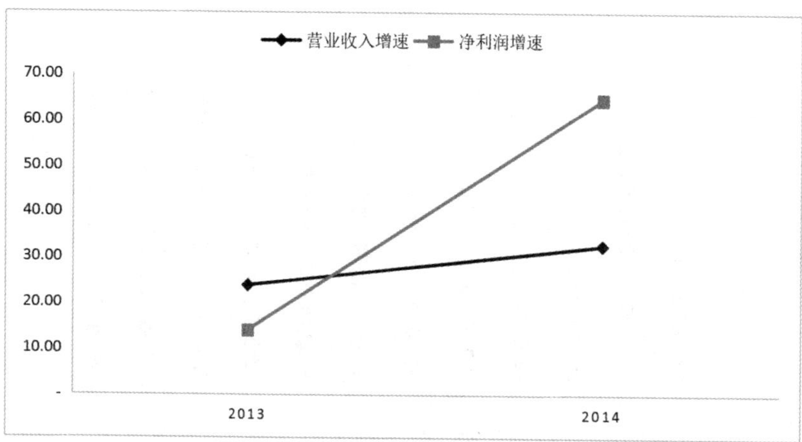

图16：营业收入增速、净利润增速（单位：%）
来源：并购优塾

对于铁路控制系统来说，其市场大致包括三部分：新建市场、维护市场及升级市场。而这一阶段其业绩增长和新建市场有关，包括高铁重点建设和城市轨道交通建设。其中：

（1）高铁建设——这一阶段，恰逢我国铁路高速发展阶段，全国铁路投资规模从2012年的6340亿元，上涨至2014年8088亿元，年复合增速为13%。加之，当时恰逢我国开始兴建高铁，2009年至2014年，高铁营运里程从2700千米飙至1.6万千米，年复合增速高达42.7%。

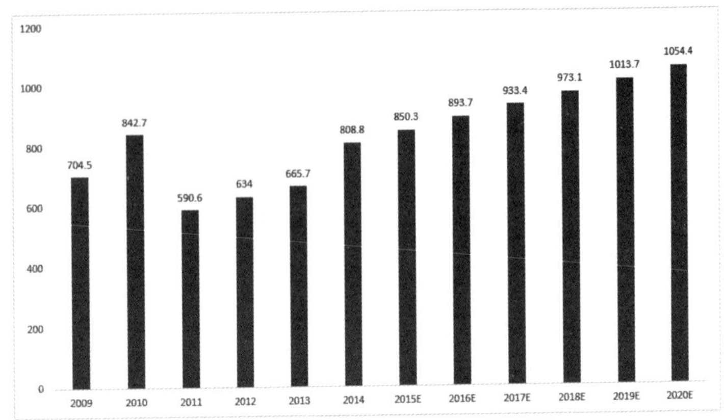

图17：铁路投资规模（单位：左图：十亿元）
来源：招股书

受益于高铁建设的爆发，我国铁路控制系统的市场规模也从2012年的230亿元上涨至2014年的331亿元，年复合增速为20%。

此时，中国通号已经是我国高铁控制系统的龙头，2014年市场占有率已经达到65.2%。

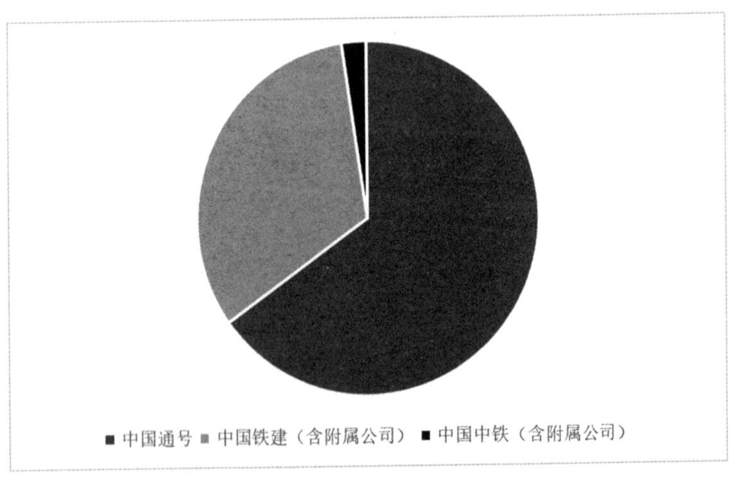

图18:高铁控制系统市场占有率对比（单位：%）
来源：招股书

城市轨道交通——2012年至2014年，我国城市轨道交通投资规模从2067亿元上涨至2740亿元，年复合增速为15%。运营里程从2000千米上涨至2700千米，年复合增速为16%。

伴随着城市轨道交通的快速投入，我国城市轨道控制系统的市场规模也从2012年的84亿元上涨至2014年的153亿元，年复合增速为35%，并以新建市场为主。

从竞争格局上看，城市轨道交通控制系市场比较分散，中国通号的市场占有率略低于在高铁赛道，为40.1%，但仍为行业第一。

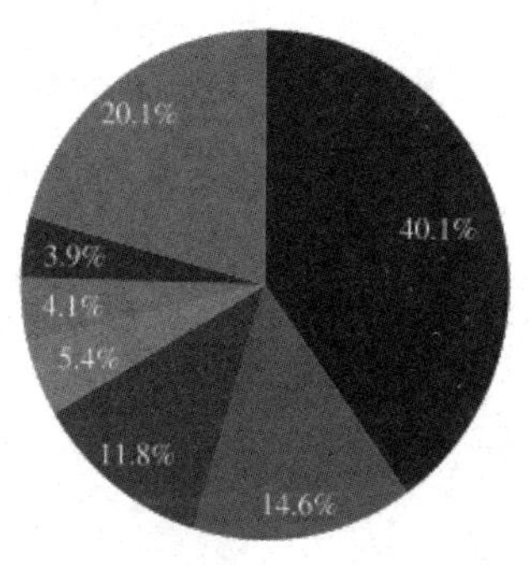

图19：城市轨道交通控制系统市场占有率对比（单位：%）
来源：招股书

综上，受益于行业景气度上升，中国通号的营业收入、净利润增速快速增长。

看到这里，有一个问题，受益于我国大规模兴建高铁，以及城市轨道交通的建设，这一阶段它的业绩大幅度上涨。但是，高铁和城市轨道交通建设，都属于基础设施建设范畴，因而具有一定的周期性，那么，要思考两个问题：（1）目前行业上行的景气度会维持多久？（2）如果下游景气度下滑，对它的业绩影响有多大？

4

上市后下滑，什么情况？

2015年，中国通号登陆港交所上市，上市后它的业绩基本维持稳定。ROE保持在14%至15%之间，ROIC维持在13%至16%之间。

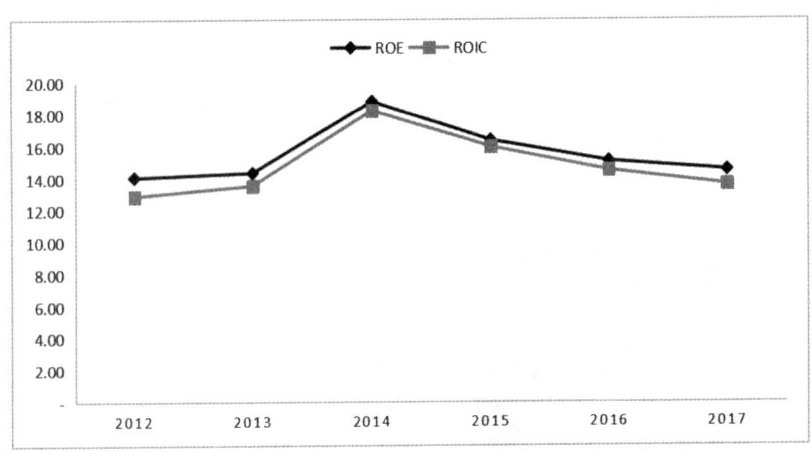

图20：ROE、ROIC（单位：%）
来源：并购优塾

这一阶段，虽然它的ROE和ROIC较2014年出现了小幅度下滑，但是整体变动不大。同时，从杜邦分析拆解来看，这一阶段，它的净利率、总资产周转率和权益乘数也较为稳定。

但注意，从业绩增速上来看，它却出现了明显的下滑。营业收入增速从2015年38.29%下降至2017年17.12%，净利润增速从2015年22.77%下降至2017年8.55%。

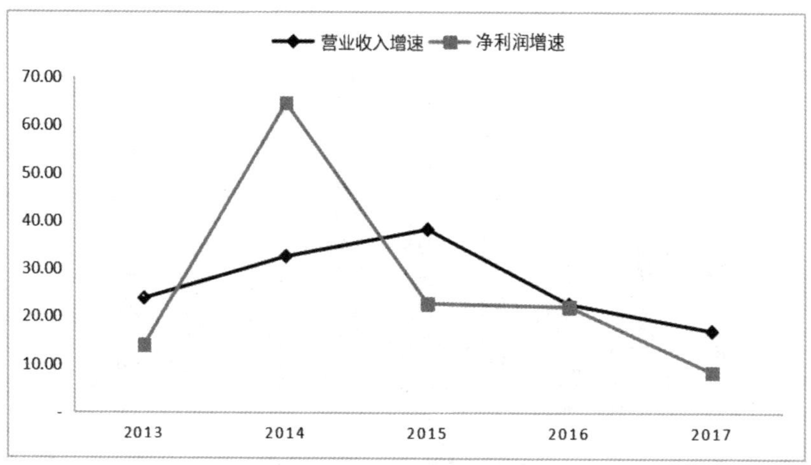

图21：营业收入增速、净利润增速（单位：%）
来源：并购优塾

这背后的业务逻辑，到底是什么？

显然，得从它的营业收入驱动力上找答案。

经过上一阶段大规模的高铁建设之后，我国对铁路的投资增速开始放缓，从2015年开始，我国对铁路的投资基本和2014年持平，甚至在2016年出现了略微下滑。

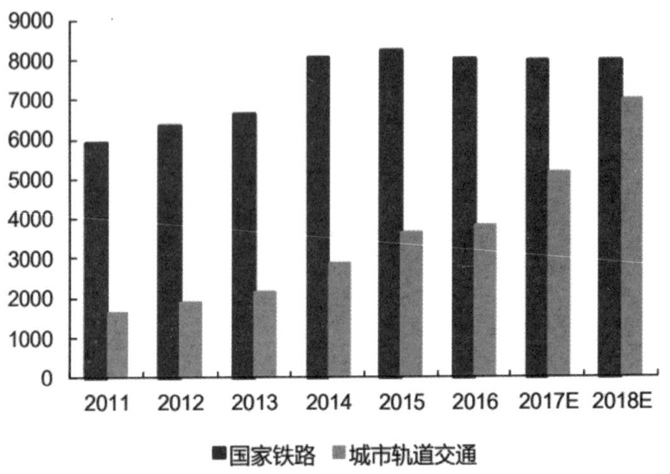

图22：铁路投资情况（单位：亿元）
来源：光大证券

不过，城市轨道交通的投资，还在逐渐上升。因此，基建周期对其增速的影响，要拆分两个部分来看：

从收入结构上看，铁路收入占比48.2%，城轨收入占比20.9%。

2014年，中国通号的铁路业务收入比率从78.8%下降至2017年48.2%。而城轨业务收入大幅度提升，收入占比从2015年16.4%上升至2017年20.9%，2015年至2017年收入年复合增速达到35%。

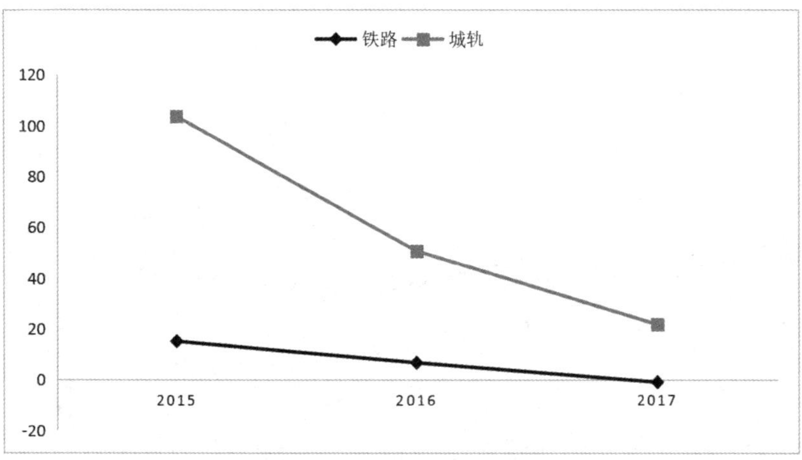

图23：铁路和城轨业务收入占总收入的比率（单位：%）
来源：招股书

虽然铁路和城轨的收入增速都在下滑，但是，城轨的收入增速仍保持在20%以上，是对冲铁路收入增速下滑的主要因素。

但是，由于中国通号的城轨收入规模没有高铁大，加之市场竞争激烈，中国通号在城轨邻域的市场占有率为40%，虽然仍是龙头，但是市场占有率远不如在高铁领域的市场占有率（60%）。因此，它的营业收入增速整体还是呈现下滑态势。

不过，尽管其增速下滑，但对比同行业企业，增速仍然较高。

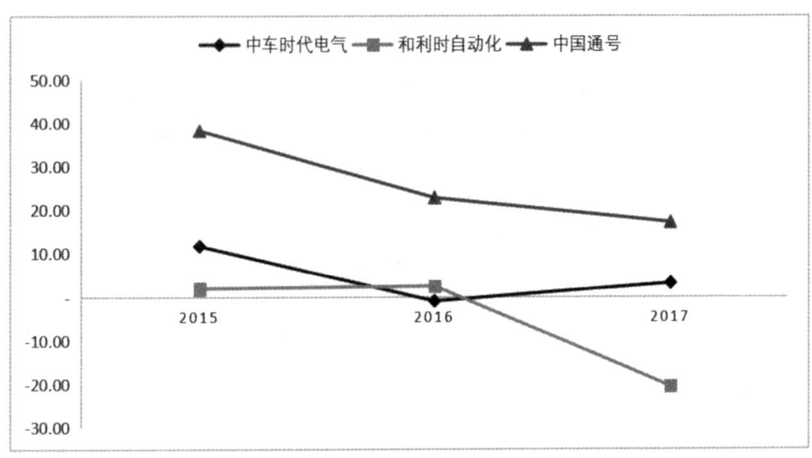

图24：同行业企业营业收入增速（单位：%）
来源：并购优塾

综上，上市后它的营业收入、净利润增速出现下滑，但是它的股价和PE倍数都比较稳定，股价维持在5.3元至6元，PE维持在12倍至17倍。

那么，在我国高铁建设增速趋于平缓，城轨建设大幅度上升的大背景下，中国通号未来究竟要看什么？

5

未来，到底看什么？

我国未来轨道交通信号系统的发展，主要从以下几方面来看：

一、高铁建设方面，国家铁路投资额继续上升。

2019年1月2日，中国铁路总公司提出：2019年全国铁路将确保投产新线6800千米，其中高铁3200千米。并且，根据《中国经营报》报道，2019年铁路投资额将有望达到8500亿元，这将创下中国铁路年度投资额纪录。

从固定资产投资额来看，2015年至2017年的计划投资额均为在8000亿元左右，2018年相对较低。但是2019年的计划投资额达到8500亿元，同比上涨16%。同时，计划铁路投产新线的千米数也较2018年有较大提升。

		2015年	2016年	2017年	2018年	2019年
铁路固定资产投资（亿元）	计划额	8000	8000	8000	7320	8500
	实际额	8238	8015	8010	8028	-
铁路投产新线（公里）	计划额	8000	3200	-	4000	6800
	实际额	9531	3281	3038	4683	-
高铁投产新线（公里）	计划额	-	1300	2100	3500	3200
	实际额	3306	1903	2185	4100	-

表2：铁路投资额
来源：兴业证券

预计到2025年，我国铁路网规模将达到17.5万千米，其中高铁将达到3.8万千米左右，逐步形成八纵八横的客运专线格局。

二、城轨建设方面，仍将保持高速发展，未来天花板较高。

从2014年至今，我国城轨地铁市场正处于投资端和基建端的高速增长期，未来将传导至信号系统领域。

2016年至2018年，我国城市轨道交通投资达1.6万亿元，而2013年至2015年仅为8000亿元，年复合增速达到26%。预计到2020年，我国轨道交通总里程将超过8000千米，较2015年3600千米的总里程增长120%。

而以城市轨道交通平均五年建设期而言，2014年至今的城市轨道交通固定资产投资的高增长，一般信号系统的建设期在第二至第四年之间，按此时间推算，2018年左右开始，信号控制系统建设期开始。

这也与“十三五”后期，全国城市轨道交通的集中通车期相符。而中国通号作为行业龙头，也将受益于市场的高速增长。

即便很多人质疑铁路行业的天花板，但实际上，从铁路密度上对比国外，还有很大的提升空间。

一个让人吃惊的数据从铁路密度来看，美国、俄罗斯、英国等国家的单位人口数量路网密度，均达到了600千米/百万人口，而我国即使完成了中长期规划，该密度也仅有85千米/百万人口，远低于发达国家。

同时，美国、日本、德国的铁路密度分别达到了249千米/万平方千米、534千米/万平方千米、959千米/万平方千米，而我国在完成相应的建设规划后，仅能达到125千米/万平方千米。因此，我国铁路行业尽管看似是传统产业，但仍将是提升空间大、成长确定性较高的领域。

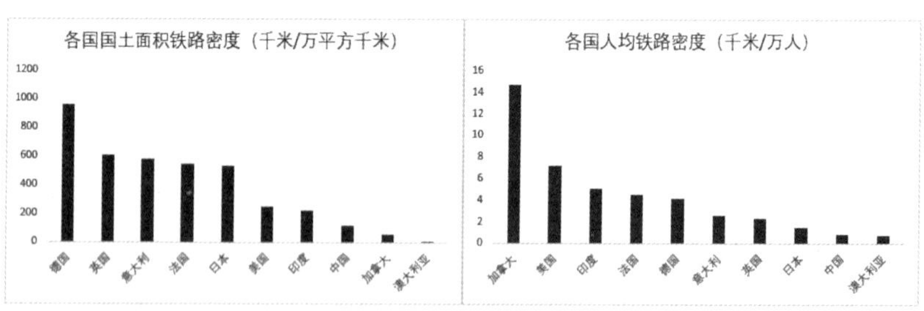

图25：铁路密度
来源：兴业证券

三、我国已经进入铁路信号维护更新周期。

铁路通信信号系统的寿命周期为8至10年，从2007年我国高铁开始运行至今，已经过去了十多年，铁路通信信号系统进入了系统升级替换周期。

从我国铁路投资建设资金用途来看，从2014年开始，用于设备更新的支出占比逐渐提升，截至2017年上半年，设备更新的支出占比达到20%。同时，有一点需要注意，2007年设备更新占比较高，达到60%。这是由于当年我国进行了铁路提速，因此导致当年的设备更新支出较高。

因此，从这个角度来看，如果近几年我国进行铁路提速，或设备更新换代，相关的业务增速将会大幅度提升。

四、从国内市场走向国外市场。

高铁，将成为中国向全球范围内输出技术的独特赛道。中国通号先后承建了肯尼亚蒙内铁路、巴基斯坦拉合尔橙线、印度铁路货运改造等项目，海外收入规模虽然还不大，但年复合增速高达24%，从2015年5.17亿元上涨至2017年7.83亿元。

五、在手订单情况。

截至2018年底，中国通号累计签订外部合同总额为人民币682.9亿元，较2017年同期增长12.4%。其中：

在铁路领域签订的外部合同总额为人民币250.8亿元，较2017年同比增长44.8%；在城市轨道交通领域签订的外部合同总额为人民币116.1亿元，较2017年同比增长6.4%，其中地铁新签合同额为人民币116.0亿元，较2017年同期增长20.2%。

以上几方面的数据列出来，已经能回答很多的疑惑。接下来，我们进入本案最重要的部分——估值。

6

估值，到底如何测算?

对于中国通号，由于它的经营能力、现金流稳定，所以，我们可以采用DCF以及PE估值法进行估值测算。

接下来我们将沿着上述思路，解决以下几个重大问题。只有这些问题思考清楚，才能彻底看懂这家公司，形成逻辑闭环。很多人以为仅仅依靠产业逻辑分析，就能在二级市场横行。但是，如果不把估值和财务风险两大因素搞清楚，仍将可能面临巨大灾难：

（1）本案，历史上曾经有过几次估值高点和低点，分别对应什么样的基本面数据，当时的基本面情形，又是怎么样？

（2）在本案估值过程中，我们对比了大量的可比公司，得出的估值区间大家有何不同，其中是否有值得思考的点？国内巨头和国外公司之间，是否有差异？

（3）综合相对估值、绝对估值法，得出的估值区间，是否符合逻辑？其中的差异因素，又在什么地方？

（4）经过前期长达三年的盘整期后，很多人可能心里都很慌张，到底怎么回事？本案的估值，到底在什么样的区间，到底是贵了，还是便宜了？

首先，来看看它的历史PE变动情况。其中，PE的一次高点出现在2015年，对应的ROE为16.37%。而PE的两次低点分别出现在2016年、2018年，由于2018年尚未公布业绩，2016年对应的ROE为15.06%。

	时间	ROE	营业收入增速	净利润增速	PE
估值高点	2015年	16.37%	37.71%	14.27%	20倍
估值低点	2016年	15.06%	22.23%	16%	10倍
	2018年	-	-	-	10倍

表3：估值高低点:
来源：并购优塾

PE高点发生在上市初期，而PE低点则发生在增速下滑（2016年）、受大盘影响（2018年）期间。此外，结合本案的经营情况，它的历史PE大约为12倍至16倍。

这个区间到底在什么水平，我们再来看同行业历史PE情况：

中车时代——历史PE为13倍至18倍；
和利时自动化——历史PE为10倍至17倍；
中铁工业——历史PE为8倍至15倍；
西门子——历史PE为14倍至17倍；
日立——历史PE为13倍至17倍。

综合来看，相对估值法数据区间大致在10倍至18倍左右。不过，这样的对比毕竟只能是粗略比较，不具备参考价值，要想数据逻辑更加深入，还需要结合不同逻辑的估值方法。

7

DCF估值怎么算?

现金流贴现，预测的主要环节假设如下：

（1）营业收入增速——根据历史增速（19.9%）、外部研究员增速（15.69%）、行业增速（15%-20%）、内生增速（13%）。

按照乐观、保守算法，分别取增长率为20%、13%。永续增长方面，由于轨道交通通信系统行业和公司个体的确定性较高，乐观增速为6%，保守增速为3%。

（2）营业利润率——取历史平均值为13%。

（3）折旧/摊销——取历史增速14%。

（4）资本支出——取7.8亿元作为基期数据。另外，由于本案固定资产占比仅为7%左右，占比较低，因此，预计未来永续期的资本支出占折旧的比率，需要保持在100%左右（资本支出/折旧=1）。

（5）营运资本变动——由于中国通号2015年刚刚上市，导致当年现金较多，因此我们取2016年至2017年平均值6.6%。

（6）WACC——综合计算，取9%。

按照以上参数大致测算，计算企业价值在288亿元至757亿元，净债务为-111亿元，所以股权价值在400亿元至868亿元，对应的PE（TTM）为11倍至25倍。

预测各期自由现金流的取值，具体如下：

综合以上两种方法，得出的大致数据区间：

（1）PE法——为350亿元至630亿元，对应的PE-TTM为10倍至18倍；
（2）DCF法——为400亿元至868亿元，对应的PE-TTM为11倍至25倍。

因此综合多方数据，如果数据在11倍左右及以下，相对具有安全边际；而如果数据升值24倍左右及以上，则安全边际相对较低。

目前，本案市盈率为14倍。不过，任何人在任何时候，对任何公司都不可能做出百分百准确的预估，因而本报告仅做研究方法讨论，具体数据不具有任何参考价值，并且也坚决不做任何建议。我们能做的已经全都做了，剩下的部分需要你自己思考。

最后总结一下基本面。

未来收益因素包括：（1）核心护城河方面，中国通号是市场龙头企业，在轨道交通信号系统行业市场占有率第一，具有技术壁垒，同时拥

	基期	1	2	3	4	5	6	7	8	9	10
收入增速		20.00%	20.00%	20.00%	17.57%	15.14%	12.71%	10.29%	7.86%	5.43%	3.00%
折旧增速		14.00%	14.00%	14.00%	12.43%	10.86%	9.29%	7.71%	6.14%	4.57%	3.00%
收入金额	344.34	413.21	495.85	595.02	714.02	822.15	926.68	1,021.99	1,102.29	1,162.13	1,196.99
1-息税前利润率	87.00%	87.00%	87.00%	87.00%	87.00%	87.00%	87.00%	87.00%	87.00%	87.00%	87.00%
营业成本费用	299.58	359.49	431.39	517.67	621.20	715.27	806.21	889.13	958.99	1,011.05	1,041.39
EBIT	37.93	53.72	64.46	77.35	92.82	106.88	120.47	132.86	143.30	151.08	155.61
税率	25.00%	25.00%	25.00%	25.00%	25.00%	25.00%	25.00%	25.00%	25.00%	25.00%	25.00%
EBIT (1-t)	28.45	40.29	48.35	58.01	69.62	80.16	90.35	99.64	107.47	113.31	116.71
折旧摊销	5.16	5.88	6.71	7.64	8.59	9.53	10.41	11.22	11.91	12.45	12.82
资本支出	7.80	9.36	11.23	13.48	15.85	18.25	17.16	16.08	14.99	13.91	12.82
营运资本变动	21.23	27.27	32.73	39.27	47.13	54.26	61.16	67.45	72.75	76.70	79.00
自由现金流	4.58	9.54	11.09	12.91	15.24	17.18	22.44	27.33	31.64	35.15	37.71
终值											647.27

表4：乐观自由现金流预测（单位：亿元）

来源：并购优塾

有CBTC和CTCS-3信号系统；（2）未来增长方面，短期看它现有订单的完成情况，长期看我国轨道交通行业的增长，以及铁路密度与国际趋同。

未来风险因素，则主要在于：它在未来技术迭代过程中，是否会占据先发优势。

本文发布于2019年4月3日

第三部分

硬件及材料

石头科技

扫地机器人飞速成长之道

天研究的这家科创板公司，属于小家电赛道，它的ROE相当高，达到63.5%，超过众多知名家电企业，如：格力（37%）、美的集团（25.8%）、老板电器（26%）、苏泊尔（30%）、飞科电器（33.7%）。

它做的这门生意，是扫地机器人，从2016年9月推出第一款产品至今，短短两三年，它的市场份额像火箭般飞速蹿升，从0上升到23.7%，跃升至行业第二（第一为38%）。

这家公司的名字为：石头科技。一个行业的后起之秀，如何快速崛起，并且还保持着如此高的投入资本回报率？

答案：借助股东资源。石头科技成立2个月后，它便拿到天使轮融资，由雷军的顺为资本领投，小米科技、高榕资本、启明创投跟投，额度达数百万元，由此成为小米生态链企业。

起初，石头科技负责的就是小米旗下扫地机器人的设计和开发，下游的第一大客户就是小米，2016年至2018年，第一大客户的销售额占比分别高达100%、90.36%、50.17%。

来看看它的业绩情况：2016年至2018年，其营业收入分别为1.83亿元、11.19亿元、30.51亿元，归母净利润分别为-0.1亿元、0.67亿元、3.08亿元，经营活动现金流净额分别为-0.51亿元、0.44亿元、4.25亿元，毛利率分别为19.21%、21.64%、28.79%，净利率分别为-6.14%、5.99%、10.08%。

注意，除了2016年，公司刚刚推出新品未能覆盖研发、工资等费用之外，此后石头科技快速扭亏，2017年、2018年毛利率、净利率逐年上升。如果IPO成功，它将成为继华米科技、云米科技、开润股份之后（青米在三板挂牌），又一家上市的小米生态链公司。

小米产业链公司，以云米科技为代表，来看看它的股价走势。

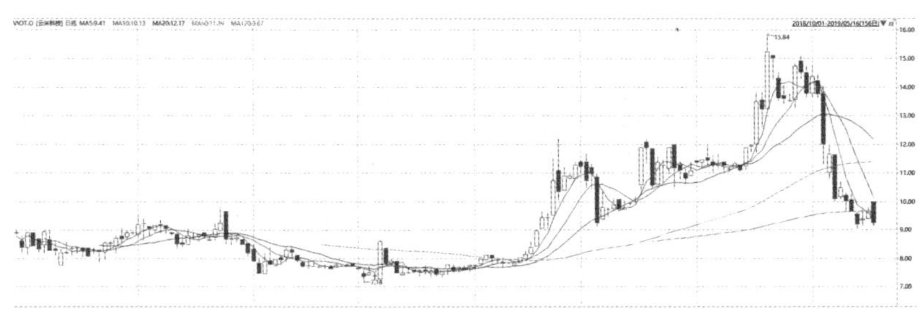

图1：云米科技股价（单位：美元）
来源：wind

看到这里，有几个问题值得我们深思：

（1）市场占有率从0跃升至行业第二，其背后的核心竞争力是什么，未来能否持续？

（2）小米贡献营业收入占比下降，毛利率、净利率却在上升，其背后的经营思路有什么改变？

（3）同属于小米生态链企业，它与华米科技、云米科技之间有什么异同点，未来可能是怎样的进化路径？

（4）按照招股说明书，本案发行市值大约为140亿元，很多一级、二级机构都在关注，这个估值水平，到底是贵了，还是便宜了？

1

扫地机器人，什么来路?

扫地机器人，又称机器人吸尘器，从名字就可以看出，它与吸尘器有莫大的渊源，是继洗衣机之后，又一项解放人类双手的发明。

吸尘器的工作原理，是通过内置电机高速运转，使吸尘器内部产生负压，这样内部的气压就大大低于外界气压，在内外差气压作用下，外面的灰尘、杂物随气流进入吸尘器桶内，从而达到清除灰尘的目的。

20世纪90年代至21世纪初，得益于微电子技术的跨越式发展，集成电路、算法程序、机器的融合成为潮流，戴森、松下、伊莱克斯等家电企业尝试将吸尘器与计算机技术结合。

1997年，瑞典家电制造商伊莱克斯推出第一台扫地机器人，取名为三叶虫(Trilobite)，这是整个行业的雏形。

自此，扫地机器人的技术框架形成，比如——机体通过装置反射式超声波传感器规避障碍、储尘箱满后自动报警、电量低时自动充电。但是，由于反应速度、运行速度缓慢，高度设计不合理等原因，市场表现一般。

2001年，戴森设计了一款名为DC06的扫地机器人，搭载了70多个传感器、两台机载计算机，吸力强大，且探测精确，但缺陷是价格过于昂贵（3000美元），同样未能打开市场。

直到2002年，一家军工机器人企业转型家用市场，这才将整个扫地机器人带入商业化阶段，它就是鼎鼎大名的iRobot，其曾经主打的产品为军用机器人Packbot，在“9·11”事件中被投入搜救行动并一举成名，之后被广泛应用于军事、救援等领域。

iRobot凭借其在传感器、硬件设计方面的军用积累，推出随机碰撞式清扫的家用扫地机器人Roomba，由于其强劲的清扫能力和便宜的价格，一经推出，便获得巨大成功，发布会现场就销售1万多台。

这是真正意义上的第一代“随机式”扫地机器人，这个随机碰撞的原理本质上和碰碰车同理，靠碰撞条件反射工作，随机规划路径。

虽然这样的技术突破已经非常不容易，但还是存在两个技术弊端：一是清扫覆盖区域难以控制，存在反复清扫或者漏扫；二是机器人与障碍物频繁发生碰撞，造成机器人或家具损坏。

之后，在此基础上升级的第二代“局部规划式”扫地机器人出现。它通过惯性导航系统，利用“陀螺仪+加速度计导航”等惯性元件，测量载体本身的加速度和角速度，经一系列运算后得到载体的导航参数，从而达到导航定位的目的。机器人可以在清扫过程中规划路径，实现有规律地清扫。

但这样的技术同样有技术弊端：（1）位移数据会有累积误差，轨迹偏差会随着清扫过程逐步加大，复杂的房型会存在漏扫现象；（2）由于没有全局地图和记忆功能，只能根据位移生成轨迹图，无法实现回充续扫，以及被移动后的位置检测。

经历了长达数年的技术瓶颈期之后，2010年，neato在硅谷推出了一款使用激光雷达传感器测距的扫地机器人neatoXV-11，使得扫地机器人技术真正实现飞跃。

它使用一个可以360度旋转的激光测距仪，类似于生物的眼睛，可以扫描周围的环境，并通过即时定位与环境地图构建（SLAM）算法处理传感器得到的数据，进而构建地图并全局规划清扫路线。于是，第三代全局规划式扫地机诞生。

随后，戴森、iRobot相继提出了视觉导航方案，利用视觉传感器实现地图建立、路径规划等功能，至此，SLAM算法+传感器(激光雷达或视觉)出现在人们的视野中，解决了随机类产品的缺陷。

我国扫地机器人行业起步较晚，2009年，主营吸尘器的科沃斯，推出了国内首款局部规划式扫地机器人。2011年，iRobot进入国内市场。

2013年，随着电子商务的兴起，行业需求开始爆发，扫地机器人当年实现销售额8.4亿元，销量56.5万台，2014年销售额更是以75%的速度增长。

而几乎同时，为了布局即将到来的IOT物联网时代，小米以投资生态链企业的方式，布局家电各子行业，核心产品冠名“小米”及“米家”品牌，这其中就包括扫地机器人，而该赛道上的企业正是本案——石头科技。

2014年7月，曾是百度地图产品负责人的昌敬（曾创立魔图，一年后被百度收购），发现了扫地机器人在中国市场的提升潜力（当时国内渗透率仅为0.5%，美国渗透率为16%），开始二次创业，成立石头科技，并组成拥有微软、华为、富士康等从业背景的研发和管理团队。

公司成立2个月后，便拿到天使轮融资，并成为小米生态链企业。

小米通过“参股不控股”的合作模式，向生态链内合作企业赋予品牌背书、共享渠道等资源，帮助其快速切入市场。

同时，与生态链企业共同设计和研发，包括产品定义、外观、性能、结构设计、品质标准建立、成本管控等，确定符合小米产品一贯的工艺及品质标准，生态链企业负责定制产品后续生产和供货，小米负责销售，利润按五五分成。

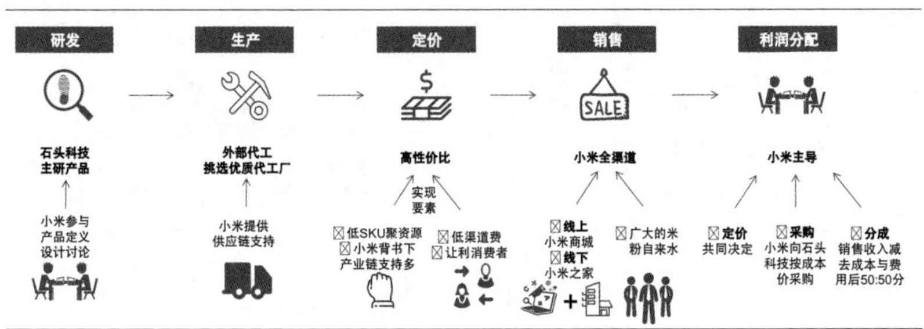

图2：“米家”扫地机器人产业链
来源：广发证券

2016年8月，石头科技联合小米，针对扫地机器人价格虚高等痛点，推出第一款产品“米家”扫地机器人，由于产品清洁能力出众，且性价比突出（售价1500元至2000元），迅速突围。

到2018年1月底，其销量突破百万台，成为单一小家电产品里不折不扣的“爆品”。

2017年9月，其发布第二款自有品牌产品“石头”扫拖一体机，提供了15个维度的差异化提升，比如扫拖一体+智能导航功能，定位中高端，价格在2000元以上。

据测试，米家扫地机器人综合性能可以对标飞利浦8832，LGVR 65502，iRobot三款线下售价分别为3499元、6905元、7019元的旗舰机型。而升级版的石头扫地机器人，综合性能与售价7000多元的iRobot Roomba980相当。

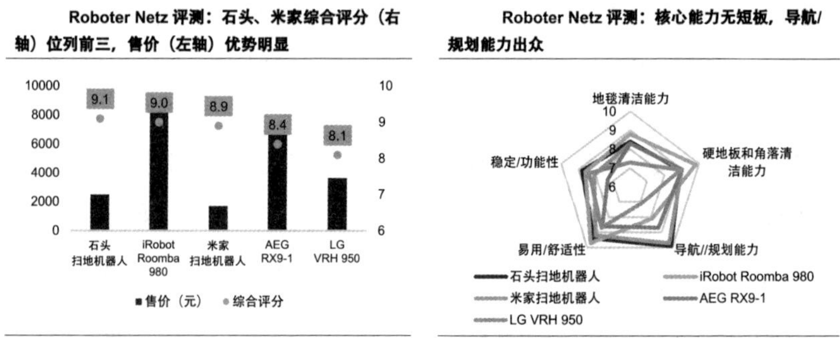

图3：扫地机器人性能对比
来源：广发证券

根据中怡康数据，2018年扫地机器人线上市场份额最大的是科沃斯，达到38.6%，相比2016年的50.2%有所下滑。而石头科技市场份额迅速提升，米家+小瓦销售额市场份额达到23.7%（13.3%、10.4%），目前其已经超越iRobot、海尔等企业，位居行业第二位。

梳理下来，不得不追问的一个问题是：石头科技是如何后来居上，实现超越的？

2

这门生意，到底怎么赚钱?

答案：性价比。背靠小米，打造性价比极高的爆款。

石头科技，成立于2014年6月，目前第一大股东为创始人昌敬，持股30.99%，小米系的顺为与天津金米分别持股12.85%、11.85%，核心高管均有持股，主业是家用智能清洁机器人的研发和销售，生产外包。

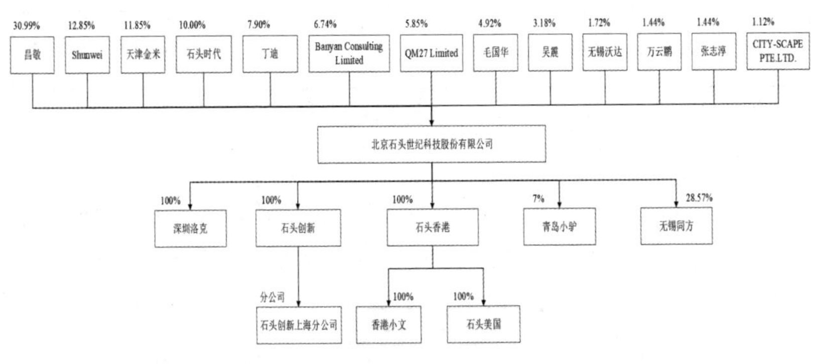

图4：股权结构（单位：%）
来源：招股书

目前，根据不同的消费层次，旗下设有三个品牌：

（1）“米家”——与小米合作品牌，面向中端客户，定价1500元至2000元；

（2）“石头”——自主品牌，面向中高端客户，定价2000元以上，主要为扫拖一体和智能导航型扫地机器人；

（3）“小瓦”——自主品牌，面向年轻消费群体，定价1000元左右，核心功能针对中小户型特点进行定制。

品牌系列	产品分类	产品示例	主要性能及特点
米家（ODM）	激光导航智能扫地机器人		激光智能扫地机器人，运用融合LDS激光测距传感器和陀螺仪、加速度计、里程计等多种传感器的SLAM算法构建地图，能够进行智能路径规划，适用于更为复杂的清扫环境，同时配备大风压风机和高效清扫结构，使得清扫更加彻底，并且能够进行划区清扫

表1：小米定制产品

来源：招股书

从收入构成来看，“米家”品牌占比逐年下降，从2016年的98%，下降至2018年的47.21%，自有品牌“石头”“小瓦”占比明显上升。

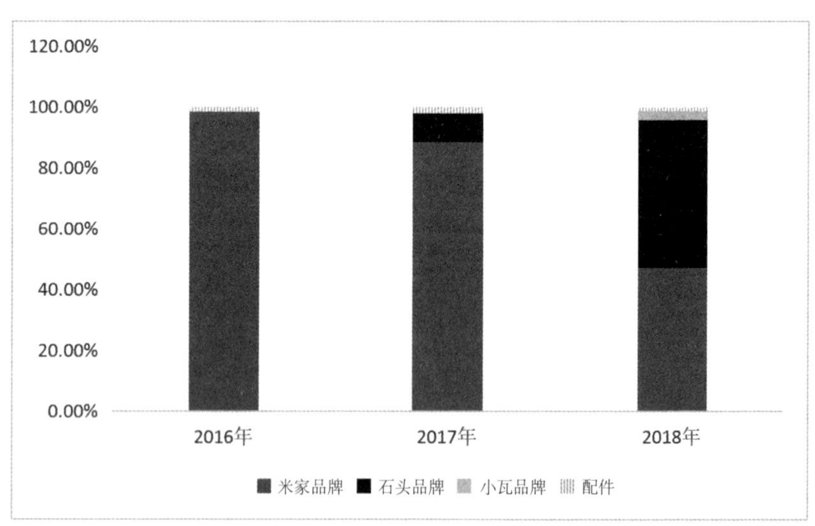

图5：收入结构（单位：%）

来源：并购优塾

从盈利能力来看，“米家”智能扫地机器人主打高性价比，其与小米通讯对利润进行分成，因此毛利率较低（15%至18%）。自有品牌“石头”在功能上较“米家”有所升级，售价高于“米家”产品，毛利率较高（40%以上），毛利贡献较大。

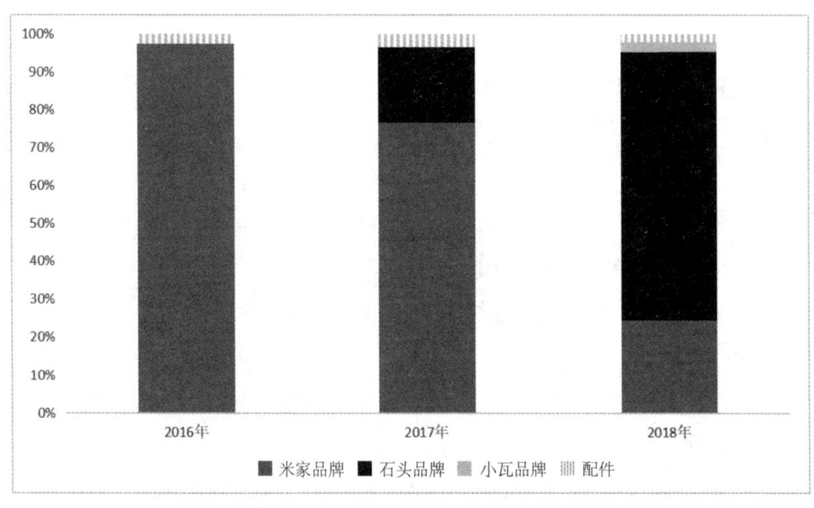

图6：毛利结构（单位：%）
来源：并购优塾

综合来看，其对小米依赖度逐渐降低，同时整体毛利率逐年提升。

来回顾一下石头科技的业绩表现：

2016年至2018年，其营业收入分别为1.83亿元、11.19亿元、30.51亿元，复合增速308.19%，归母净利润分别为-0.1亿元、0.67亿元、3.08亿元，经营活动现金流净额分别为-0.51亿元、0.44亿元、4.25亿元，毛利率分别为19.21%、21.64%、28.79%，净利率分别为-6.14%、5.99%、10.08%。

从资产负债表结构来看——以2018年为例，流动资产占比95.67%，其中占比较大的科目为应收账款（47.37%）、货币资金（39.06%），非流动资产占比4.33%，固定资产占比4%，属于典型的轻资产模式。负债项中，占比较大的科目为应付票据及应付账款（69.9%）、应交税费（17.99%），资产负债率为45.26%。

整体来看，其应收账款虽然较多，但商业模式能够基于下游应收和上游应付之间维持平衡。

从利润表结构来看——2018年，营业收入30.51亿元，营业成本花掉了71.21%，其次在管理费用方面花了6.75%、销售费用花掉5.35%，研发费用花掉3.82%，最终，净利率为10.08%。

要深入理解扫地机器人这门生意，还必须梳理一下石头科技的产业链：

上游主要为零部件制造商，比如LDS测距模组、锂电池组、左/右行走轮模组、离心式直流无刷风机、电源适配板等，行业较为成熟，供给充足。2016年至2018年，石头科技向前五大供应商采购的金额占比均为80%左右，包括代工厂及原材料、模具供应商，集中度较高。

目前来看，中游市场参与者大致有三类：专业扫地机器人公司（iRobot、Neato、科沃斯等，净利率8%左右）、吸尘器公司（Dyson、Shark等）、传统家电集团（海尔、美的、LG、三星等）。

下游主要客户包括小米、电商平台、经销商客户及终端消费者等。

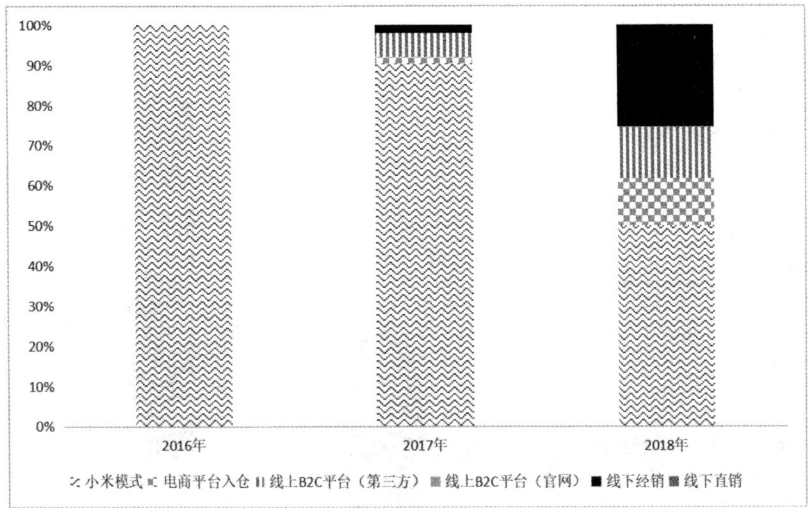

图7：销售模式（单位：%）
来源：并购优塾

石头科技的销售模式分为小米模式、电商平台入仓、线上B2C平台、线下经销、线下直销等多种模式。客户主要有小米集团、紫光、京东、慕晨等，2016年至2018年销售额占比为100%、94.14%、78.64%，其中，对小米集团的销售额占比为100%、90.36%、50.17%。

梳理完产业链，我们再来扫描一下其基本面情况。

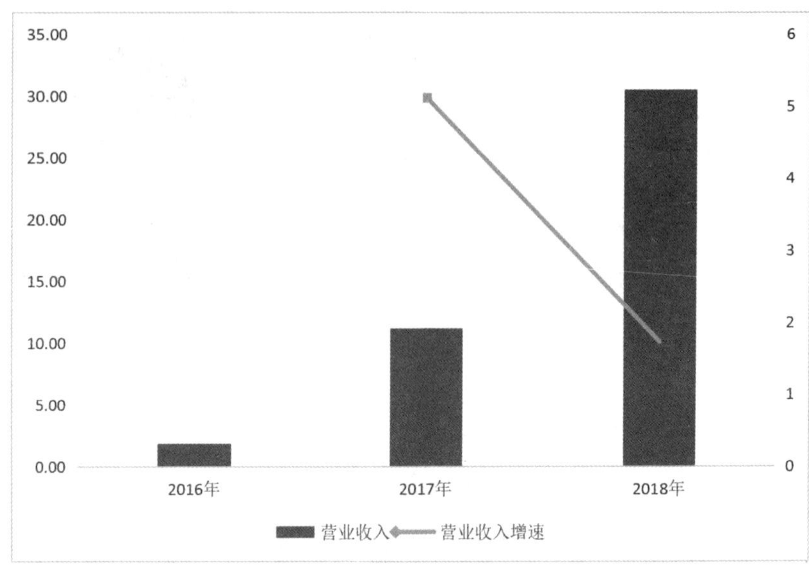

图8：营业收入、营业收入增速（单位：左：亿元、右：%）
来源：并购优塾

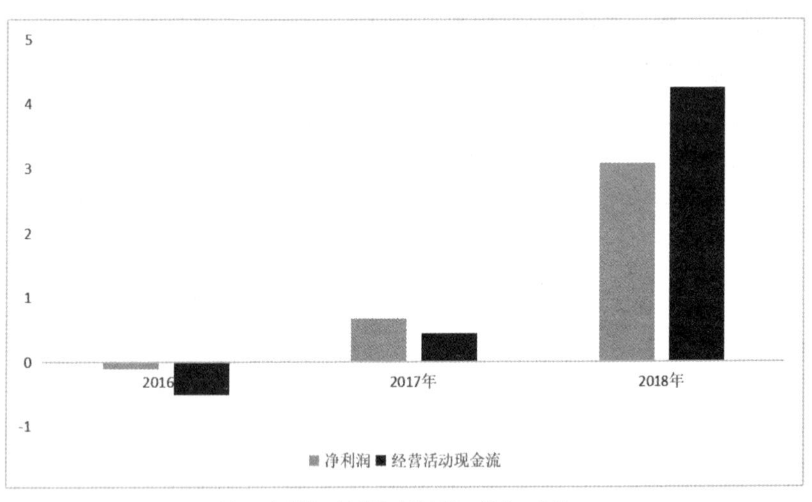

图9：净利润、经营活动现金流（单位：亿元）
来源：并购优塾

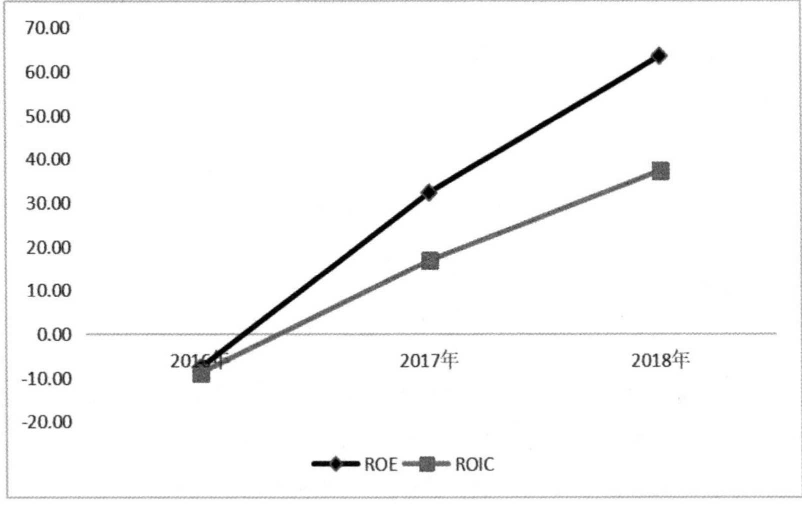

图10：ROE、ROIC (单位：%)
来源：并购优塾

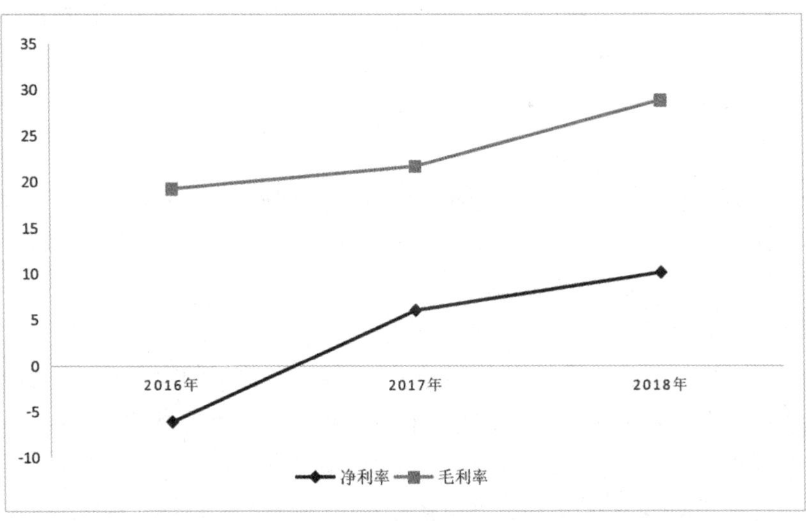

图11：净利率、毛利率（单位：%）
来源：并购优塾

石头科技的生意流程，基本为以下链条：研发——接受订单——委托加工——销售。接下来，我们逐个复盘。

3

技术，到底有没有护城河？

扫地机器人包含三大核心技术模块——人机交互及识别、环境感知和运动控制。其中，感知模块通过对周围环境的感知实现地图建模、定位和导航，依赖于各种传感器、算法等，是服务机器人的核心。

目前，全局规划类机器人使用的定位与地图构建的主流技术是SLAM（Simultaneous Localization And Mapping），指的是机器人在自身位置不确定的条件下，在未知环境中创建地图，并利用地图进行自主定位和导航。

按传感器种类来划分，SLAM技术主要分为两类：一类是基于激光雷达测距LDS（Laser Distance Sensor）的SLAM技术，另一类是基于机器视觉的SLAM，又称为V-SLAM。

（1）激光雷达测距LDS——原理是激光照射到被测物体时，在物体表面发生散射或折射，通过透镜对反射激光汇聚成像，光斑成像在CCD传感器上（Charge-coupled Device，感光耦合组件）。当物体发生位移时，光斑也随之移动，其位移大小通过信号处理器计算获得，由光斑位移距离，计算出被测物体与基线的距离值。

激光雷达的优点在于建图和定位精度较高，可以实现全局定位、回充续扫等功能。缺点在于激光雷达成本较高，且激光雷达的机械特性导致其易损坏，寿命有限。同时，只能提供二维平面的点云数据，无法识别障碍物的类型。

（2）V-SLAM——又叫图像位移定位，通过高清摄像头，利用小孔成像原理获取环境信息，光线照到物体发生漫反射，通过小孔，在摄像头内的光学感应元件上形成一个倒立的影像。影像大小和影像到小孔的距离，与实际物体大小和物体到小孔距离比例一样(影像大小/影像距离=物体大小/物体距离)，从而得到一个等式，进而计算物体大小和距离，构建地图。

其优势在于占用空间小、成本低，采集、识别数据能力更强，相同外形的障碍物可以识别出内容上的不同，这使它更适用于动态复杂的环境。缺点在于受环境光照、参照物的特征信息以及机器人硬件条件影响，导致定位精度的稳定性不够。

LDS和V-SLAM各有优缺点，因而单独使用存在局限性，SLAM系统往往会配备惯性元件、视觉里程计、GPS等辅助定位系统，所以未来的技术趋势，必然是多传感器的融合。

多种传感器综合使用，将成为整个物联网、车联网领域的标配，以自动驾驶技术为例，同样需要摄像头、激光雷达、毫米波雷达、超声波雷达等传感器的配合使用。

整体来看，在技术护城河方面，扫地机器人几家头部企业的技术方向差别不大。石头科技采用的是LDS激光雷达+SLAM算法。

石头科技的技术壁垒到底如何，我们来看研发投入情况：

2016年至2018年，其研发投入分别为0.39亿元、1.06亿元、1.16亿元，占收入的比率为21.49%、9.50%、3.82%，均未资本化。技术人员分别为69人、80人和173人，占员工总数的比率分别为71.88%、56.34%和53.39%。

截至2018年12月31日，其在境内已取得64项专利，包括7项发明专利、45项实用新型专利和12项外观设计专利，境内处于申请过程中的专利有75项，均为发明专利申请。

值得注意的是，尽管其主要负责研发，但与小米在多项专利上为共同拥有人，主要是与“米家”品牌扫地机器人有关的技术成果和知识产权，其64项专利中，只有1项实用新型、12项外观设计属于石头科技，其他都与小米共同拥有。

根据其与小米签订的业务合作协议及其附件中的约定，双方均有权自行实施使用共有知识产权，无需向另一方通报及分享收益。未经另一方事先同意，任何一方不得向第三方转让或许可共有知识产权。另外，为了保证“小米”“米家”品牌风格统一，小米在产品设计、产品定义方面，拥有一票否决权和最终决定权。

其研发投入不断增加，但研发占营业收入的比率在下降，主要是营业收入增速较快。那么，究竟这个研发投入，与同行业相比，处于什么水平？

（1）iRobot——2016年至2018年，研发投入分别为5.54亿美元、7.39亿美元、9.65亿美元，占收入的比率分别为12%、12.79%、12.86%。

iRobot在美国共有专利243项，主要集中在算法软件领域，其在导航、传感器和运动规划、针对不同平面的清扫技术领域的专利积累最多，产品在随机式、陀螺仪导航、V-SLAM视觉导航三个技术路线上均有布局。在国内市场定位于高端人群，Roomba系列的定价区间集中在3000元至7000元。

（2）科沃斯——2015年至2017年，研发投入分别为0.84亿元、0.98亿元、1.24亿元，占营业收入的比率分别为3.22%、3.07%、2.79%，均未资本化。

其拥有SmartMove技术（局部规划式）、SmartNavi技术（全局规划清扫），从随机式、陀螺仪导航、激光导航到视觉导航全技术路线产品均有布局。

（3）福玛特——2016年至2017年、2018年上半年，其研发投入分别为382.73万元、540.22万元、154.7万元，占收入的比率分别为3%、2.73%、4%，未资本化，主要采用激光导航技术。

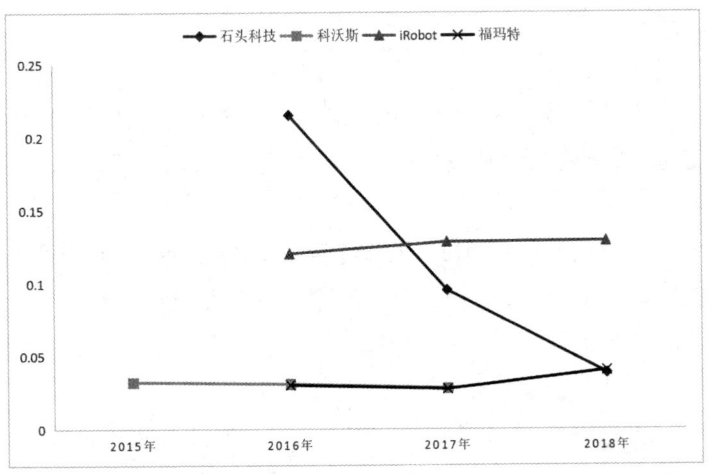

图12：同行企业研发投入对比（单位：%）
来源：并购优塾

对比下来，研发投入最大的是iRobot，其次是石头科技，但与重研发的iRobot差距仍然较大。

注意，只有iRobot的研发始终维持在其营业收入的12%以上（重研发，且人工成本较高），其他扫地机器人公司的研发费用均较低，石头科技前期占比较高，如今也已经降到行业平均水平，整体来看，这个行业有技术壁垒，但整体来看壁垒不算太高。

那么，这样的低研发会导致石头科技的技术落后于同行企业吗？

此处，联想到优塾团队之前研究的小米集团，2017年其研发费用占比为2.75%，低于苹果（5.05%）、华为（14.9%），但实际上，从小米生态模式来看，由于两方共担研发，小米生态链公司的研发费用不会体现在小米的财报上。

因此，在技术上的投入，我们再拿小米生态链上其他三家上市公司进行对比，分别为华米科技（美国股市）、开润股份（A股）、云米科技（美国股市）：

（1）华米科技——2016年至2018年，研发投入分别为1.32亿元、1.54亿元、2.63亿元，研发投占收入的比率为8.48%、7.52%、7.22%。

（2）云米科技——2016年至2017年、2018年上半年，研发费用分别为2992.6万元、6074.9万元、4904.7万元，占营业收入的比率分别为9.6%、7%、4.7%。

（3）开润股份——2016年至2018年，其研发投入分别为0.26万元、0.36万元、0.52万元，占营业收入的比率分别为3.39%、3.08%、2.55%。

注意，小米生态链的各家企业，研发投入绝对值在上升，但占比均有持稳或下降迹象，石头科技属于平均水平。

至此，其技术方面有无护城河、护城河高低已经清晰了。可是只有技术还不行，关键在于：怎样生产？

4

轻资产运营，怎么做的？

石头科技的生产环节，采用代工模式，没有自建生产基地，既不建厂、也不购置生产设备，轻资产运营。

这样的模式，导致固定资产占比较低，而货币资金、应收账款、存货等占比较高，因此相应地，固定资产周转率会较高，进而影响总资产周转率。

其总资产周转率远高于同行，是ROE较高的主要原因，其中作为小米供应商，其应收账款周转率低于科沃斯、iRobot，而固定资产周转率、存货周转率较高。

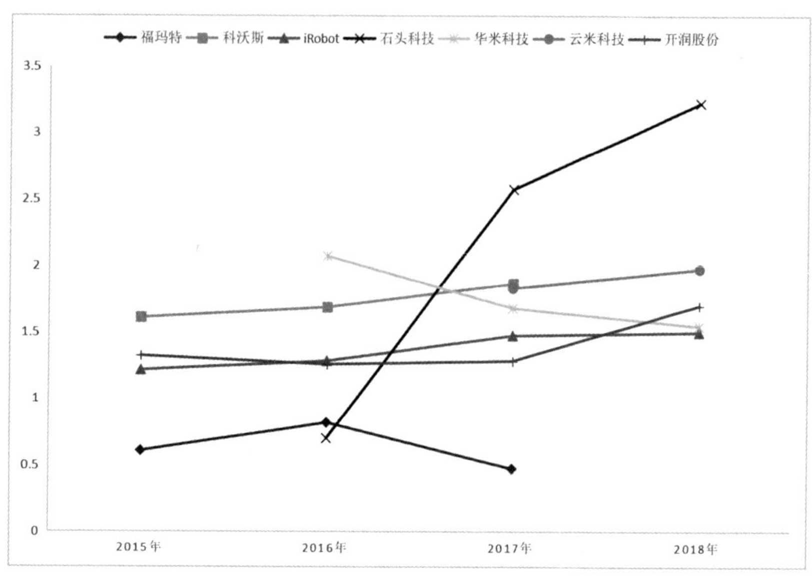

图13：同行企业总资产周转率对比（单位：次）
来源：并购优塾

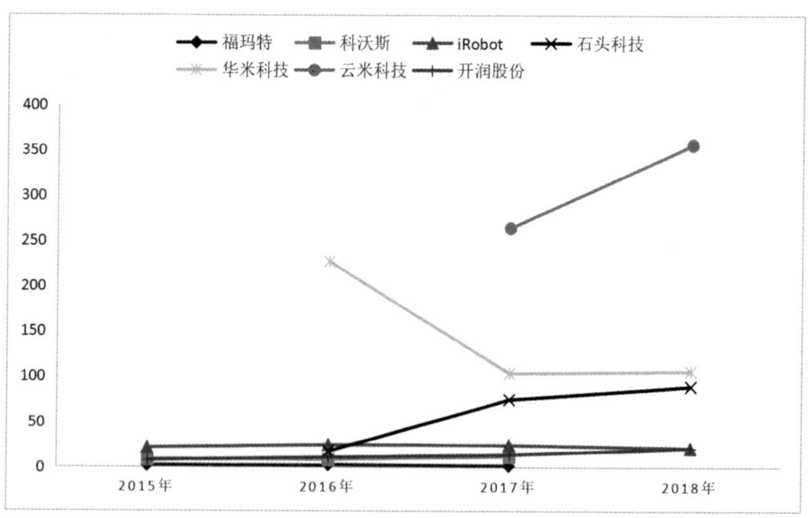

图14：同行企业固定资产周转率对比（单位：次）
来源：并购优塾

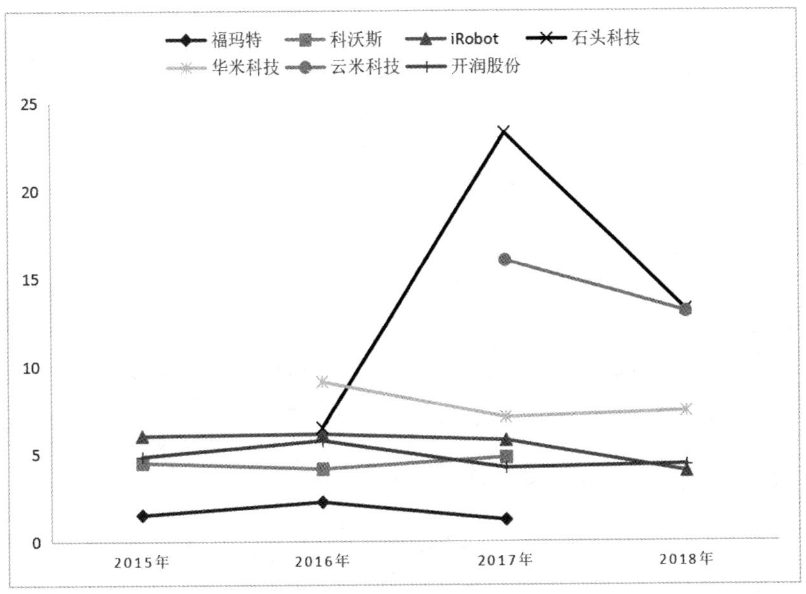

图15：同行企业存货周转率对比（单位：次）
来源：并购优塾

先看固定资产周转率，周转快是因为轻资产模式，依靠小米的积累的供应链资源。

再看存货周转率，这个指标较高是因为收入增速过快、客户集中度高（小米），且以订单安排生产，存货基本在生产后一个月内发出，不会提前大量备货。但是，随着自主品牌线推广，线下渠道、自有渠道增加，2018年存货周转率有所下降。

这也正是它的ROE超高，“秒杀”一众家电巨头的原因。轻资产模式，往往更容易出现高ROE，比如加盟模式运营的申通快递（53%），部分外包模式的飞科电器（52%）、海底捞（108%），本案同样属于轻资产模式，2018年ROE高达63.5%。

对比来看，其ROE远高于科沃斯、iRobot等同行，并且高于小米生态链上的其他企业。

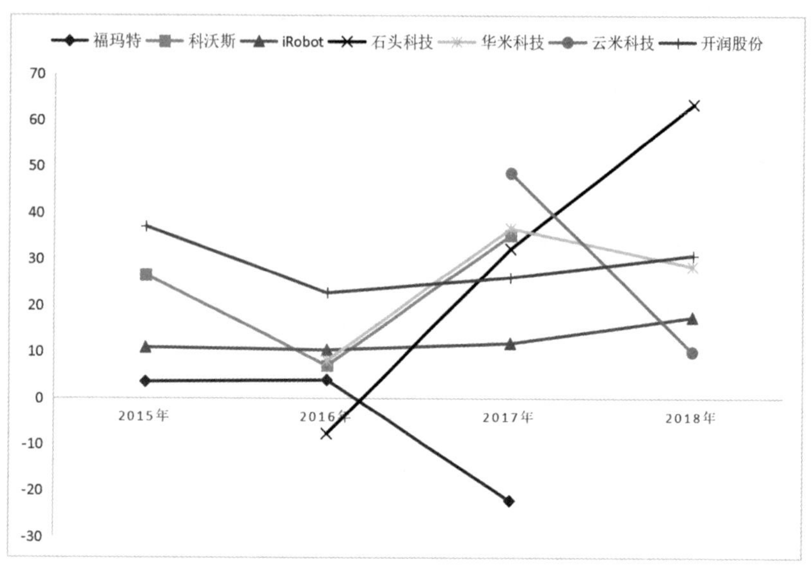

图16：同行企业ROE对比（单位：%）
来源：并购优塾

高ROE能否维持，有一件事必须关注：它会不会长期代工？

首先，我们来看同行企业都是采用怎样的模式。

（1）iRobot——不生产硬件，采用OEM代工模式。2016年至2018年，固定资产分别为1.91亿元、2.91亿元、3.91亿元，占资产的比率为5.42%、6.44%、7.43%，固定资产周转率分别为24.3、24.52、21.51。

（2）科沃斯——采取核心算法自主研发、核心部件自制，部分中低端产品委外代工生产、中高端产品自主生产的方式。2015年至2017年，固定资产分别为3.69亿元、3.94亿元、3.66亿元，占资产的比率分别为21.41%、18.45%、13.54%，固定资产周转率分别为8.67、8.59、11.98。

（3）福玛特——成立之初采用轻资产运营模式，2016年开始由委托生产变为自主生产和委托生产相结合的模式，2015年至2017年，固定资产分别为0.55亿元、0.54亿元、0.55亿元，占资产的比率分别为35.13%、32.36%、31.19%，固定资产周转率分别为1.8、1.5、2.45。

对比下来，资产最轻的是石头科技，固定资产周转率最高，其次是iRobot。注意，虽然行业内普遍采用代工模式，但国内同行的中高端产品线均开始自产，只有iRobot坚持全线代工。

从上述对比来看，代工模式在行业内是可行的，那么，它对代工厂的话语权如何呢？

2016年至2018年，石头科技向前五大供应商进行的采购分别占采购总额的73.38%、79.84%和81.84%，第一大供应商为欣旺达，提供锂电池与代工业务。

而欣旺达，同时也是小米的供应商。2016年至2018年，小米对欣旺达的委托加工采购额分别为0.53亿元、3.31亿元、9.85亿元，占委托加工采购总额的比率分别为99.68%、100.00%和98.80%。

欣旺达是A股上市公司，业务以动力锂离子电池模组为主，在智能手机方面，主要客户有华为、OPPO、Vivo、小米、苹果等；笔记本电脑方面有联想等；汽车及动力电池方面有北汽福田、东风雷诺、吉利、东风柳汽等。

石头科技对上游的话语权如何，我们通过应付账款来看。

2016年至2018年，其应付账款分别为1.06亿元、2.78亿元、4.04亿元，占营业成本的比率为71.62%、31.70%、18.59%，其中2017年、2018年应付账款周转天数分别为78.76天、56.46天。

对比同行业来看，这个话语权水平，算不算高？

（1）iRobot——2016年至2018年应付账款及应付票据分别为4.67亿元、7.6亿元、9.38亿元，占营业成本的比率分别为19.72%、25.8%、25.44%，应付账款周转天数分别为65.90天、74.99天、82.90天，主要代工厂是港股建溢集团（kinyat），比较集中（未披露具体比率）。

（2）科沃斯——2015年至2017年，应付账款及应付票据分别为8.26亿元、10.23亿元、10.86亿元，占营业成本的比率分别为44.88%、47.23%、37.63%，应付账款周转天数分别为123天、119天、106天，前五大供应商占比约为15%。

（3）福玛特——2015年至2017年，应付账款分别为0.18亿元、0.22亿元、0.3亿元，占营业成本的比率分别为34.62%、28.57%、52.63%，应付账款周转天数分别为81天、80天、165天。2017年上升主要是由于新建工厂尚在磨合期，导致产能不足，营业收入、成本下降，其中前五大供应商采购额占比约为40%。

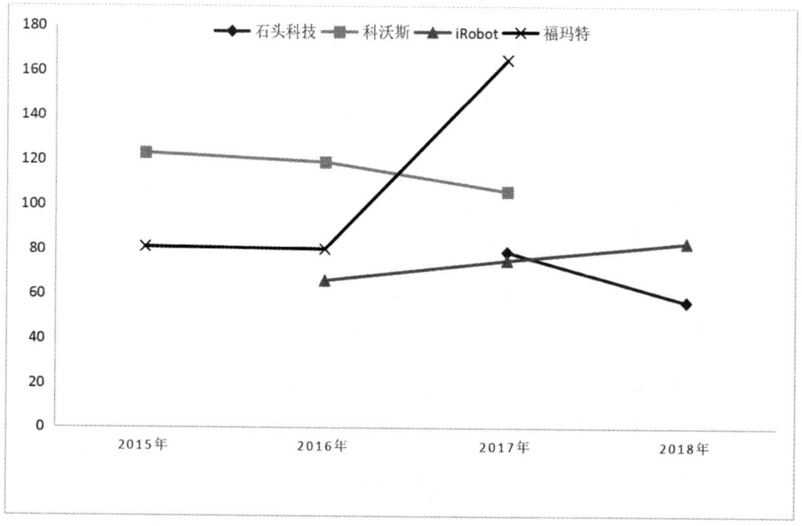

图17：同行企业应付账款周转天数对比（单位：天）
来源：并购优塾

对比下来，占用上游资金最多的是科沃斯，其次是福玛特、iRobot，石头科技与同行业企业相比，付款周期最短。

从上述数据来看，石头科技对上游（代工厂）的话语权仍然较弱，那么，未来有没有可能提升话语权？

5

话语权，到底如何提升？

我们综合比对了小米产业链上的几家公司，发现对上游话语权的差异主要来自供应商的集中度。石头科技高度依赖第一大供应商，话语权较弱，因此，想要提升话语权，有两条路可以探索。

（1）分散采购——寻找其他可能的代工资源，但分散采购的风险较大，会牺牲规模经济和供应链响应速度，以优塾团队研究过的服装行业为例，一线品牌为了优化供应链的反应速度，都在精简供应商组合，比如阿迪达斯、耐克、优衣库，所以，一些核心供应商是很难替代的（比如申洲国际），品牌商最终话语权的争夺，还是在于自身品牌实力强弱。

（2）自建产能——自建产能意味着大额资本投入，且门槛高，运营模式不易被模仿，有望产生规模效应。但是需要占用大量资金，机会成本太大，固定资产一旦转产，产能利用不足会导致损失。从代工转向自建产能+代工结合的案例，比较典型的是飞科电器，在渠道调整、自建产能方面的布局，会影响短期业绩增长。

所以，从企业经营角度分析，我们建议像石头科技这类依靠代工的公司，要随时留意“双十一”、过年前的备货问题，以及代工产能可能出现的瓶颈。

从石头科技募集资金用途来看，短期内没有建设产能的打算——募资13.12亿元主要用于新一代扫地机器人项目、商用清洁机器人开发项目、石头智连数据平台开发及补充营运资金。

需要注意的是，从其研发费用占比3%的水平来看，募集资金是否全部投入研发，存在疑问。（此处，可以作为一个调研点，重点调研管理层是否有自建产能的计划，如何摆脱对上游代工厂的依赖，以及目前产品销售和代工产能是否能匹配。以飞科电器为例，过年是小家电消费高峰，而在备货高峰期代工产能跟不上，导致只能自建产能。）

轻资产模式，很容易被模仿、颠覆，因为缺乏垄断性优势，难以形成长期的竞争优势和投资价值，要想以轻资产模式持续运营，目标应该在于形成强大的品牌效应和规模效应，典型的如苹果、耐克、戴尔，将品牌作为优势撬动更多资源。

那么，接下来更深入的问题是：本案在品牌护城河方面，能否弥补轻资产运营的风险？我们来看下一个环节——销售。

6

品牌护城河，到底怎么样？

抛开轻资产运营模式，对于家居、家电类公司，品牌和渠道的重要性更是不言而喻。而这两者反映在报表中，就是销售费用，本案销售费用主要是广告和市场推广费。

2016年至2018年，石头科技的销售费用分别为0.02亿元、0.29亿元、1.63亿元，销售费用率分别为0.84%、2.58%、5.35%，销售费用绝对值及相对比率均在上升。

来看看，同行业企业处在什么水平？

（1）iRobot——2016年至2018年，销售费用分别为7.99亿元、10.59亿元、14.44亿元，销售费用率分别为17.43%、18.34%、19.26%，存货周转率分别为6.08、5.72、3.96，销售费用率提升，但是存货周转率有所下降。

（2）科沃斯——2015年至2017年，销售费用分别为3.7亿元、5.2亿元、7.27亿元，销售费用率分别为13.73%、15.86%、15.97%，存货周转率分别为4.32、3.88、4.46，销售费用率上升，拉动存货周转率上升。

（3）福玛特——2015年至2017年，其销售费用分别为0.43亿元、0.35亿元、0.34亿元，销售费用率分别为42.2%、25.88%、40.87%，存货周转率为1.49、2.22、1.2，推广费用较高，但存货周转率较慢。

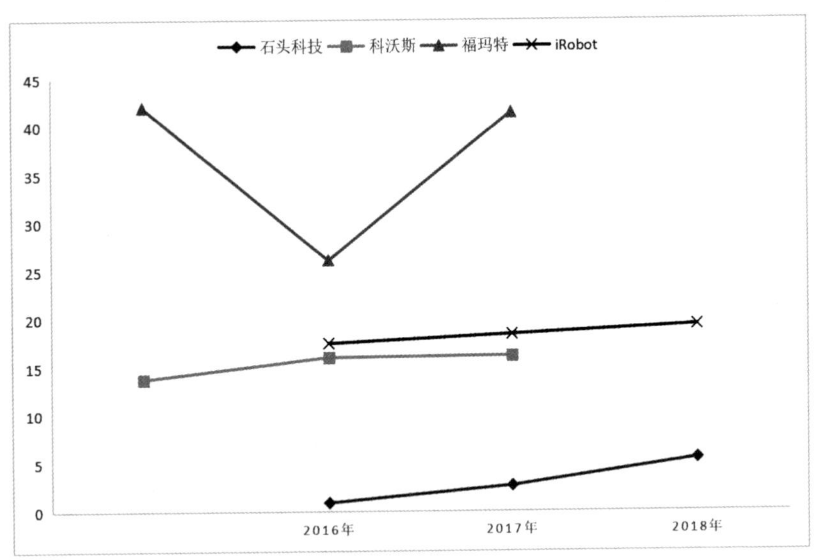

图18：同行企业销售费用率对比（单位：%）
来源：并购优塾

可以发现，几家公司营销力度均在上升，但石头科技的销售费用率远远低于同行，这背后的原因还是小米生态链。

渠道方面，对于获准使用“米家”品牌的产品，小米向其开放包括线上电商平台（小米网、小米商城、有品）和线下小米之家的全部销售渠道。在极致单品模式，每一个品类仅有较少几个品牌或产品，更容易获取关注度，流量转化率更高，也缩短产品从推出到上量的时间。

小米生态链企业在小米投资+孵化的方式下，依托品牌、渠道的赋能，实现从0到1的突破，销售费用率都比较低，举例来看：

（1）华米科技——2016年至2018年，销售费用分别为0.28亿元、0.44亿元、0.97亿元，销售费用率分别为1.79%、2.15%、2.65%，存货周转率分别为9.07、7.03、7.37。

（2）云米科技——2016年至2018年，销售费用分别为0.21亿元、0.95亿元、3.8亿元，销售费用率分别为6.7%、10.91%、14.82%，2017年、2018年存货周转率分别为15.97、13.04；

（3）开润股份——2016年至2018年，销售费用分别为0.63亿元、0.98亿元、1.9亿元，销售费用率分别为8.11%、8.41%、9.27%，存货周转率分别为5.71、4.16、4.35。

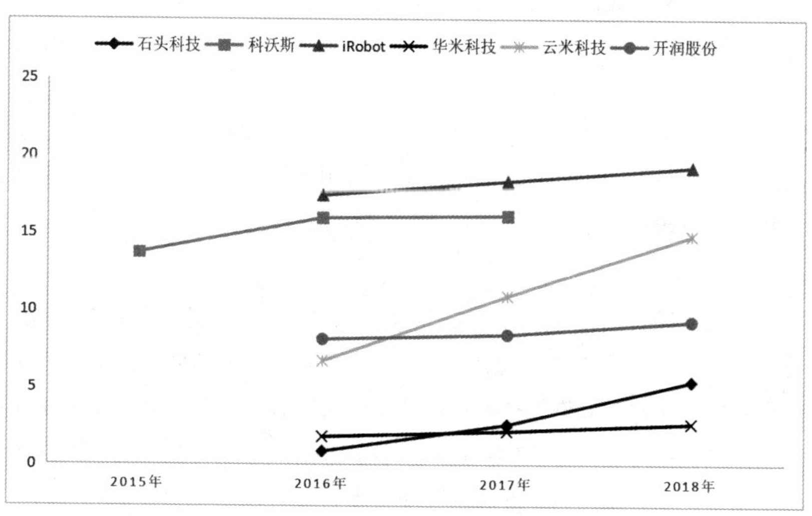

图19：同行企业销售费用率对比（单位：%）
来源：并购优塾

这几家中，销售费用率最低的华米科技，但需要注意的是，尽管销售费用率较低，但整体呈上升趋势（同时存货周转率呈上升趋势）。按理说，随着收入上升，依托小米的品牌和渠道，销售费用率大概率应该下降，那销售费用率上升的原因是什么？

答案：打造自主品牌。

石头科技在“米家”品牌之外，陆续推出了覆盖中高端用户的“石头”和覆盖年轻用户的“小瓦”两个自主品牌，扩充品类的同时，价格区间也拓宽。2018年第一季度，“石头”品牌扫地机器人的线上零售份额为11%，超越“米家”品牌，位居行业第二位。

这样的策略带来的正面效应有：营业收入体量上升，毛利率提升，并能覆盖销售费用率的上升，进而抬升净利率。但注意，这样的数据反馈出一个非常重要的信息：在销售渠道方面，其对小米的依赖同样比较严重。

短期来看，开辟自主品牌并不划算，但从长期来看，这也是一个必然的趋势，因而，石头科技未来的销售费用率，仍然可能上升，一直达到趋同于行业平均水平。

长期依赖小米，会存在几点困境：（1）小米品牌明确定位高性价比，导致产品无法覆盖高端用户群体；（2）为了打造明星产品，“小米”品牌产品SKU（产品型号）都极度精简，对于小家电企业，很难实现长期扩张；（3）处于生态链中，小米占据绝对主动权，而极致性价比的定位，导致生态链企业利润空间较小。

梳理到这里，我们能够发现，石头科技在关键的生产、销售两个环节，对小米的依赖均比较大。生产环节有可能通过上市募资后通过自产来解决，那么，品牌、销售渠道方面，有没有去小米化的可能？

7

去小米化，能行吗？

去小米化，其实并不只有石头科技一家公司在做，在度过早期成长阶段后，小米生态链上的公司，基本都开始进行自主品牌的布局，来看具体策略：

（1）华米科技——华米最初借助小米在“爆款”手环领域形成突破。2015年9月，发布自有品牌Amazfit，定位中高端，推出Amazfit手环、智能手表及运动T恤等配件，形成小米手环与Amazfit两条产品线。同时，开始建立自有渠道，搭建京东、天猫、亚马逊及自建官网电商，提升“非米系”渠道占比。

2015年至2018年前三季度，小米可穿戴产品分别占华米总营业收入的97%、92%、79%和65.54%。整体毛利率呈上升趋势，其中2017年华米自营品牌与小米手环的毛利率分别为26.01%与23.64%。

（2）云米科技——最初依靠小米净水器切入小家电市场，随后进行全品类家电扩张，目标是打造全屋互联网智能家电，通过人工智能、语音识别与控制等技术实现电器之间的互联互通。2016年至2018年上半年，来自于小米的销售收入占比分别为95.9%、84.7%、62.6%。

同时，通过自建渠道、营销推广积累品牌知名度，比如线上打造云米商城平台，线下打造全屋互联网家电门店，并与热门综艺节目、艺人进行合作，提升品牌认知度。

（3）开润股份——起初主营箱包代工（客户为新秀丽、迪卡侬等），借助小米实现了B2C业务从0到1的突破。同时，产品端以拉杆箱和箱包为核心，逐渐扩充至鞋服、收纳、配件、婴童及出行小数码等领域；渠道端方面，逐步提升“非米”渠道的收入占比，并借助亚马逊和跨境通Gearbest等平台打入跨境电商渠道。

从以上格局可以看出，小米的产业链，并非只是手机而已。很多人因其在手机端面临华为、OPPO、VIVO的激烈竞争，而不看好小米未来的发展，其实，小米的经营逻辑，已经从单一的手机制造商，转入了“家居智能化”的领域。

而在这个领域，其对标公司，将以宜家、美的、无印良品为对象，在品牌、渠道护城河之上，孵化产业链公司，进而通过资本运作持续扩张。这样的资本扩张，主要体现为：（1）通过资本市场进行融资，再进行资本支出扩张零售终端；（2）对生态链上前景看好的赛道和公司，通过股份增加形式收入体内。

这样的“平台+应用”型发展路径，将形成“进可攻、退可守”的财务数据，从而长期维持市值增长。而这样的增长，核心在于渠道方面建立超强的护城河。

我们认为，“平台+应用”型商业模式可在内生、外延两个方向，实现长期业绩增长，成为未来时代价值投资的主赛道。

回到本案，生态链企业通过与小米共同打造“爆款”，只是第一步，第二步则是扩充品类，发展自有品牌，逐渐减少对小米的依赖，独立成长。

而从小米的角度，一般给生态链公司二至三年“保护期”，一旦决定投资某个项目，会承诺在二至三年内不投资同品类的企业，帮助生态链企业快速在某一领域扎根。但注意，小米与生态链企业的协议，是有期限和条件的，而且在特定情形下，小米可以提前终止战略合作协议。

以华米科技为例，它是小米可穿戴产品设计和制造的唯一合作伙伴，2017年10月，双方签订商业和战略合作协议，该协议将于2020年10月到期。

小米可以在以下情形下提前终止战略合作协议：（1）华米未能在双方同意期限内，向市场交付产品或产品未达到小米要求；（2）产品退货率连续3个月达到或超过2%，或者因材料质量问题引起大规模产品召回；（3）小米可穿戴产品销售额同比下降20%及以上，或者连续两年增长幅度不到20%。

其实，这样的合作条款，就是在智能家居这个赛道上，平台方和应用方之间的“双向赋能”模式。

所以，长期来看，石头科技对小米的依赖确实会逐步减少。那么在这样的趋势下，会对它的财务数据产生什么样的影响？

8

未来的投入资本回报，会如何？

答案：ROE下降。

权益乘数——石头科技的权益乘数处于中等水平，因此不是ROE高的主要原因。但是，随着IPO成功，募集资金后，权益资本增加，权益乘数会下降。

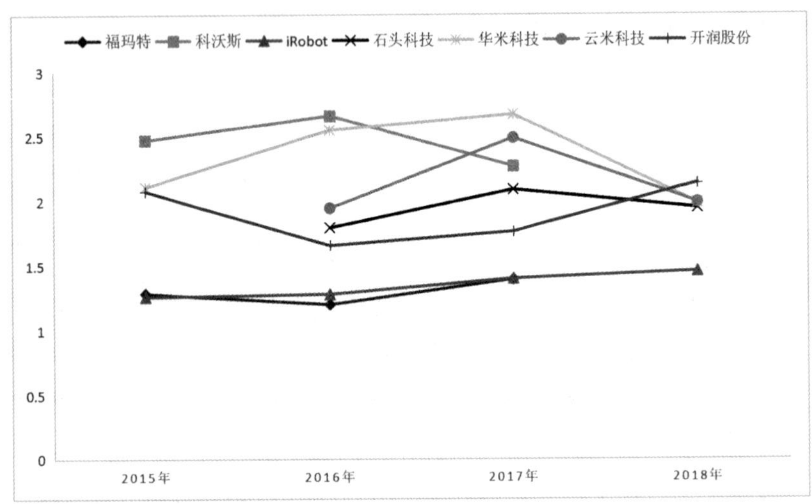

图20：同行企业权益乘数对比（单位：%）
来源：并购优塾

销售净利率——2018年，其净利率已经上升至行业同等水平，但其毛利率几乎是最低的，背后的原因，还是在小米提供品牌、渠道资源的情况下，销售费用率极低所致。

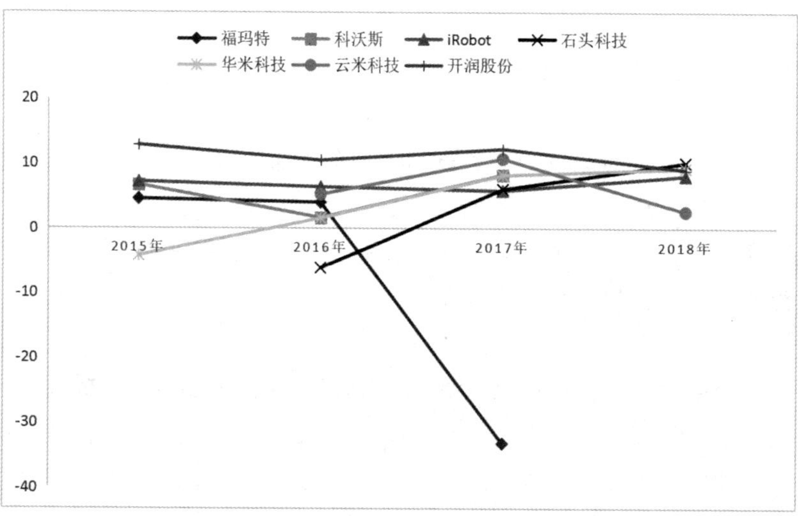

图21：同行企业净利率对比（单位：%）
来源：并购优塾

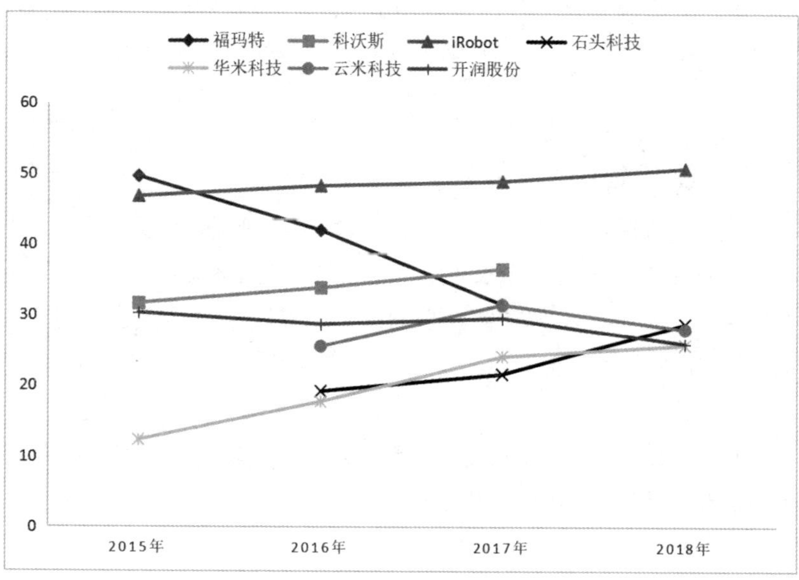

图22：同行企业毛利率对比（单位：%）
来源：并购优塾

随着新品类的拓展，以及渠道扩展、宣传自有品牌等，销售费用率有上升压力，从而拉低净利率，因此净利率上的上升空间不大。

前两个指标看下来，未来影响ROE的变动幅度不是特别大，因此我们主要来看总资产周转率。我们以坚持代工和部分自产这两种可能的经营思路，对影响总资产周转率的三个指标（货币资金周转率、固定资产周转率、存货周转率）进行大致推演。

别觉得这样的分析无趣，其实这都是对估值至关重要地分析。

（1）坚持轻资产运营

货币资金周转率方面，如果IPO募资成功，周转率就会下降；存货周转率方面，随着与小米ODM业务的减少，有下降压力。固定资产周转率方面，基本稳定，不会大幅影响总资产周转率。

（2）自产

货币资金周转率方面，由于投入新建产能，下降幅度会变小（如果对上游的依赖降低，应付账款周转天数加快，沉淀资金可能拉低货币资金周转速度）。存货周转率同上，存在下降压力；固定资产周转率方面，随着产能投建，会下降。

两种策略，不论石头科技选择哪一种，总资产周转率下滑并带动ROE下滑，都难以避免。因而，从估值角度来看，通过投入资本回报率计算未来内生增速，必须考虑到这一点。

以上，两种经营策略的区别在于，长期来看，ROE反转的节点不一样。第一种模式下，ROE反转，要依靠行业技术迭代，一旦技术迭代，石头科技可以快速切入最新的技术赛道，改变技术路径。

而第二种策略下，只要技术不迭代，ROE会随着产能爬坡不断回升；但一旦技术发生大规模迭代，石头科技需要考虑自有产能是否可以转化，否则可能减值。

因此，管理层对于未来是否会发生大的技术迭代的判断，至关重要。当然，目前来看扫地机器人已经进入产业化，发生大规模技术迭代的可能性较低，因而自产也具备合理性。

不过，此处仍然是个调研点，技术迭代方向，仍然需要在调研时，对管理层刨根问底。

9

行业未来，到底看什么？

以上分析完，我们来看看行业趋势。

一、规模和增速。根据光大证券报告，在中性情形下，全球（除中国）扫地机零售额有望达到500亿美元左右，而中国人口基数大，零售市场规模有望达到500亿元至1000亿元人民币，国内外同处爆发期。

根据中怡康数据，2018年中国扫地机器人市场总销售量为577万台（较去年同期增长42%），总销售额86.6亿元（较去年同期增长55%），占全球市场份额超过30%。2012年至2017年销售量和销售额的复合年增长率分别为55%和56%，未来五年有望保持20%至30%的复合增长。

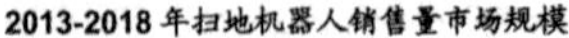

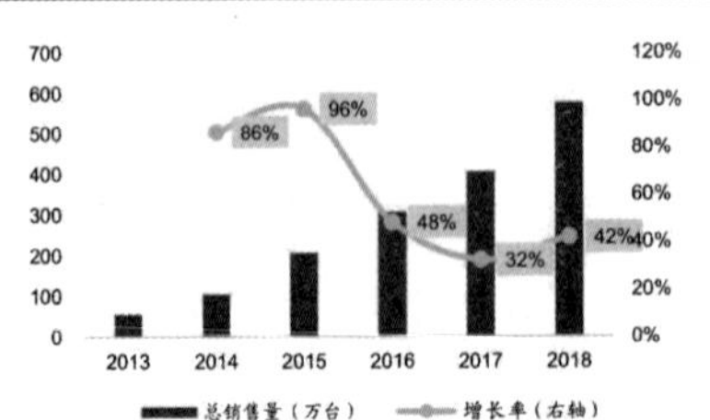

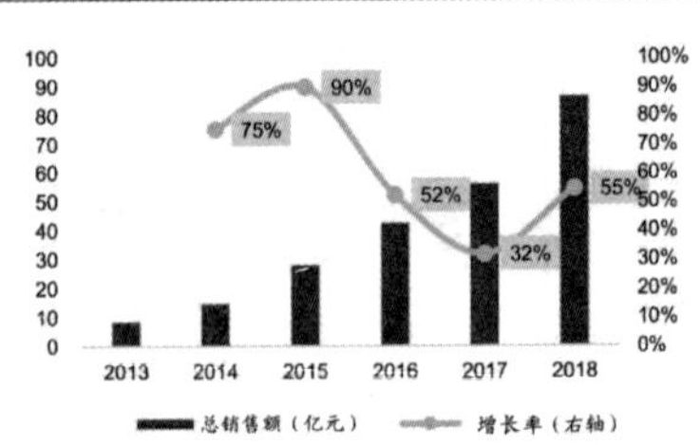

图23：扫地机器人行业规模及增速（单位：左：万台、亿元、右：%）
来源：广发证券

目前全球渗透率不足10%，美国约为16%，国内城镇家庭扫地机器人渗透率仅为6%，发展空间仍然广阔。

二、集中度。根据2017年GFK的数据，iRobot保持着全球60%以上的市场占有率，行业第二的科沃斯占10%至15%。在美国本土市场，iRobot的市场占有率高达85%，小米、neato、三星等品牌市场占有率均不到5%。

从国内市场看，分渠道来说，线上渠道的行业集中度CR4由2015年的70.4%上升至2017年的73.8%；线下渠道的行业集中度CR4维持在79.5%的水平。据中怡康统计，2015年至2017年科沃斯和iRobot线上线下零售额份额合计均超过50%。

这个集中度，与空调行业基本一致，竞争格局看似进入稳定状态，与空气净化器、净水器等竞争格局尚不明朗的领域明显不同。但是注意，尽管行业集中度很高，但线上销售占比高达89%，这样的渠道特征背后，其实跟传统白色家电大不相同。

其一，相比线下渠道，线上渠道简单、门槛低，这就意味着以线上为主的扫地机器人市场，龙头在渠道端的优势不如以线下为主的白色家电龙头企业稳固。

其二，渠道特点一定程度上反映了消费者结构特征，线上渠道多是年轻化、价格敏感型人群。扫地机器人相比白色家电产品，在技术创新、体验上有更大提升空间，更容易出“爆款”。

所以，竞争格局看似稳定，但其实突破空间很大。石头科技针对扫地机器人体验较差、价格虚高等痛点成功破局。

从这个角度说，未来行业竞争并不限于现有竞争者之间的争夺，尤其是在行业进入门槛降低的情况下。从硬件来说，核心零部件有成熟供应商，而软件层面，随着算法逐渐成熟，国内已经开始出现第三方扫地机全局规划方案，比如思岚科技（激光导航）、速感科技（视觉导航）等机器人自主定位导航方向的公司，既可以提供传感器模块，也可以提供配套算法，这种情况下，行业进入门槛将降低。

所以，未来随着差异化程度降低，产品本身带来的竞争力下降，最终的竞争会是产品、渠道、品牌等多维度的综合竞争，并逐渐从单品“爆款”，向多产品矩阵进化。

看到这里，我们进入最关键的部分——估值。科创板已经迎来众多排队公司，如今整个一级、二级市场都在关注：本案如果成功登陆科创板，那么按照发行市值，到底是贵了，还是便宜了？

10

极其重要的问题
估值，到底如何测算？

本案业务规模尚小，且净利率较低，净利润水平波动较大，但收入规模稳定增长，市场渗透率尚不确定，因此适用P/S估值。而且，由于盈利增速波动较大，不适用PEG。此外，我们还会通过绝对估值法，做交叉印证。

我们重点来看PS。

（1）同赛道可比公司：

iRobot近三年PS估值区间为1.8倍至3倍，中位数为2.5倍；
科沃斯近三年PS估值区间为3倍至4.5倍，中位数为3.5倍；
莱克电器近三年PS估值区间为1.5倍至4.5倍，整体呈下滑趋势，波动较大。

（2）传统家电可比公司：

浙江美大近三年PS估值区间为5倍至12倍，中位数为8倍；
飞科电器近三年PS估值区间为4倍至8倍，中位数为8倍；
老板电器近三年PS估值区间为3.5倍至6倍，中位数为5倍；
苏泊尔近三年PS估值区间为2倍至3倍，中位数为2.5倍；
九阳股份近三年PS估值区间为1.5倍至2倍，中位数为1.8倍；
格力电器近三年PS估值区间为1倍至2倍，中位数为1.5倍；
美的集团近三年PS估值区间为1倍至1.5倍，中位数为1.2倍。

传统家电中，浙江美大、飞科电器更具成长性，因此估值区间明显较成熟的大家电生产企业高。

（3）小米生态链相关公司：

华米科技PS估值区间为1.3倍至2倍，中位数为1.2倍；
云米科技PS估值区间为1.5倍至2倍，中位数为1.8倍；
开润股份PS估值区间为3.5倍至7倍，中位数为5倍。
小米集团PS估值区间为1.5倍至2倍。

从A股市场看，估值差异主要来自成长性高低，美国股市市场中iRobot估值高于华米科技、云米科技，主要是iRobot在国外的领先地位比较明显，港股小米集团业务多元，更适用分部估值，PS区间参考价值不大。

整体来看，此处估值低点可以取iRobot中位数2.5倍，估值高点取科沃斯高点4.5倍，对应的估值区间为76.25亿元至137.25亿元。不过，可比公司法毕竟只是一种粗略估计，我们必须用更多的估值方法，进行交叉印证。

11

现金流贴现，到底如何测算？

现金流贴现，关键假设如下：

（1）参考行业整体增速（55%）、历史增速（342%）、2018年增速（178%）、可比公司科沃斯增速（28%）、iRobot增速（23.6%），由于再投资率是负数，且没有自建产能，因此不参考内生增速，且其自身增速过快，因此乐观按行业增速取值55%，悲观增速取科沃斯、iRobot均值26%；

（2）参考2017年营业利润率水平，取值12.32%；

（3）资本支出、折旧增速与收入增速保持一致，永续期资本支出占折旧的比率取值100%；

（4）参考历史数据，营运资本占营业收入的比率取值20%；

（5）资本成本WACC取值9.38%。

综上，可以测算各期的自由现金流，其中乐观预测下的自由现金流如下：

对应的估值区间为52亿元至177亿元，对应的PS估值区间为1.7倍至5.8倍。

综合来看，两种方法对比：

PS估值法——对应的股权价值为76.25亿元至137.25亿元，PS估值区间为2.5倍至4.5倍；

DCF估值法——对应的股权价值为52亿元至177亿元，PS估值区间为1.7倍至5.8倍；

现金流预测											
	基期	*1*	*2*	*3*	*4*	*5*	*6*	*7*	*8*	*9*	*10*
收入增速		55.00%	49.22%	43.44%	37.67%	31.89%	26.11%	20.33%	14.56%	8.78%	3.00%
折旧增速		55.00%	49.22%	43.44%	37.67%	31.89%	26.11%	20.33%	14.56%	8.78%	3.00%
收入金额	30.51	47.29	73.30	113.62	176.10	232.26	292.91	352.47	403.77	439.21	452.39
1-息税前利润率	87.68%	88.54%	89.41%	90.27%	91.14%	92.00%	92.00%	92.00%	92.00%	92.00%	92.00%
营业成本费用	26.75	41.87	65.53	102.56	160.49	213.68	269.47	324.27	371.47	404.07	416.20
EBIT	3.76	5.42	7.77	11.05	15.61	18.58	23.43	28.20	32.30	35.14	36.19
税率	15.00%	15.00%	15.00%	15.00%	15.00%	15.00%	15.00%	15.00%	15.00%	15.00%	15.00%
EBIT (1-t)	3.20	4.61	6.60	9.40	13.27	15.79	19.92	23.97	27.46	29.87	30.76
折旧摊销	0.02	0.03	0.05	0.07	0.09	0.12	0.15	0.18	0.21	0.23	0.23
资本支出	0.60	0.93	1.39	2.07	3.08	4.57	6.77	6.44	6.11	5.79	5.29
营运资本变动	(0.62)	3.36	5.20	8.06	12.50	11.23	12.13	11.91	10.26	7.09	2.64
自由现金流	3.24	0.35	0.06	(0.67)	(2.21)	0.12	1.17	5.80	11.29	17.22	23.07
终值											372.47

表2：乐观预测自由现金流

来源：并购优塾

综上，如果PS在2倍以下，安全边际相对较高，如果PS在4倍以上，则安全边际相对较低。

石头科技此次发行估值为140亿元，对应PS为4.6倍。值得一提的是，任何人在任何时点，对任何公司都不可能做出百分百准确的预估，因而，本报告仅做方法讨论，具体数据不具备参考价值。后续的一切思考，都需要你自己完成。

以上估值区间为相对谨慎的估计，未能将A股市场的情绪化投资风格考虑进去。但无论如何，我们相信，理性也许经常会迟到，但并不会缺席。

11

优塾投研团队研究七问

（1）这门生意的核心是什么？——家居家电一体化、家居智能化的长期大趋势。在这样的大趋势下，宜家、无印良品等传统家居巨头，将成为小米未来的对标对象。

（2）行业核心护城河在哪？——在普及早期，扫地机器人门槛相对较高，技术和性价比更重要，但随着技术成熟，行业竞争的本质会回归至家电产品真正的护城河，即两个词：品牌和渠道。

（3）这个行业天花板如何？——根据光大证券行业研究报告，在中性情形下，全球（除中国）扫地机零售额有望达到500亿美元左右，而中国市场规模有望达到500亿至1000亿元人民币，国内外同处爆发期。

（4）未来三年增速看什么？——未来三年看与小米的合作情况，如能维持与小米的长期合作，未来三年业绩确定性较高。

（5）未来十年增速看什么？——行业渗透率提升，自主品牌的建立。

（6）这门生意到底好不好？——高ROE难以长期维持，技术迭代的不确定性较高，竞争格局仍未清晰，产品差异化程度不高，本案以性价比取胜，定价权相对较弱。在优塾投研团队的生意分类体系中，本案属于典型的“小品类龙头”，成长股。如果从长远价值角度来研究，自然是美的、小米长期确定性更强，而如果从短期弹性来看，这类小品类龙头，适合成长型策略。所以，采取什么样的策略，主要取决于企业是价值型思路，还是成长型思路。

（7）如果调研，应该问什么？——（1）未来十年，扫地机器人技术迭代的趋势；（2）与小米的合作是否稳定，小米旗舰店单店销售中扫地机器人的份额；（3）“双十一”、过年备货高峰情况，代工产能是否充足，是否有自建产能的打算。

本文发布于2019年4月26日

西部超导

金属之王背后的财务逻辑

你可知道，世界上飞行速度最快的有人驾驶飞机是哪种？答案：美国SR-71“黑鸟”高空高速侦察机。它最高的爬升高度可超过25000米，最高速度可达3500千米/小时（一秒钟飞1000米），是音速的三倍。

这战机，被称为“一直在飞跃，从未被击落”。为什么它能飞那么高、那么快？这和它的机身设计密切相关。其机身的绝大多数部分，采用了一种耐高温的材料——钛合金。机身钛合金的使用率可达93%，号称“全钛”飞机，这种材料可以保证飞机高速飞行与空气剧烈摩擦时，不降低机体强度。

钛合金，乍一听，觉得似乎和铝合金门窗的铝合金，没什么区别。但其实，它是一种非常厉害的材料。其重要成分是钛，是继铁、铝之后的第三大金属，因其具有重量轻、强度高的性能，被大量运用于飞机、导弹、火箭等航空、航天等领域，有着“太空金属”“宇宙金属”的称号。

目前，国内能够拥有钛合金产业化生产能力的厂家不多，这次，有一家企业正在拟申报科创板上市，它的名字叫：西部超导。

名字里的“超导”二字，是因为它是靠研发超导体材料起家，不过，现在它的收入主要来源是高端钛合金。来看看它的财务数据：

2016年至2018年，其营业收入分别为9.78亿元、9.67亿元、10.88亿元；净利润为1.59亿元、1.43亿元、1.34亿元；经营活动现金流净额为0.32亿元、0.17亿元、2.44亿元；毛利率为41.32%、38.63%、36.77%；净利率为16.31%、14.77%、12.30%。

注意，净利润率在12%至16%之间，这是什么水平？

找几家知名军工巨头来对比一下：研发坦克的内蒙古一机，其净利率为4.37%，研发战斗机整机的中航沈飞，净利率只有3.7%。

如果对标全球军工龙头企业来看，美国股市的洛克希德·马丁（LMT.N），净利率仅为3.92%，美国第二大武器供应商，雷神（Raytheon）的净利率仅为7.89%，就连巴菲特持仓的通用动力（GD.N），净利率也仅为9.4%。

看到这里，你肯定很纳闷：造飞机的，怎么还不如卖飞机材料的赚钱？但是，利润率高就一定是好生意吗？仔细来看它的经营活动现金流，远远跟净利润脱节。

你看，难题来了：一边是利润率高、盈利能力强，一边是现金流差、企业话语权弱。这种矛盾的组合，究竟会对估值会有什么样的影响？如果是你，你该怎么选？

1

这生意，什么来路?

1903年，莱特兄弟制造了“飞行者”号飞机，是人类历史上第一架飞机。当时，飞机的主要材料是木材和布，因为结构简单，强度太差，导致其实现的升力、速度和运载能力都十分有限。所以，解决航空材料的强度问题，成为关键技术难点。

1907年，德国工程师Wilm发现AI-Cu-Mg（铝-铜-镁）合金，在室温下放置一定时间后，强度会随着放置的时间延长而逐渐提高，这种现象，后来被称为“时效硬化现象”。

根据这个原理，工程界先后研发了2017号铝合金（硬铝）、2024号铝合金（超硬铝），从而让航空飞机材料的强度更高、重量更轻，且易于加工。20世纪30年代，德国工程师首次在其Junkers F13飞机上采用了2017铝合金，开启了全金属飞机的新时代。

此后，随着对飞机性能要求的不断提高，铝合金材料也延伸出品类更多、性能更优异的众多型号，并成为飞机的主流应用材料。

但是，铝合金也存在一个软肋，那就是其承受的温度载荷较低。通俗来讲，是指在外界冷热温度出现巨大差异时，其材料性能会产生较大变化。为了解决这个问题，寻找新材料又被提上议程。

此时，仅次于铁、铝的第三大金属——钛（Ti），因重量轻、强度高，开始受到重视。而钛合金凭借其轻量、高强度、耐热性，成为新一代更优异的航空材料。新型钛合金能够在600℃的高温下保持优良的机械性能，而铝合金超过230℃就不能再用。

1949年，美国道格拉斯飞机在其DC-7运输机发动机舱和隔热板上，率先使用钛合金，开启了钛合金航空材料的新时期。

随后，20世纪60年代，洛克希德公司推出了一款战略高空高速侦察机——号称“侦察机之王”的SR-71“黑鸟”。这款侦察机，最高速度可达3500千米/小时（一秒钟飞1000米），是音速的3倍，在实战中，从未被敌机或防空导弹击落。而支撑它能够超音速飞行的技术，与它的机身采用了93%的钛合金材料密切相关，其也被称为“全钛”飞机。

从此，钛合金成为飞机机体结构和飞机发动机的主要结构材料之一。而钛合金的应用水平，是衡量飞机选材先进程度的重要标志之一，也是影响飞机战术性能的一个重要方面。

目前，国外第三代战斗机上，钛合金用量占机体结构重量比为20%至25%，而第四代战斗机中，例如F-22（猛禽），用钛量已经高达41%。

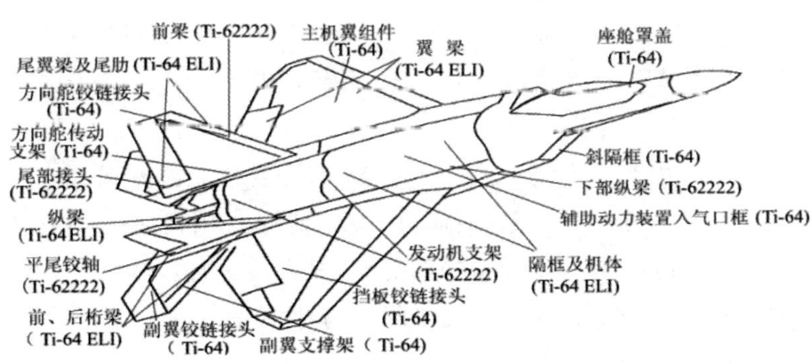

图1：钛合金在F-22飞机上具体应用部位
来源：国海证券

而中国，目前最先进的歼击机——“歼20”，其机身的钛合金比率也高达35%，比“歼11”的15%、“歼10”的4%比率高出2倍到6倍。

国家	机型	钛合金比率
美国	F-14	24
	F-15	27
	F-16	3
	F-18	15
	AV-8B	9
	F-117A	25
	B-1	22
	C-17	9
	B-2	26
	F-22	41
中国	歼8	2
	歼10	4
	歼11	15
	歼20	35

表1：中美各机型钛合金比率（单位：%）
来源：国海证券

然而，材料领域就是这样，一浪接着一浪。高端技术的发展永远不会停滞，在钛合金之后，又有一种新材料被发现——碳纤维，其熔点为3600℃。

1971年，日本东丽率先实现碳纤维量产，从而一跃成为碳纤维霸主。碳纤维依靠其全面而又出众的性能指标，成为新的航空前沿材料。

注意，由于军用飞机飞行时，有特殊动作要求（比如：高速飞行、转弯、格斗、拉升等高难、高危动作），使得这些材料的性能要求很高，但总的提升方向主要是：轻量化、高推力、高强度、耐高温，对应专业材料性能指标为比强度、拉伸强度、弹性模量。

材料种类	密度（g/cm³）	拉伸强度（Mpa）	弹性模量（Mpa）	比强度（m）	比模量（m）
高强度钢	7.8	1000	214000	1.3	0.27
铝合金	2.8	420	71000	1.5	0.25
镁合金	1.8	280	45000	1.6	0.25
钛合金	4.5	942	112000	2.1	0.25
碳纤维复合材料	2.0	1100	40000	5.5	0.2
高强度型碳纤维	1.5	1400	130000	9.3	0.87
高模量型碳纤维	1.6	1100	190000	6.2	1.2

表2：各类材料对比
来源：国海证券

其中，碳纤维虽然性能更强，但是可加工性较弱，主要应用于飞机的机翼、口盖、前机身、中机身、整流罩等部位，并且，其与铝合金、钛合金相比，加工难度较高，一直阻挡了其更大规模地产业化使用。

而钛合金，性能比碳纤维稍逊，但可加工性强基本应用于发动机叶片、机翼、防护板、起落架等承接和紧固部位。

总体来说，目前航空材料处于铝合金为主流、钛合金、碳纤维为发展方向、其他高温合金并存的局面。（钛合金主要应用于先进战机或民航的发动机紧固件）

西部超导，2003年成立，其背后大股东为老牌研发机构——西北有色金属研究院。

公司成立初期，它是研究超导体材料的，承接了ITER（国际热核聚变实验堆）的磁约束超导线材的制作问题，研发“低温超导线材制备技术”，经过十年时间，攻克了该技术，并于2012年向ITER供货，承包了ITER 69%的铌钛超导线材和7.5%的铌锡超导线材（35吨）。

不过，由于超导体的商业化较为缓慢，所以，它决定一边继续研发铌钛合金（超导材料），一边开始向高温钛合金领域延伸。

基于超导材料的研发技术积累，其在钛合金的技术和工艺研发上，具有先发优势。

2007年，其取得国防科工局的武器装备科研和生产资质，并很快实现规模收入。2012年，其在新三板挂牌。2019年3月，拟申请科创板申请上市。

看到这里，有一个问题：西部超导这家公司的特质有哪些？

2

这样的公司，到底怎么赚钱?

西部超导成立于2003年，西北有色金属研究院为控股股东和实际控制人，持股比率25.19%。

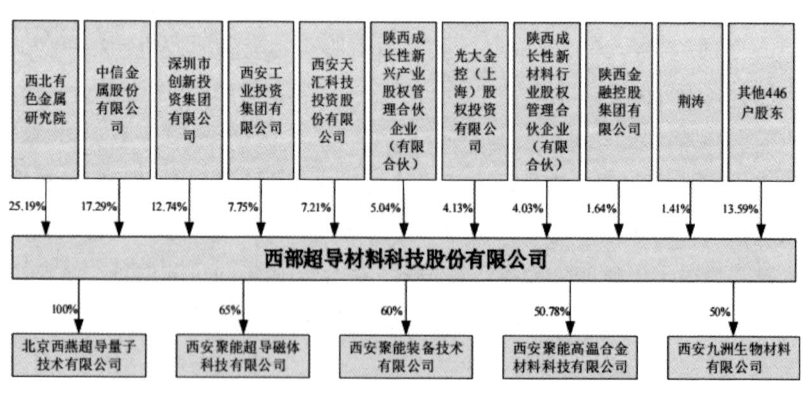

图2：股权结构图（单位：%）
来源：招股书

其主营业务为低温超导材料、高温钛合金和其他高温合金的制造。主要应用领域为核聚变磁约束线圈和航空材料应用。

从前面介绍的财务数据中，有几个问题需要注意，从增速上看，营业收入增长缓慢，三年复合增速为5.4%。净利润增速逐年下降，三年复合增速为-5.5%。毛利率、净利率呈下降趋势，且经营活动净现金流大幅低于净利润。

从收入、毛利润的结构上看，虽然它的名字叫“超导”，但实际却是做钛合金的，其营业收入、毛利润的主要来源是高端钛合金制造业务，收入占比86%、毛利润占比91.92%。其次为超导材料业务，占比逐渐下降，2018年收入占比为10%、毛利润占比2.79%。

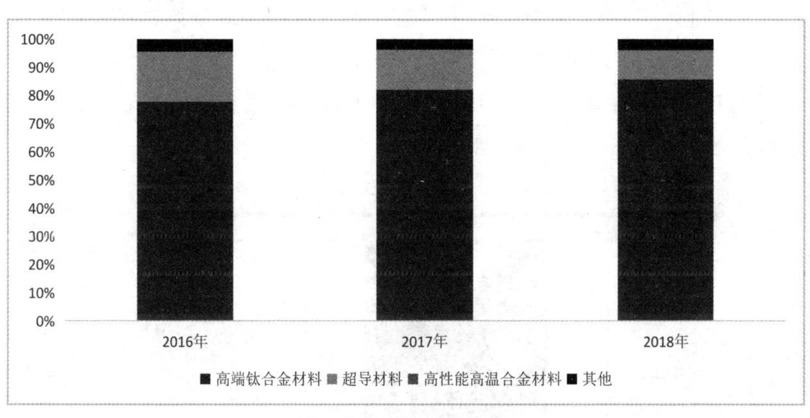

图3：收入结构（单位：%）
来源：并购优塾

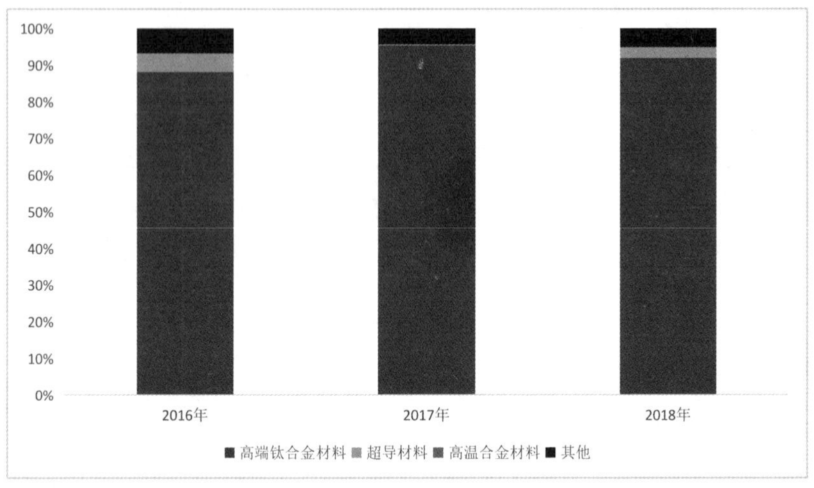

图4：毛利结构（单位：%）
来源：并购优塾

西部超导的核心业务高端钛合金材料，是指以钛金属为基材的合金材料，主要分为大棒材、锻坯、线材和小棒材，分别对应毛利率为44.79%、39.54%、36.62%、10.91%，主要应用于飞机结构件、紧固件、航空发动机和舰船燃气轮机部件。

类别	产品图片	主要用途
高端钛合金大棒材		飞机结构件、航空发动机和燃气轮机部件、舰船、兵器
高端钛合金小棒材		航空航天紧固件、航空发动机和燃气轮机部件
高端钛合金丝材		航空航天紧固件和航空用焊丝
高端钛合金锻坯		飞机结构件、航空发动机和燃气轮机部件

表3：产品图
来源：招股书

而超导材料业务，主要为超导线材和超导磁体产品，主要应用于核聚变磁约束装置、核磁共振设备和磁悬浮领域。2018年综合毛利率为10.57%，毛利率较低。

以上业务，是以钛金属为核心原材料。那么，在研究过程中，有必要盘点一下钛合金产业链的情况。

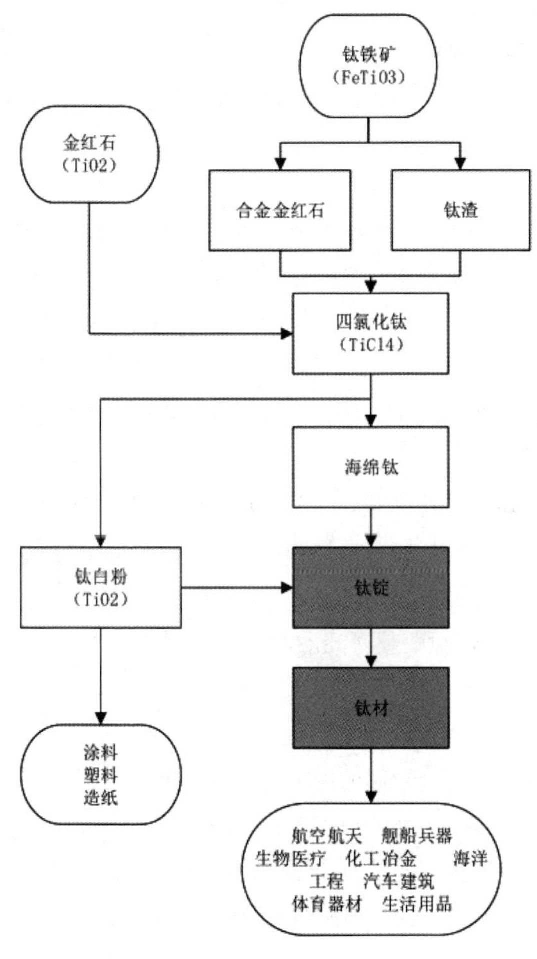

图5：钛工业产业链
来源：招股书

（1）上游（不考虑钛矿）——主要为海绵钛供应商，行业竞争激烈，低端产能过剩，CR8占比78%，代表公司有遵义钛业、洛阳双瑞万基钛业和华神股份，行业毛利率为25%。

（2）中游钛材——国内代表公司为宝钛股份、西部超导和西部材料，CR8占比61%。毛利率18%至35%。

（3）下游——钛合金应用领域，排名前三的是化工（42%）、航空航天（19%）、电力（13%），代表企业有中航重机、美国精密机件、三角防务，毛利率差异大。

西部超导的前五大供应商集中度占比57.52%，较为集中，但因可获取性高，话语权较强；而前五大客户均是军工企业，客户集中度较高，CR5为56.19%，第一大客户为中航工业下属公司，占比22%。

这样的产业链格局下，回到本案来看，其资产结构如何？

从资产负债的结构来看，以2018年为例，总资产39.94亿元，占比最高的依次是：应收款项（28.12%）、货币资金（21.36%）、存货（18.98%）、固定资产（17.73%）。而负债结构中，占比最重的是短期借款（39.9%）、应付账款（23.82%）、长期借款（16.13%）和递延收益（10.37%）。

注意，其存在存贷双高的情况，货币资金多，是因为其2016年募集了8.5亿资金，专款专用于高端装备用特种钛合金材料产业化项目产能建设；而短借多，很可能是因其应收账款和存货占收入的比率很高（应收占比60%，存货占比70%），流动资金较为紧缺所致。

从利润表来看——2018年营业收入10.88亿元，其中成本63.23%，管理费用10.47%，研发费用8.18%，资产减值损失3.13%，财务费用3.03%，销售费用1.47%，9.43%净利率。

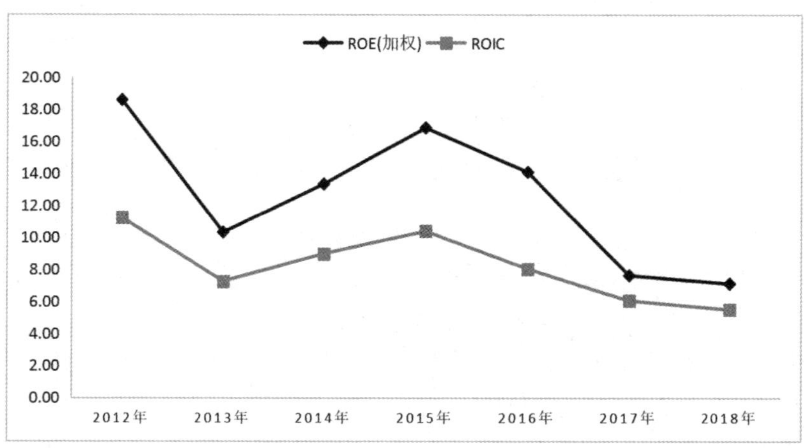

图6：ROE、ROIC（单位：%）
来源：并购优塾

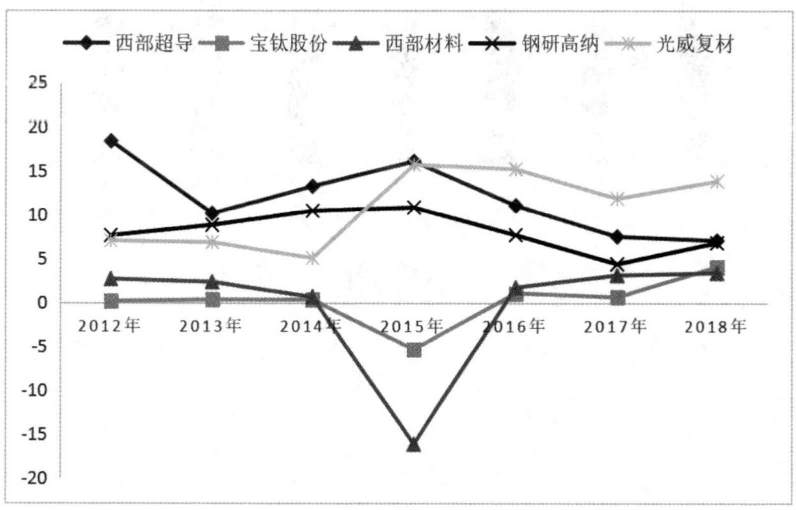

图7：同行企业ROE对比（单位：%）
来源：并购优塾

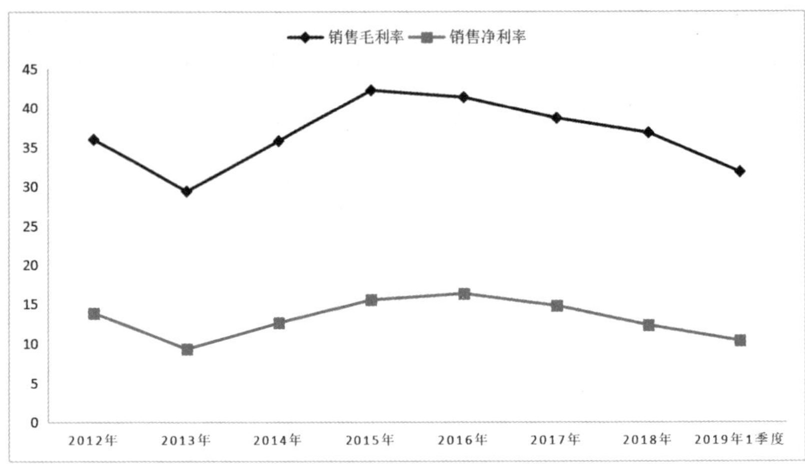

图8：销售毛利率、销售净利率（单位：%）
来源：并购优塾

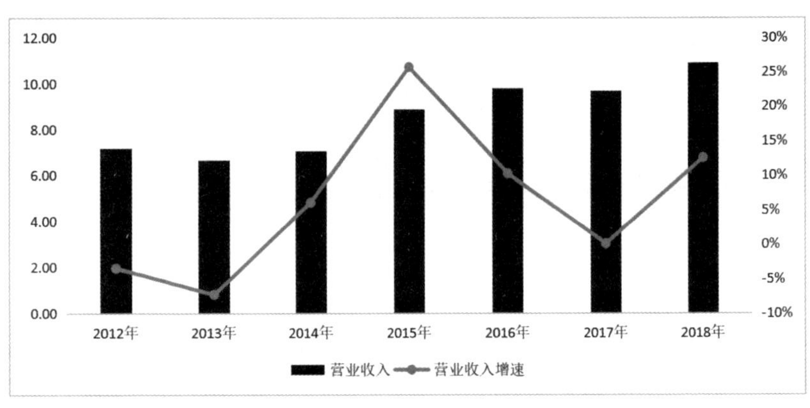

图9：营业收入、营业收入增速（单位：左：亿元、右：%）
来源：并购优塾

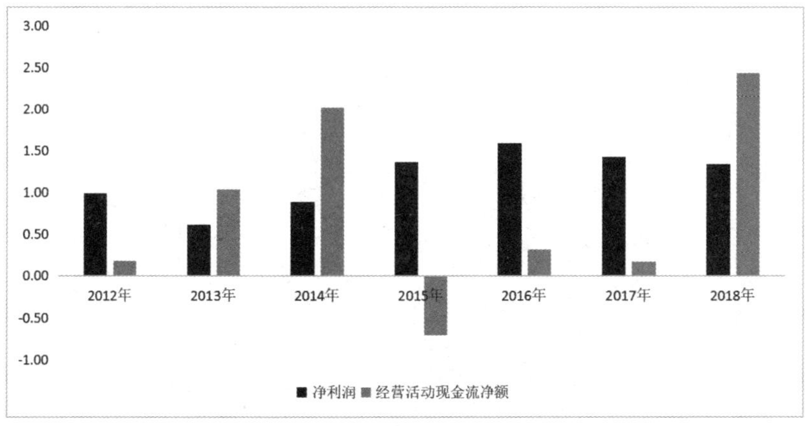

图10：净利润、现金流净额（单位：亿元）
来源：并购优塾

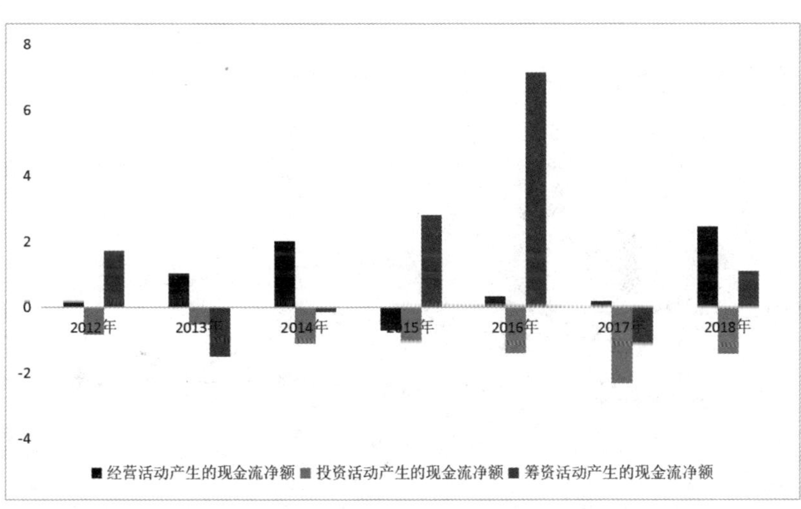

图11：经营活动、投资活动、筹资活动产生的现金流净额（单位：亿元）
来源：并购优塾

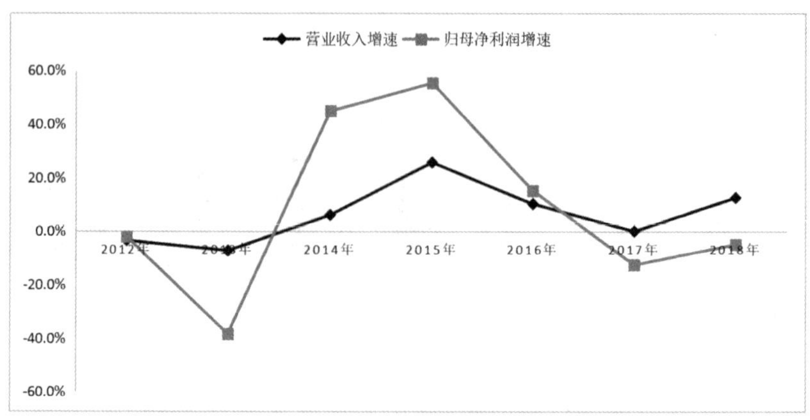

图12：营业收入增速、归母净利润增速（单位：%）
来源：并购优塾

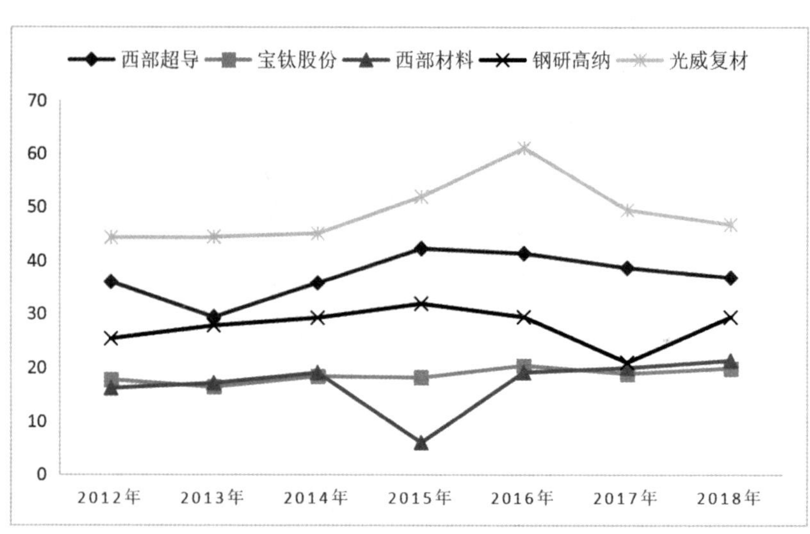

图13：同行企业毛利率对比（单位：%）
来源：并购优塾

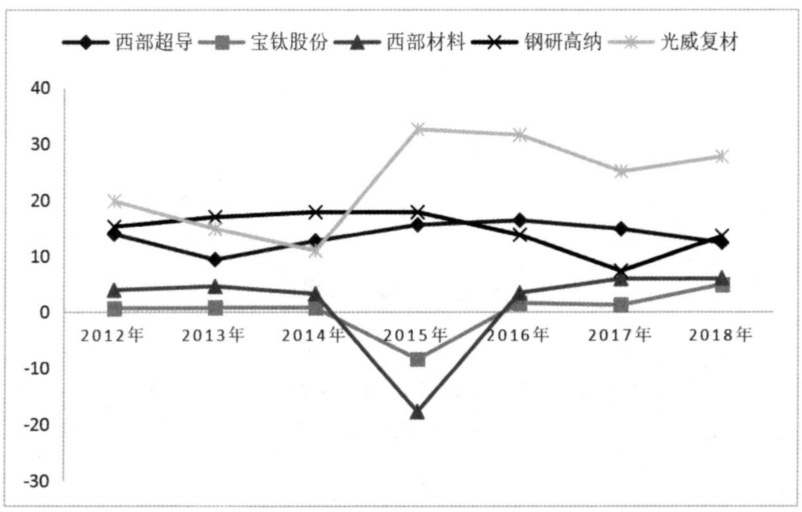

图14：同行企业净利率对比（单位：%）
来源：并购优塾

看完这几张图，有几个问题值得我们深入思考：

（1）西部超导的ROE原本与A股的光威复材处于同一梯队，为什么近些年来，ROE一直下滑？未来，ROE是会继续下降，还是反弹回升？

（2）从收入变动上看，其收入增速出现周期性波动，在2013年、2017年增速下滑至谷底，在2015年、2018年又反弹，这背后的原因是什么？

（3）由于其下游是军工企业，整体来看，其经营活动现金流远低于净利润，并发生在收入增速下滑的年份。不过，2013年、2014年、2018年，其经营活动现金流净额大幅高于净利润，这又是为什么？

注意，这3个问题非常重要，只有搞清楚这3个问题，才能对这家公司的价值做出评估，因为，这3个问题分别对应着估值模型中的三大核心参数：净利率、收入增速、营运资本变动。

接下来，我们将从估值视角出发来研究生意模型，进行深入分析。

3

技术水平，到底怎样？

钛合金属于高温材料中的金属材料，是材料生意的一种，类似的还有高端镍钴合金（钢研高纳）、特殊钢（抚顺特钢），以及碳纤维（光威复材）等。

说到合金，可能大家就联想到铝合金（比如铝合金门窗），感觉产品技术壁垒似乎不高。但实际上，高端合金和低端合金的差异巨大。就以目前我们常见的门窗铝合金来说，基本采用的是6061/6063等6-系铝合金为主，硬度中等，易于加工，且对强度和稳定、耐热耐腐蚀要求不高。

而航空级的高端铝合金，要求硬度很高（对于金属来说，硬度越高，可加工性就越差，需要的技术和设备就成倍增加）、稳定性极其苛刻（要深入到材料微观内部进行优化），更关键的是对于某些特殊材料，配方非常关键，有时候1%的成分不同就会带来性能的千差万别。

因此，这条赛道的技术壁垒，一是材料配方，二是生产工艺。

具体到钛合金领域，从目前的规格上主要分为α合金、β合金以及（α+β）合金。α合金耐热度较高，但强度不够；β合金正相反，强度高，但耐热性稍逊，（α+β）合金正好兼顾两者的优异性能，是目前钛合金领域的核心技术。

基体	型号	军机应用部位
α合金	TA7	前机匣壳体、支架座和壁板
	TA13	引射机匣、排气收集器
	TA11	航空发动机高压压气机盘和叶片
	TA12	航空发动机高压压气机盘、机匣和叶片
	TA15	发动机零件和焊接成立部件
	TA18	燃油管路和蜂窝结构
	TA19	气压机匣和飞机蒙皮
	Ti-6262S	发动机转动部件、发动机安装架和散热系统
α+β合金	TC1	零件及飞机蒙皮
	TC2	飞机机尾蒙皮和发动机的下罩
	TC4	发动机风扇和气压机盘及叶片
	TC6	承力构件、航空发动机和叶片
	Ti-62222S	F-22,X-33教练机等机用材料

表4：军机中的钛合金
来源：国海证券

西部超导已经掌握了涵盖α合金、β合金以及(α+β)合金等全系列的钛合金。

例如，产品TC21、TC4-DT，为西部超导与北京航空材料研究院联合研发，具有很高的断裂韧度和抗疲劳裂纹扩展能力，性能堪比用在美国最先进的第四代战斗机F-22上的钛合金Ti6-A14-V-ELI，曾获国家科学技术进步奖二等奖。而国内的同行厂商宝钢特钢、宝钛尚未掌握该技术。

Ti45Nb钛合金，是国际航空紧固件的核心产品，国外同类产品已经广泛应用于波音、空客等大型民航客机。而西部超导，是国内唯一一家批量化生产Ti45Nb钛合金材料的公司，也是全球仅有的两家公司之一。

在生产工艺上，西部超导目前掌握的技术有：损伤容限钛合金制备技术、易偏析钛合金改进熔炼技术、大规格钛合金棒材、锻坯锻造技术和批次稳定性控制技术。

其中，损伤容限钛合金制备技术，就是飞机材料在出现开裂时，材料仍保持原有性能程度的设计和制备方法，属于最新的技术方向，已经成为世界高性能钛合金关键技术。

看完上述核心技术，我们来看看它的研发投入情况。

西部超导最近三年的研发费用分别为0.64亿元、0.88亿元、0.91亿元，营业收入占比分别为6.5%、9.1%、8.4%，无研发费用资本化。我们来对比一下同行企业研发费用。

（1）宝钛股份（主营钛合金，是国内最大的钛合金生产商）——研发费用分别为0.63亿元、0.87亿元、1.01亿元，占营业收入比率分别为2.5%、3%、3%，零资本化。

（2）西部材料（钛合金及其他合金制品生产商，同属西北有色金属研究院）——研发费用分别为1亿元、0.8亿元、0.84亿元，占营业收入比率分别为8.2%、5.1%、4.8%，逐年降低，并且，存在研发费用资本化，资本化比率分别为49.96%、51.31%、31.83%。

（3）光威复材（国内军用领域碳纤维生产商）——研发费用分别为1.1亿元、1.32亿元、1.94亿元，占营业收入比率分别为17.3%、13.9%、14.2%，零资本化。

（4）钢研高纳（国内规模最大的高温合金企业，侧重于镍基合金，主要用于军工航天领域）——研发费用分别为0.29亿元、0.37亿元、0.58亿元，占营业收入比率分别为4.26%、5.48%、6.49%，资本化比率分别为0%、0%、8.42%。

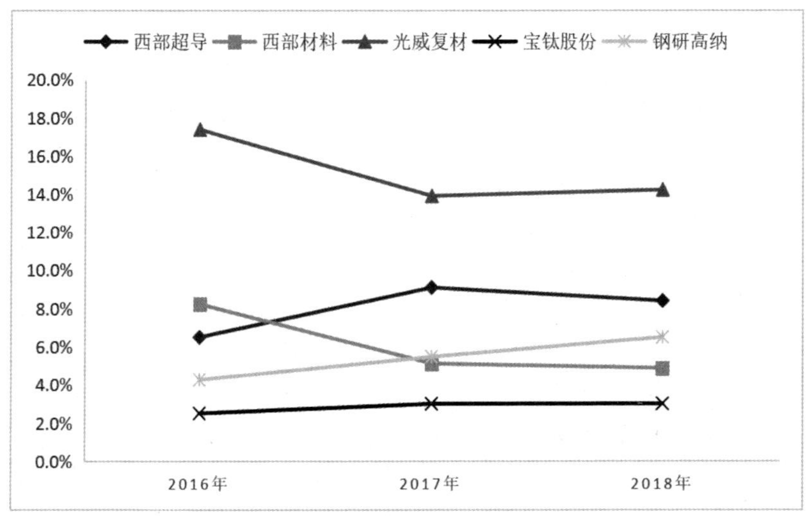

图15：同行企业研发占比对比（单位：%）
来源：并购优塾

从研发投入绝对值上来看，西部超导虽说体量小，但并不比其他厂家逊色，仅次于光威复材、宝钛股份。而从研发占比上看，仅次于光威复材，明显高于其他同行业。

需要注意的是，西部超导是军品配套供应商，这意味着它一方面能够广泛利用国家低廉优质的研发资源，另一方面还能取得政府给予的研发补助资金。最近三年其取得的研发项目补助资金高达4000多万元，受资助的多是国家科技部、国防工业科技局等重点项目。

研发项目名称	报告期内累计研发投入	报告期取得的政府补助	备注
高能加速器用铌钛超导电缆制备技术合作研究	1803.58	515.00	科技部国际合作专项
航空发动机涡轮盘用高强度Inconel合金研制	1310.55	65.00	自主项目
**钛合金大规格棒材研制及工程化研究	1185.66	1379.00	科工局军品配套项目
Ti1023（TB6）合金**吨级铸锭制备和**规格棒材的工艺优化研究	1155.18		自主项目
高性能MRI用超导线材批量化制备技术	1113.61	89.00	863计划项目
"航空用现金钛基合金集成计算设计与制备"子项目《示范合金的集成设计、制备与构件应用验证》	815.26	62.04	科技部国家重点研发计划
高均匀化Nb47Ti合金铸锭制备工艺研究	799.35	-	自主项目
盘用钛合金棒材研制	771.52	350.00	科工局军品配套项目
***盘用**饼坯研制	523.75	-	自主项目
TA15钛合金**框用锻坯研制	450.83	-	自主项目
Ti60整体叶盘锻件应用研究	431.44	12.00	合作项目
MRI用NbTi/Cu单芯棒成品率提升研究	430.27		自主项目
**性钛合金研制	403.14	-	科工局军品配套项目
TC18钛合金棒材锻造工艺优化	400.47	-	自主项目
**用Ti6Al4V钛合金棒材研制	399.32	-	自主项目
全流程控制的国产钛合金锻件在大型客机上的工程化应用	399.09	217.00	合作项目
盘用细晶饼坯研制	366.09	428.50	科工局军品配套项目
钛合金压气机与**构件工程化应用研究	350.64	-	合作项目
300㎜半导体级单晶硅制备用大型超导磁体	301.64	200.00	省级项目
高性能低温超导线材批量化制备关键技术研究	65.97	954.00	科技部国家重点研发计划

表5：研发项目情况（单位：万元）
来源：招股书

不仅有外部研发资金的支持，更重要的是，它有强悍的研究人才队伍。

它引入了国内超导领域、钛合金领域著名专家周廉、甘子钊、赵忠贤（曾获得国家最高科技奖）、张裕恒、霍裕平、才鸿年6位院士作为顾问。

强大的研发力量和充裕的研发资源，体现在专利上，就是非常多。截至2018年底，其共计拥有316项专利权，其中有219项为发明专利，219项中又有103项为国防发明专利。而竞争厂商西部材料的发明专利及实用新型专利有108项、宝钛股份共有58项，远不及西部超导。

总体来说，技术方面表现不错。不过，接下来的问题是，是否能够顺利落地生产？

4

产能，到底怎样?

落地生产对应的就是固定资产、在建工程。直接来看数据：

其最近三年的固定资产原值，分别为7.13亿元、9.02亿元、11.05亿元，在建工程分别为1.32亿元、2.27亿元、1.87亿元，每单位固定资产的投入带来的边际效益为1.37、1.07、0.98。

这个数据到底如何，我们来对比同行企业看看。

（1）宝钛股份，最近三年固定资产原值分别为：38.3亿元、39亿元、40亿元，在建工程分别为0.56亿元、0.87亿元、0.82亿元；每单位固定资产的投入带来的边际效益为0.66、0.74、0.85。

（2）西部材料，最近三年固定资产原值分别为：17.8亿元、18.4亿元、18.7亿元，在建工程分别为0.6亿元、0.58亿元、1.13亿元；每单位固定资产的投入带来的边际效益为0.68、0.85、0.92。

（3）光威复材，最近三年固定资产原值分别为：12.24亿元、12.65亿元、13.11亿元，在建工程分别为1.41亿元、2.11亿元、2.51亿元；每单位固定资产的投入带来的边际效益为0.52、0.75、1.04。

（4）钢研高纳，最近三年固定资产原值分别为：6.06亿元、6.1亿元、8.2亿元，在建工程分别为0.2亿元、0.25亿元、0.16亿元；每单位固定资产的投入带来的边际效益为1.12、1.1、1.09。

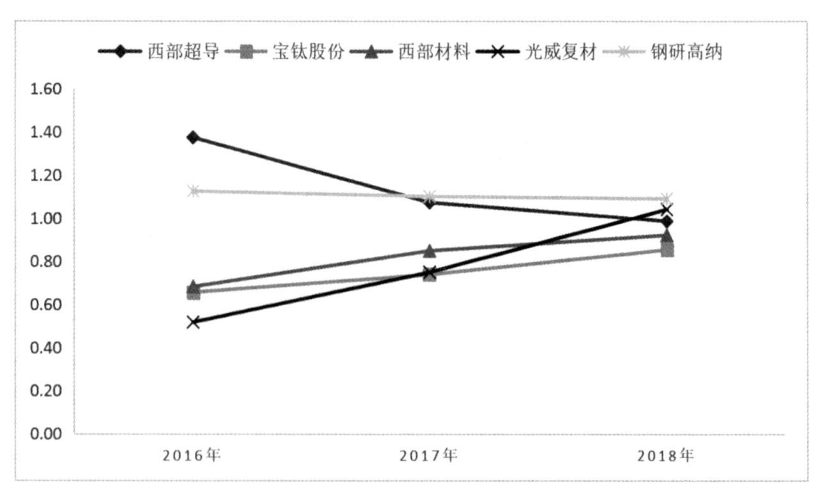

图16：同行企业单位固定资产实现收入对比（单位：亿）
来源：并购优塾

可以看到，固定资产规模最大的是宝钛股份，不过，从单位固定资产的边际效益上看，比较高的是钢研高纳、光威复材，大约在1左右。

注意，本案的单位边际效益，近三年从1.37下降到0.98，主要是因为收入增速放缓所致。收入增速在2017年底触及低谷，2018年开始反弹。

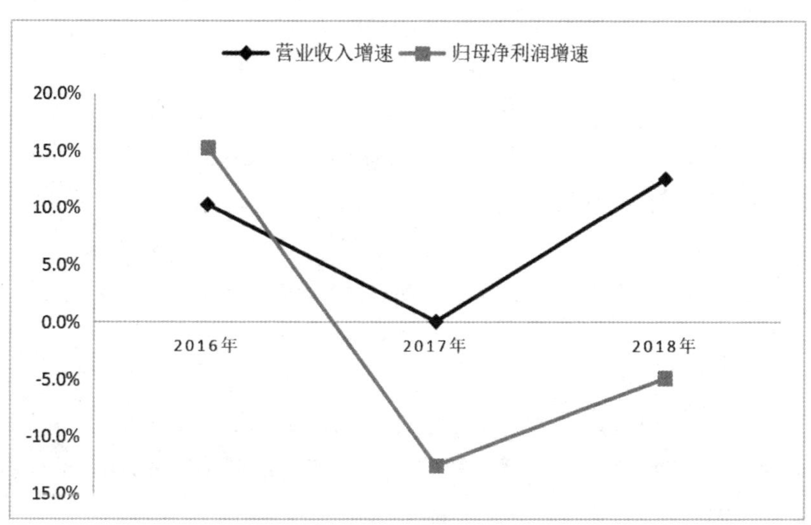

图17：营业收入增速、归母净利润增速（单位：%）
来源：并购优塾

那么问题来了，收入增速为什么放缓，是不是产品滞销、存货卖不出去了？

5

存货，为什么这么多？

先来看存货，报告期内，存货金额分别为6.72亿元、7.28亿元、7.58亿元，占同期营业收入比率为69%、75%、70%，存货周转率为0.89次、0.85次、0.93次。注意，2017年存货周转率略微下滑，而2018年收入增速提升，使得存货周转率也相继反弹。

可见，存货周转率的变化较固定资产周转率的变化更为敏感，一方面是因为存货增加的幅度不大，另一方面是持续投入的固定资产，其产能还存在一定的释放周期。

虽然存货周转率在提升，但是绝对值方面却低于同行，来看同行企业的数据。

（1）宝钛股份——存货金额分别为：20.51亿元、18.47亿元、18.75亿元，占同期营业收入比率为82%、64%、55%，存货周转率为0.98次、1.20次、1.47次。

（2）西部材料——存货金额分别为：6.39亿元、7.6亿元、8.7亿元，占同期营业收入比率为53%、49%、51%，存货周转率为1.73次、1.78次、1.66次。

（3）光威复材——存货金额分别为：1.65亿元、1.88亿元、1.8亿元，占同期营业收入比率为26%、20%、13%，存货周转率为1.8次、2.72次、3.94次。

（4）钢研高纳——存货金额分别为：3.84亿元、4.32亿元、4.67亿元，占同期营业收入比率为56%、64%、52%，存货周转率为1.48次、1.31次、1.4次。

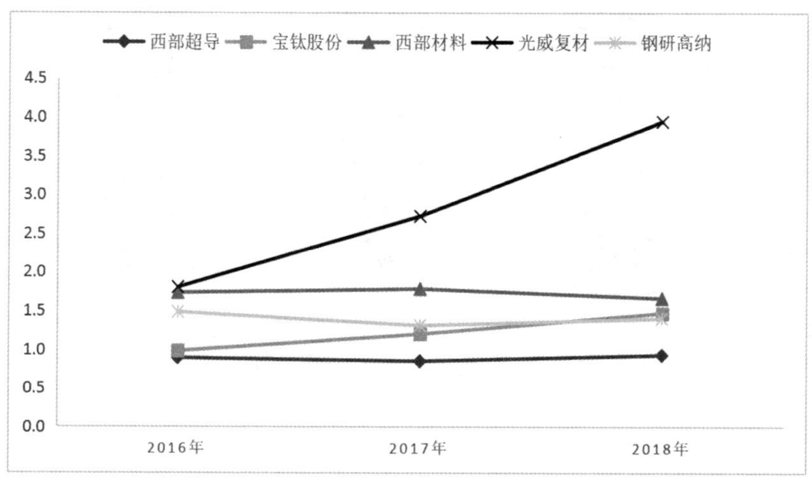

图18：同行企业存货周转率对比（单位：次）
来源：并购优塾

其中，光威复材因为其T300碳纤维产能释放，收入增长较快导致周转率加快。而西部超导的存货周转率最低，这是为什么？

是因为其产品是以“面向订单”生产为主，同时，也需要预测性备货为辅。从而导致其存货结构呈现“高在产品+高库存”的特征。

在产品+自制半成品的占比最高，占存货比率为43.5%、44.1%、49.5%；其次是库存商品，占存货的比率为35.7%、33.4%、30.1%。

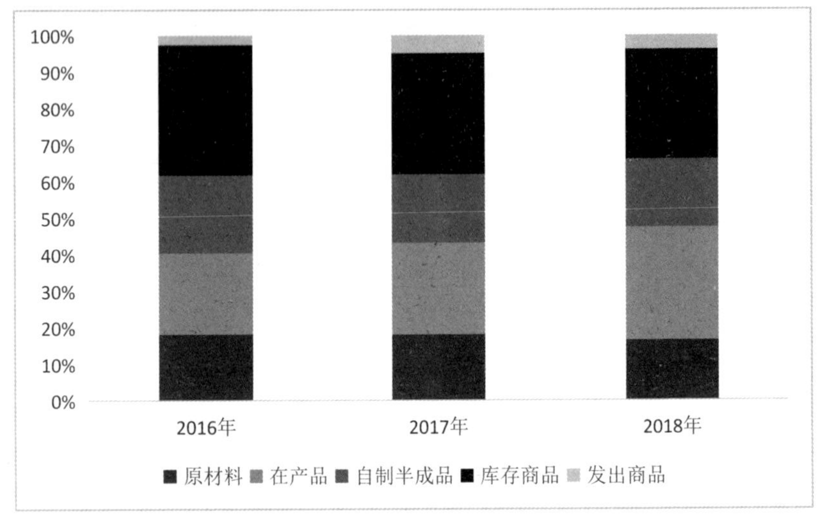

图19：存货结构（单位：%）
来源：并购优塾

这是因为，军工材料厂商产品的开发，要通过参与军工配套项目的形式进行，在经过工艺评审、材料评审、地面功能试验、地面静力试验等一系列程序后，才成为合格供应商。

在拿到订单后，由于军工产品对性能稳定性要求极高，生产的工序较多，因此生产周期较长（长达3个月）。同时，为了满足下游厂商即时供货，需要保持一定比率的完工库存，造成库存商品占比较大。

此外，它还存在对下游话语权较弱的情况。

对比整个同行业来看，“高在产品+高库存”也是一个共性。比如，钢研高纳（在产品占比41%、库存商品39%）、西部材料（自制半成品占比52%、库存商品15%）、宝钛股份（在产品占比48%、库存商品22%）。

其中，宝钛股份、西部材料的库存商品占比偏低，这是因为两家公司收入中除了军工以外，其主要的销售客户中化工等民品占比较大（两家公司民品营业收入占比都在60%以上）。

综上，透过存货指标可见，西部超导等军工材料类企业，其长加工周期的模式，决定了存货占比较高，资金被存货占用较多，对营运资本平添了不少压力。

同时，需要注意，由于下游为军工巨头，要求一定的备货，而这，恰恰又滋生了一部分资金压力——应收账款。

6

对下游，话语权怎样?

最近三年应收款项类金额分别为7.76亿元、9.94亿元、11.23亿元，占营业收入的比率分别为79.32%、102.76%、103.22%。这个比率，需要重点关注。

其中，除开应收票据外，应收账款余额为4.6亿元、4.42亿元、6.17亿元，占同期营业收入的比率为47%、45%、56%，应收账周转率为2.57次、2.14次、2.06次。

如果做调研，此处需要重点提问，几乎收入的一半都转化成了应收账款，且应收账款的周转率还在逐渐变慢。这个周转率，与同行企业相比处于什么水平?

（1）宝钛股份——应收账款的周转率为4.21次、3.98次、3.87次。

（2）西部材料——应收账款的周转率为3.94次、3.71次、3.08次。

（3）光威复材——应收账款的周转率为1.21次、1.48次、1.61次。

（4）钢研高纳——应收账款的周转率为3.02次、2.6次、2.57次。

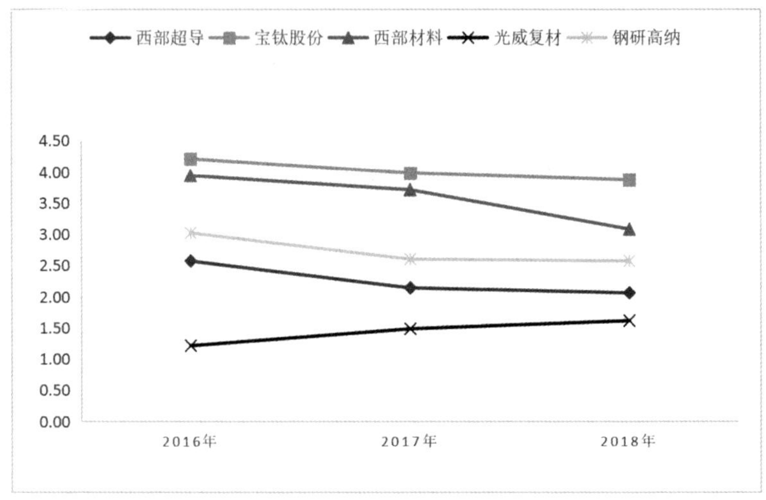

图20：同行企业应收账款周转率对比（单位：次）
来源：并购优塾

注意，西部超导的周转率明显低于大多数同行企业，是因为其下游客户结构以军品为主，军品收入占比在70%以上。

其中，中航工业、二重德阳万航、西安三角防务等军工客户，占同期营业收入比率近60%，而由这些军工客户产生的应收账款也极高，占比高达80%，收入近100%都形成了应收账款。

当年应收账款余额/当年收入	2016年	2017年	2018年
中航工业集团下属公司	84.1%	106.8%	127.0%
中国二重德阳万航	120.2%	117.2%	83.9%
西安三角防务	20.6%	22.1%	25.5%

表6：应收账款占收入比例（单位：%）
来源：并购优塾

而其他几家可比公司，面向军工客户的收入占比偏低，比如：宝钛股份的军工收入占比约为44%，西部材料为24%，钢研高纳为31%（光威复材为69%，所以应收账款周转率与西部超导一样，都比较低）。

既然应收账款占比高，那在调研中，就必须关注一个核心问题：是否会出现大额坏账的风险，以及坏账风险对利润的影响有多大？

报告期内，其一年以内的应收账款，占应收账款总额的比率分别为98.97%、97.97%、88.28%，逐年小幅下降。

同时，应收账款减值损失分别为0.09亿元、0.11亿元、0.2亿元，占同期营业利润比率为5%、7%、14%，逐年上升。2018年的坏账减值损失较大，是因为其下游客户中航特材破产清算，导致产生坏账612万元。（不过，总体来说，军工客户的应收质量较好，近三年没有出现坏账，而多数坏账主要是非军工行业的客户造成的，所以假如以后要调研，需要关注他们对非军工企业的应收账款的风险控制）

以上数据到底怎样，我们对比同行企业来看。

宝钛股份——最近三年一年期以内的应收账款，占比分别为90%、88%、94%，减值损失占营业利润的占比为40%、0%、10%。

西部材料——一年期应收账占比72%、77%、74%，减值损失占营业利润的占比为9%、7%、6%。

钢研高纳——一年期应收账占比81%、81%、85%，减值损失占营业利润的占比为6.3%、4.8%、5.9%。

光威复材——一年期应收账占比97.3%、95.5%、92.7%，减值损失占营业利润的占比为0、-6.5%、6.8%。

综上可以看出，就账龄来说，宝钛股份和光威复材账龄集中在一年以内。

从坏账计提的会计政策上看，宝钛股份、光威复材、钢研高纳对一年期以内应收账款计提比率都在5%，而西部超导和西部材料对坏账情况偏乐观，为3%。

综上所述，应收账款、存货，都是占用资金的形式，这两项越高，意味着资金被占用得越多，换句话说，军工材料这门生意，对营运资本的依赖特别强。那么，问题来了：

（1）它的营运资本，量化一下，究竟有多重？

（2）是不是所有面向军工领域的公司，都是这样重营运资本的模式，话语权都很弱？

（3）在既有的商业模式下，从提升企业价值角度来分析，它有没有可能提升话语权？

（4）如此重营运资本的投入，对估值的影响究竟有多大？

带着这几个问题，我们接着往下研究。

7

军工行业不同赛道，营运资本有啥不同？

据统计，西部超导最近三年的营运资本分别为11.83亿元、13.98亿元，13.99亿元，相对应地，它的经营活动现金流净额分别为0.32亿元、0.17亿元、2.44亿元。

注意，营运资本除以经营活动现金流净额的倍数，分别为37倍、82倍、6倍。这意味着，你要想每年赚回1元钱（而且必须是已经实打实收回来的现金），你除了固定资产等非流动资产的投入外，每年还要再投入37元、82元、6元，才能维持企业的资金运转。

当然，仅三年的数据还不够，假如把时间轴拉长，它的营运资本的变动情况如下图。

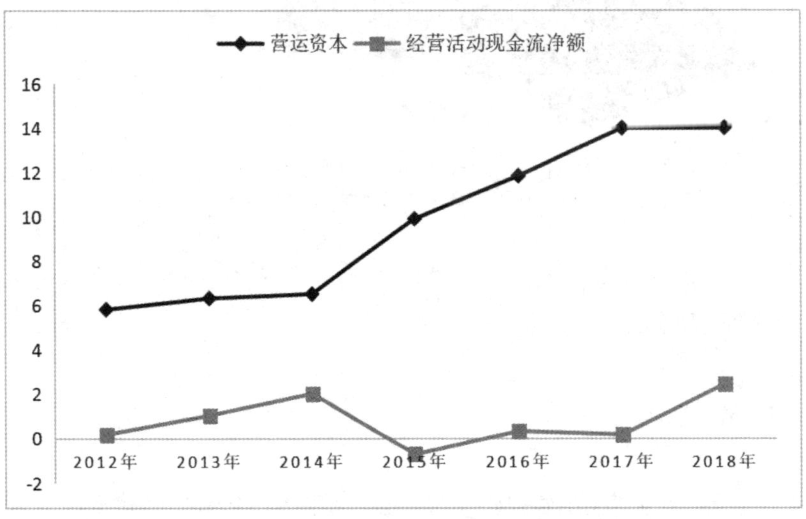

图21：营运资本变动情况（单位：亿元）
来源：并购优塾

注意，营运资本的投入不断增长，营运资本除以经营活动现金流净额的倍数，也在不断放大。

看到这里，这样的财务数据，我们自然想到要将它与同行企业对比，并且，不仅仅是军工材料的同行业，而是要与整个军工产业链的公司进行对比。

国防军工产业链主要分为三级：一级总装类、二级子系统类、三四级配套类。其中，总装类是处于产业链最顶层的，话语权最强，然后话语权从子系统—配套商依次递减。

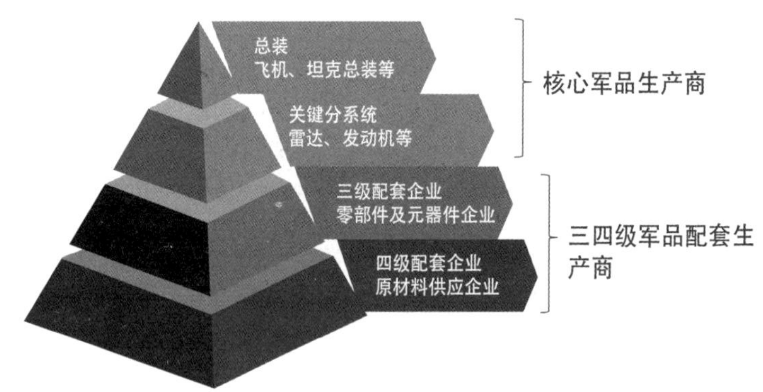

图22：我国国防工业产业链上的企业分类
来源：方正证券

我们找来几级赛道的代表公司，来对比一下它们的“营运资本除以经营活动现金流净额倍数”，数据如下：

第一级别，总装类：

世界巨头如洛克希德·马丁、格鲁曼、雷神等，基本在0.5倍至1.5倍。

国内龙头如内蒙古一机、中航沈飞、中直股份等，基本在2倍至10倍。

第二级别，子系统：

世界巨头如罗罗、赛峰、L3等，基本在1倍至2倍。
国内龙头如航发动力等，基本在2倍至4倍。

第三级别，航空材料类：

世界巨头如ARCONIC、阿勒格尼等，基本在3倍至15倍。
国内公司如钢研高纳、西部超导等，基本在10倍以上。

营运资本/经营活动现金流	2016年	2017年	2018年
洛克希德·马丁	0.49	0.74	0.54
诺斯罗普格鲁曼	0.44	3.59	0.37
雷神公司	1.49	1.45	1.12
通用动力	1.18	1.35	1.10
内蒙一机	4.13	1.94	2.57
中航沈飞	-1.04	0.66	11.46
中直股份	-14.25	7.69	5.71
罗尔斯-罗伊斯控股	2.36	2.03	0.88
法国赛峰	-0.62	1.38	
L3	1.50	1.88	2.29
ARCONIC	3.61	5.07	14.11
阿勒格尼技术	-24.21	53.71	3.59
中航高科	2.02	9.76	-2.71
钢研高纳	73.56	21.99	13.97

表7：同行企业营运资本与经营活动现金流比值对比（单位：倍）
来源：并购优塾

可以明显看出，就该倍数来说，基本呈现：总装类＜子系统＜原材料类，相对应地，话语权则反过来，呈现明显的阶梯：总装类＞子系统＞原材料类。

之所以出现这样的差异，是因为总装类企业所扮演的角色的特殊性（寡头垄断），以及系统管理的复杂性（系统集成者）。

注意，无论是国外军工企业，还是国内军工企业，其第一个特征，就是高度的牌照护城河，其订单数量、技术方向、产品成本结构高度依赖官方。

而总装企业基本属于寡头格局（比如，战机领域只有中航工业、军舰领域只有中国船舶和中船重工），所以对上游供应商，具有天然的话语权。

并且，总装厂不仅要承担整体的技术方案制订、适配零部件性能确定、研发进度把控，还有成本预算管理，需要通过层层任务分解的方式，将研发和生产等任务，分解至子系统厂商等手中。

比如，一个飞机系统包含了机体、动力系统、航电系统、武器系统等。以F-22战斗机为例，其涉及的大型零部件有138个，小型零部件成千上万个，从1971年立项，1985年开始研制，到2001年定型，周期长达30年，涉及子系统、零部件厂商数百家。

因此，总装厂商具备完全的话语权，而下游配件、原材料厂商，则更多通过招标、市场化采购方式确定，对于零部件和原材料厂商来说，要面临多个厂家竞争。

综上原因，从价投研究者角度来看，如果要研究军工产业链，话语权、行业地位自然反应在营运资本倍数上，总装类企业要优于其他类环节的厂商。这也是巴菲特为什么持仓通用动力，而非材料公司的原因。此外，值得注意的是，国外军工厂商比国内军工厂商的营运资本倍数更低，主要是因为国外军工厂商武器除了卖给本国外，还大量卖给其他国，特别是对于那些中小和欠发达国家来说，他们的话语权就强很多。

那么，问题来了：对于西部超导来说，从企业价值管理角度，将来有没有可能提高话语权，降低营运资本的占用，以增加自己的现金流？

8

如何提高话语权？

能够想到的办法，基本只有两条：一是占用上游的资源，二是降低下游的资源占用。

先说上游：钛产业链。其上游，主要是海绵钛厂家，2017年产量9.3万吨，销量7.48万吨，产销率80%，存在产能过剩的情况。CR8占比78%，比较集中。

而西部超导，2017年采购量4394吨，海绵钛采购量占整个行业销量比率为5.7%，比率很小，影响也就较小。从这个角度说，其对上游话语权并不强，这也从最近三年应付账款的变化看得出来，近三年，其应付账款占营业成本的比率分别为19%、24%、23%，逐渐提升。

所以，要想提高对上游的话语权，就需要加大采购规模，而这需要建立在扩大下游钛合金销售规模的条件上。那么，其未来想要扩大销售规模，大致可以从3个思路出发：

（1）持续强化航空钛合金领域竞争力。目前，航空钛合金占国内钛合金应用占比15%至20%，与美国60%的占比还有巨大差距，一个重要的因素就是我国航空航天领域还处于发展阶段，但是该领域高达40%至60%的毛利率，可以说是钛合金应用的最大未来。所以，只能加强该领域的布局，绝对不能减少。

（2）同时切入其他钛合金应用领域。就目前的行业格局来说，其第一大应用领域为化工领域，占比高达50%，主要应用于两酸两碱，2017年消费量高达2.39万吨，是同期航空航天的2至3倍，该领域主要被宝钛股份占据。而化工领域之外，还有船舶、海洋工程、电力等领域。

而这些领域对技术要求比军工领域低，基于目前的设备和技术都可以较快切换，以此获得规模优势（不过这些领域毛利率较低，可能会拉低整体毛利率）。

（3）走出去，参与国外航天产业链。

目前，世界航空产业链的重心还依然在欧美国家，而我国与欧美国家相比，最核心的竞争力就是优质低价，目前，宝钛股份已经切入到波音公司的钛合金板材领域（2018年海外销售已达4.8亿元），所以从这个角度看，国外市场仍然前景可期。

然后，我们再来看下游：航空产业链。要想减少下游客户的资源占用，一个重要的途径，就是实现下游渠道的多样化，降低对军工大客户的依赖，降低营运资本对资金的占用。

我们以国外巨头为例，来对比一下。

（1）Arconic——美国领先的高端铝合金供应商，主要应用于航空航天领域，最近三年应收账款周转率13.46次、12.9次、10.7次，存货周转率4.58次、4.38次、3.45次。

（2）阿勒格尼——美国领先的特钢和钛合金供应商，主要应用于航空航天领域，最近三年应收账款周转率7.54次、7.07次、7.35次，存货周转率2.86次、2.78次、2.58次。

以上述阿勒格尼为例，其最早是做特殊钢产品，20世纪60年代，随着世界航空航天领域的快速发展，其通过并购和产品布局双轮驱动的形式迅速将其竞争优势复制到钛、镍、钽等合金领域，2003年至2007年的收入增幅高达50%，股价也从2元上涨至98元，涨幅近50倍。

按照这个上限，西部超导的营运资本改善空间，应该是现在的3倍至4倍，不过前提是扩充品类、扩大规模（2018年，Arconic的营业收入为961亿元、阿勒格尼为277亿元，是西部超导的88倍和25倍）。

看到这里可以得出，随着规模扩张，西部超导的话语权存在进一步提高的空间。

研究这里，其实还没有完，注意，虽然军工材料厂商的营运资本占比高，但是，它们的利润率却远高于总装企业。这是因为，下游总装企业受定价模式影响，无论是中国还是美国，基本都采用成本加成的模式，导致利润空间受政府限制。

美国的总装企业采用的是价格定价模式（PBA），即合同销售价格固定不变，军工企业赚中间差价，成本越低利润率就越高，因此企业倾向于降低成本来提高利润率；同时，它们还向国外销售武器，采用的是自由定价模式，该模式盈利暴利，导致其整体利润率高于我国整装厂商。

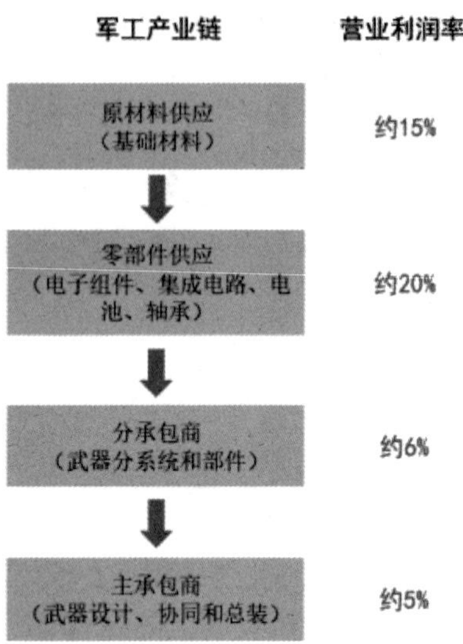

图23：军工产业链各环节利润率
来源：华泰证券

那么，问题来了，虽然营运资本高，其利润率水平究竟怎么样，未来的变化又是如何？

9

未来利润率该怎么变化?

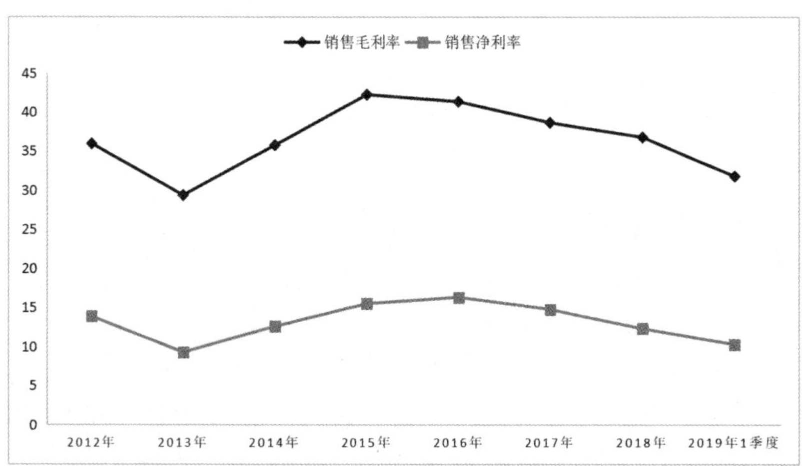

图24：销售毛利率、销售净利率（单位：%）
来源：并购优塾

从历史净利率变化规律可以看出，其净利率保持在10%至15%，但是近些年来出现了下滑的趋势。而净利率的波动，主要是受毛利率影响。

注意两个细节：（1）为什么2015年，毛利率达到历史高点？（2）为什么近三年来，毛利率持续下滑？

首先，2015年，毛利率达到历史高点，是受上游原材料海绵钛价格下跌的影响，使得原材料成本大幅降低。与此同时，2015年恰逢新型战机服役，营业收入大幅增长，从而提升了毛利率。

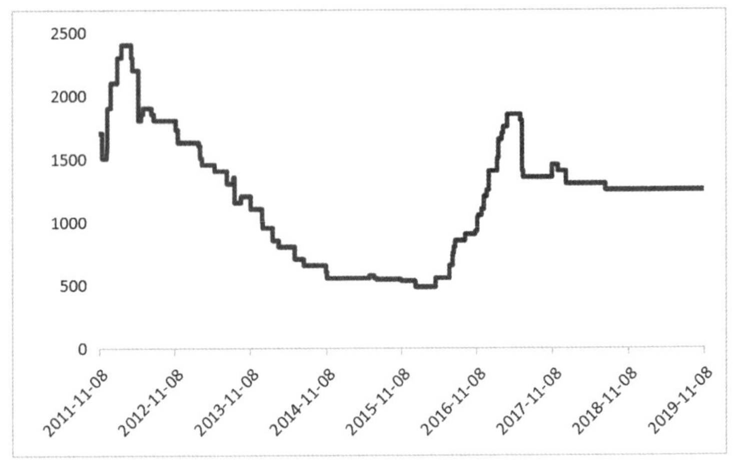

图25：铁矿价格走势（单位：元/吨）
来源：wind

其次，从上图看出，近三年的毛利率下降，是受原材料价格上涨所致，此外，收入端也出现下滑，单价从2016年的37.4万/吨下滑到35.8万/吨。

目前，上游海绵钛价格已经企稳，钛合金销售价格回升，2019年第一季度的收入增速高达40%。但是，受第二大原材料铝钒合金价格上升，使得综合毛利率仍在下滑。

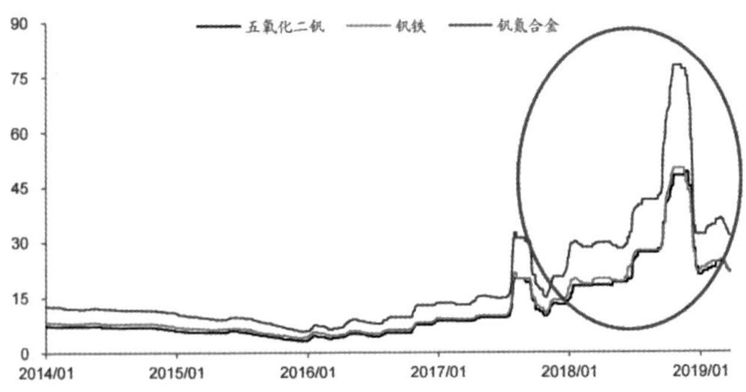

图26：钒产品价格走势（单位：万元/吨）
来源：国信证券

那么，未来利润率该如何变化，这个关系到估值模型“利润率”核心参数的取值。影响毛利率的核心问题是原材料价格的波动，所以，重点要预判原材料价格的走势。

目前，海绵钛——钛锭——钛材全产业链，严重产能过剩、利润非常微薄，低端钛锭、钛材的产能过剩不易自发出清，因为生产钛锭的熔炼设备、生产钛材的机械加工设备（除钛合金之外），技术上也可以对其他多种金属制品进行熔炼和加工，不会因为低端钛材的亏损而自发清退。

同时，国内几大海绵钛厂家的产能仍在增加（青海地源3万吨、洛阳双瑞万基1.5万吨、新疆湘晟2万吨），而需求增长缓慢将对价格形成压制，预计难以出现大幅度上涨。

新增产能+未清退产能，使得国内海绵钛供给弹性偏大，如果海绵钛价格上涨，又将有大量产能释放，进而使得海绵钛价格的上升不能持续，价格承压概率较大。

比如，2017年上半年，海绵钛价格因为上游钛矿涨价，而出现成本支撑型的上涨，但随后，国内月度海绵钛产量大幅增加，2017年3月产量同比增加高达70%，随后即导致了价格的回落。[1]

除了海绵钛价格承压，第二大原材料铝钒合金的价格也已经处于下滑通道，因此，综上分析，原材料成本有下行空间，销售净利率很可能稳中有升。

看到这里，还有一个重要因素没有解决，那就是，近三年收入增速下滑后反弹，那么，这种反弹是否可持续，铝合金材料下游空间究竟有多大？而这个问题，直接影响到估值模型中的“收入增速”的预判。

10

行业增长空间有多大?

先分析历史收入增速的变化。

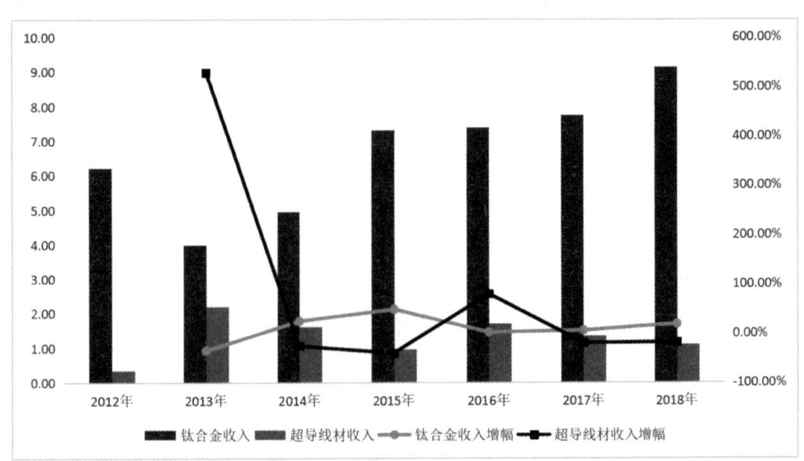

图27：产品收入及产品收入增幅（单位：左：亿元、右：%）
来源：并购优塾

注意收入增速的几个节点：（1）2013年超导线材收入增速高达500%，为什么？（2）2015年、2018年，钛合金业务增速较快，为什么？

第一个问题，是因为超导线材在2013年对国际热核聚变计划集中供货，后续供货基本完成，所以逐渐下滑。

第二个问题，钛合金业务在2014年至2015年、2018年出现较大上升，分别是因为：2013年军机项目出现延迟，直到2014年至2015年才出现放量，而2018年，主要是运20大型运输机（2016年下半年）、J20第四代隐形战斗机（2017年服役）相继加速交付。

可以看出，西部超导收入的变动，具有很强的政策影响色彩，但是因为属于重大领域，所以其周期无明显规律。所以未来收入的预判，只能从远期行业前景上判断。

行业集中度方面：国内航空钛合金企业主要为西部超导、宝钛股份、宝钢特钢、西部材料；国际上主要有美国Timet公司、美国Allegheny公司、俄罗斯Vsmpo-Avisma公司，国内外市场都属于寡头垄断。

规模方面：看军费开支，2018年我国军费开支达1.1万亿元，同比增长8.1%，最近8年军费年均复合增速达9.5%，充裕的军费给我国装备升级提供巨大的空间。

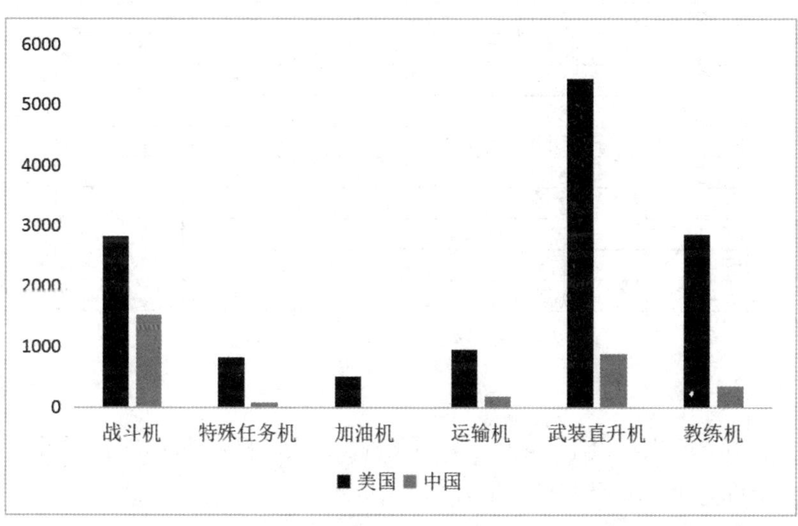

图28：中美军机数量对比（单位：架）
来源：华泰证券

具体到军机领域来看，我国有巨大提升空间。并且，很多机型面临退役和淘汰。比如，二代机（以歼7、歼8为代表，性能落后，钛合金含量只有2%，属于即将退役的飞机），我国尚有数百架还在服役；三代机

（目前的主流战机，钛含量在5%至15%）我国有近千架，也有很大提升空间；四代机（世界最先进的战机，特点是高速隐身性能优异，钛含量高达20%至40%），我国数量较少，而一些发达国家已到千架水平。

综上，未来无论是二代机的退役、三代机的技术改造，还是四代机的不断服役最终会导致军用飞机钛合金使用比率的增加，根据相关机构数据，歼-10/歼10钛合金含量为10%，歼20钛合金含量为20%，最高将达到35%。

机型	服役时间	钛合金	铝合金	钢	复合材料
F-16	1978年	2	83	5	3
F-18A/B	1980年	12	50	15	9.5
F-18C/D	1986年	13	50	16	10
F-18E/F	2002年	15	29	14	23
F-22	2005年	41	15	5	24
F-35	2015年	27	-	-	36
Su-27	1985年	15	63	10	12
Su-35	2014年	25	-	-	-
歼-8	1969年	2	-	-	-
歼-10	1988年	4	-	-	-
歼-11	1998年	10	-	-	-
歼-20	2017年	20	-	-	29
运-20	2016年	10	-	-	8

表8：各型号军机钛合金含量（单位：%）
来源：华泰证券

综合下来，预计10年内，军用飞机及其发动机带动的高端钛合金需求量将达到5万吨的规模，年均复合增速20%至25%。

未来10年我国军用飞机机体钛合金需求量预测								
机型大类	代系	细分机型	钛合金质量占比	飞机数量	飞机单重/吨	成材率	损耗率	总需求/吨
战斗机	第三代	歼-10	4%	150	10	33%	70%	30650
		歼-11	10%	300	16			
	第四代	歼-20	20%	250	18			
	舰载机	歼-15	15%	50	10			
运输机	-	运-20	10%	200	60			
直升机	-	直-10/19/20等	5%	1000	5			
教练机及特殊任务机	-	-	5%	200	10			

未来10年我国军用飞机发动机钛合金需求量预测										
机型大类	代系	细分机型	发动机数量	飞机数量	发动机单重/吨	钛合金质量占比	装配比	成材率	耗损率	总需求/吨
战斗机	第三代	歼-10	1	150	1.75	25%	1:1:2	33%	70%	18670
		歼-11	2	300	1.75					
	第四代	歼-20	2	250	1.75					
	舰载机	歼-15	2	50	1.75					
运输机	-	运-20	4	200	2.7					
直升机	-	直-10/19/20等	2	1000	0.5					
教练机及特殊任务机	-	-	2	200	1.75					

表9：我国军机钛合金需求量预测
来源：华泰证券

注意，除军用战机之外，国产大飞机也是未来钛合金应用的场景之一。

Toho Titanium 数据显示，2016年全球民用机钛需求量超6万吨，预计未来全球民航飞机用钛总量，将以4.3%的复合增速逐年增长。

我国预计将于2020年超越美国成为世界第一大航空市场，未来民航需求是一个确定性强的趋势。

截至2019年3月，C919在手订单已超过815架，假设未来5至10年在手订单能完成交付，整体产生钛合金需求量超过3260吨，按照33%的成材率、70%的损耗率，民用机钛合金材料需求数量将达到3.2万吨。

机型	钛含量	空机重量	单机钛含量
C919	9.30%	42.10	3.92
ARJ21	4.80%	24.96	1.20

表10：民机机型钛含量情况（单位：吨）
来源：商飞网

综上，军用+民用累计钛合金需求量将达到8.2万吨。另外，假如考虑走出国门，取得国际航空材料客户，假设未来可以有4.3%的钛合金需求增速增长。预计未来五年航空钛材将达到1.7万吨/年，对应市场规模将超过100亿元/年，年均复合增长率将达到21.9%。

梳理到这里，最重要的问题来了：西部超导的估值大约80亿元，如此增长前景确定的领域，无论一级还是二级，无数机构都在紧紧盯着：这样的估值水平，到底是贵了，还是便宜了？

11

相对估值

西部超导属于大制造类企业，无亏损，且收入增速最近几年处于增长停滞状态，故采用PE和EV/EBITDA估值方法为主来做大致预估。

先看PE估值方法，先横向观察可比公司取值区间。

钢研高纳——历史PE为44.8倍至81.8倍，中位数为69.5倍；
光威复材——历史PE为29.9倍至76.8倍，中位数为45.6倍；
久立特材——历史PE为17.6倍至67.1倍，中位数为30倍；
菲利华——历史PE为25.6倍至53.5倍，中位数为34.9倍；
Arconic——历史PE为12倍至25倍，中位数为15倍；
赫氏——历史PE为16倍至22倍，中位数为20倍。

其中，钢研高纳因为具有军工概念，而光威复材主要是新股，并有碳纤维概念，估值区间整体高于其他同行企业。而西部超导的产品，ROE、净利率等盈利指标也更优，与光威复材更为接近。

美国Arconic为世界航空铝合金领域龙头。赫氏为复合材料龙头，目前已经进入成熟稳定期，增速、净利润率都出现下滑，估值倍数较低。

综上，我们给予西部超导介于钢研高纳与光威复材的PE估值，其估值低点取45.6倍，估值高点取69.5倍。其净利润为1.34亿元，对应的股权价值约为61亿元至93亿元。

接着，我们用EV/EBITDA估值方法来看。

宝钛股份——2017年至今中位数为25.0倍；
钢研高纳——2017年至今中位数为46.0倍；
西部材料——2017年至今中位数为22.5倍；
光威复材——2017年至今，剔除新股上市后过高估值，中位数为40倍；
赫氏——2017年至今，中位数为11倍。

跟PE估值一样，钢研高纳和光威复材的EV/EBITDA估值倍数，要高于宝钛股份和西部材料，同样的逻辑，如果给予本案EV/EBITDA估值低点25倍，高点40倍，对应的股权价值约为66亿元至107亿元，对应的PE估值大约为49倍至79倍。

12

绝对估值

现金流贴现，预测的主要环节的假设如下：

（1）营业收入增速——根据历史三年平均增速（10%至12%）、2018

年行业增速（21.9%）、军费开支增速（8%至10%）、内生增速（15.9%）。综上，给出乐观增速21.9%，保守增速12%，预测期增速递减，而后永续增速分别为3%、0%。

（2）营业利润率——最近两年，受原材料海绵钛的价格上涨影响，其营业利润率从19%下滑至13%，截至2019年第一季度，海绵钛的价格还在上涨，因此，这里假设未来三年营业利润率仍然保持低位，为13%。

然后，综上分析，其营业利润率水平有稳中有升的趋势，所以，假设其利润率递增，永续期为20%。

（3）折旧/摊销——本案的历史平均折旧和摊销约为16%。

（4）资本支出——西部超导属于资本支出驱动型企业，最近三年资本支出的增速分别为144%、27.8%、-29.2%，这里对其取历史周期平均值约为16%。

（5）营运资本占营业收入比率——由于其应收账款比率不断攀升，营运资本占收入的比率从2009年的20%增长至2018年的128%。

如果对比同行业来看，光威复材、钢研高纳的营运资本同样非常高，最长历史周期的平均值分别约为134%、67%，原因也是应收账款激增的压力。这里，我们极度乐观假设，其未来如果能够逐渐消化畸高的应收、存货等高营运资金的占用，可以借鉴其他新材料龙头，比如国瓷材料、中材科技，或者军工领域其他赛道，如中国动力等的营运资本的比率，取均值约为50%。

（6）WACC——综合计算，取可比企业钢研高纳值7.47%。

预测乐观情况自由现金流的取值，具体如下：

	基期	1	2	3	4	5	6	7	8	9	10
收入增速		21.90%	21.90%	21.90%	19.200%	16.50%	13.80%	11.10%	8.40%	5.70%	3.00%
折旧增速		16.00%	16.00%	16.00%	14.14%	12.29%	10.43%	8.57%	6.71%	4.86%	3.00%
收入金额	10.88	13.26	16.17	19.71	24.02	27.99	31.85	35.39	38.36	40.54	41.76
1-息税前利润率	87.50%	87.50%	87.50%	87.50%	86.43%	85.36%	84.29%	83.21%	82.14%	81.07%	80.00%
营业成本费用	9.52	11.60	14.15	17.24	20.76	23.89	26.85	29.45	31.51	32.87	33.41
EBIT	1.36	1.66	2.02	2.46	3.26	4.10	5.01	5.94	6.85	7.67	8.35
税率	15.00%	15.00%	15.00%	15.00%	15.00%	15.00%	15.00%	15.00%	15.00%	15.00%	15.00%
EBIT (1-t)	1.16	1.41	1.72	2.09	2.77	3.48	4.25	5.05	5.82	6.52	7.10
折旧摊销	0.75	0.87	1.01	1.17	1.34	1.50	1.66	1.80	1.92	2.01	2.07
资本支出	1.53	1.87	2.27	2.77	3.30	3.85	4.38	4.87	5.27	5.58	2.07
营运资本变动	15.77	1.19	1.45	1.77	2.16	1.98	1.93	1.77	1.49	1.09	0.61
自由现金流	(15.39)	(0.78)	(1.00)	(1.28)	(1.35)	(0.85)	(0.40)	0.21	0.98	1.87	6.49
终值											149.57

表11：乐观现金流预测
来源：并购优塾

按照以上参数大致测算，企业价值在28亿元至73亿元，净债务为4亿元，所以股权价值在24亿元至69亿元，对应的PE估值为18倍至51.5倍。

综上，根据几种方法计算结果来看：

（1）PE估值法——对应的股权价值为61亿元至93亿元，PE区间为45.6倍至69.5倍。

（2）EV/EBITDA估值法——对应的股权价值为66亿元至107亿元，PE区间为49倍至79倍。

（3）DCF贴现法——对应的股权价值为24亿元至69亿元，PE区间为18倍至51.5倍。

目前，本案估值约为80亿元，无论是相对估值还是相对估值来看，安全边际都需要注意风险。

不过注意，上述相对估值区间较为吻合，而绝对估值方法估值偏低，这是因为我们对其利润率取值较为保守，取值为20%。如果我们再从敏感性分析的角度来看，利润率每变化2%，估值会增长近10亿元，而营运资本每降低10%，估值只会增长2亿元至3亿元。

因此，本案的利润率的波动，对估值的影响更为敏感。因而，从企业经营、价值提升角度，在利润率方面应该多下功夫。

13

并购优塾研究九问

1. 这门生意核心价值，卖的是什么？无论是超导线材和钛合金，还是铝合金、碳纤维、高性能钢，作为众多基础工业材料的一种，卖的其实就是性能与成本的均衡，性能低或者成本高，就容易被其他材料替代，只有实现高性能和低成本，才能实现长久发展。整体来看，材料领域很考验经营水平。

2. 护城河在哪？核心还是技术，优秀的配方加工工艺、先进的设备支持是最核心的护城河，其次是大股东西北有色金属研究院作为国有老牌合金研发企业，带来的资质和资源调动能力。

3. 未来三年增速看什么（确定性）？十年增速看什么（想象空间在哪里）？最近三年营业收入复合增长率5.5%，增长缓慢，主要是靠钛合金制品推动，未来三年增速主要是看下游军用战机情况，一个前置指标是每年国防预算支出增长率。

未来十年增速看钛合金应用场景的扩大（如：汽车轻量化、国产大飞机C919量产和服役）、超导线材应用场景的扩大（核磁共振等）。

4. 行业天花板有多高？西部超导产品主要是航空航天用锻材，2017年全国需求量1.27万吨，按照平均30万元/吨计算，目前市场空间32亿元，市场较小，平均复合增长率12.4%，还存在增长空间。

5. 是否有话语权？产业链地位VS竞争格局：纵向价值链分配

（毛利率），横向竞争格局？竞争格局方面，西部超导是国内高端钛合金的领先厂商，毛利率优于同行，但是对上下游话语权较弱。

6. 是否是门好生意？目前仍然属于下游政府项目的技术配套，更侧重于项目推动，而不是以持续、规模的产品复制模式，生产周期较长，良品率低。是否是门好生意，大家结合上述研究自行判断。

7. 低估还是高估？本案估值数据区间为32亿元至107亿元，而其科创板发行前估值是80亿元。

8. 风险点在哪？短期来看风险主要集中上游原材料价格的波动，长期是被碳纤维等新兴复合材料的替代风险。

9. 如果去调研，需要问哪些关键问题？（1）未来会不会向上游延伸，解决原材料海绵体自主供应问题；（2）应收账款、存货的管理情况；（3）对于性能更高、成本更低的航空材料（例如碳纤维）的行业趋势判断。

本报告参考资料如下，特此鸣谢。

[1] 否极“钛”来， 军工材料元年，李斌，华泰证券

本文发布于2019年5月13日

第四部分

电子

鹏鼎控股

富士康产业链孵化出的巨头

说起富士康，想起的是台股的鸿海集团，A股的工业富联，或者港股的富智康集团等，但其实，富士康旗下，还有一家隐形巨头，2018年8月顺利拿到IPO批文。本案并非科创板企业，但考虑到其赛道特殊，故放入本书。

这家公司，不仅是富士康的“关系户”，同时也是苹果的核心供应商。2016年至2018年，苹果作为其第一大客户分别贡献收入61.32%、63.3%、70.28%。

尽管高度依赖苹果，但其他客户名单仍然相当豪华，微软、谷歌、诺基亚、索尼、OPPO、vivo也都有跟它做生意。它的名字叫作：鹏鼎控股，2017年成为全球第一大印制电路板（PCB）厂商。

2016年至2018年，其营业收入分别为171.38亿元、239.21亿元、258.55亿元，净利润分别为10.04亿元、18.27亿元、27.71亿元，扣非净利润分别为9.40亿元、16.16亿元、26.09亿元，经营活动现金流净额分别为17.20亿元、16.73亿元、62.10亿元，毛利率分别为16.61%、17.89%、23.19%，净利率分别为5.86%、7.64%、10.72%。

营业收入、利润均在上升，毛利率、净利率稳定提升，主要是产品结构中单价较高的产品占比增加，其中2018年经营活动现金流净额大幅高于净利润，主要是应收账款回款增加。

看到这里，几个问题随之而来：

（1）成为全球PCB行业龙头，它背后的核心护城河是什么？

（2）处于手机产业链，它与同行企业深南电路、沪电股份有什么区别？

1

PCB这门生意，到底如何？

印制电路板（PCB），被称为“电子系统之母”，广泛应用于消费电子、通信设备、汽车电子等多个领域，因此受下游单一行业影响小，主要与宏观经济波动（GDP增长率）以及电子信息产业的发展有关。

1980年以来，PCB行业随着全球电子终端需求变化经历了四轮发展浪潮：

1980年至1990年——家电在全球范围内的普及，带动了电子产业的发展，PCB复合增速达到12.7%。1991年传统家电增长放缓，加上日本经济衰退等原因，PCB行业产值下滑。

1993年至2000年——在台式机普及、互联网浪潮的驱动下，PCB行业产值复合年增长率达到12.9%，之后，随着互联网泡沫破裂，PCB行业进入调整期，美日欧PCB厂商亏损持续扩大，减产关厂现象突出，PCB产能严重缩减。

2003年至2008年——随着手机功能机、笔记本PC、MP3等消费电子的普及，通信及消费电子对PCB的需求快速增长（复合年增长率=7.9%），同时产能开始向亚洲转移。

2010年至2014年——随着智能手机的普及，以及3G、4G的发展，PCB行业保持快速增长，之后随着消费电子渗透率饱和及3G、4G通信设备需求放缓，PCB行业增速放缓。

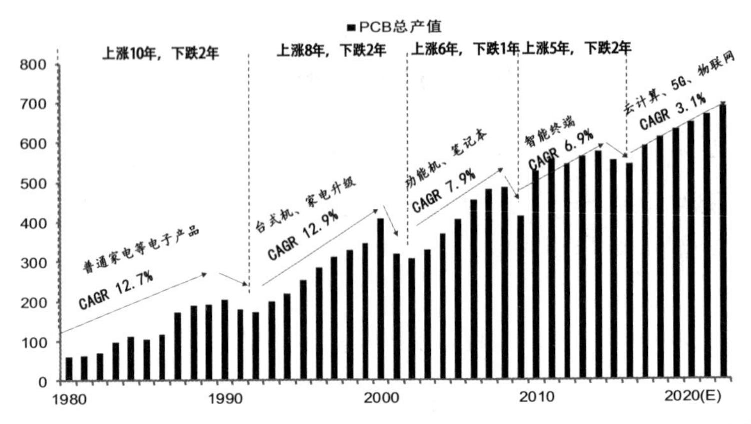

图1：全球PCB产值及同比增速（单位：%）
来源：国信证券

随着电子产品的演进，印制板从单层，发展到双面、多层，并向多功能化、小型化、轻量化发展。其中，多层板包括背板、高密度连接板（HDI）、封装基板等。按照基材材质的柔软性，PCB可分为刚性板、柔性板（Flexible Printed Circuit，简称FPC）和刚挠结合板，三种板区别关键在于原材料。

目前，在印制线路板和载板制造工艺中，主要有减成法、全加成法与半加成法三种技术，其中：

减成法是出现最早、应用最成熟的工艺，一般采用光敏性抗蚀材料来完成图形转移，随后采用酸性或碱性蚀刻药水，将未保护区域的铜层去除。

其缺点在于，蚀刻过程中，裸露铜层在往下蚀刻的过程中也向侧面蚀刻（即侧蚀），当线宽/线距小于50 μm时，良率会大大降低，因此不适用于精细线路制作，目前主要用于普通PCB、柔性PCB(FPC)、HDI等产品。

于是，有了全加成法（SAP，Semi-Additive Process），采用含光敏催化剂的绝缘基板，在按线路图形曝光后，通过选择性化学沉铜得到导体图形，比较适合制作精细线路。但是由于其对基材、化学沉铜均有特殊要求，成本较高且工艺并不成熟，目前的产量不大。

还有半加成法（MSAP，Modified Semi-Additive Process），即改良型半加成法工艺，其图形形成主要靠电镀和闪蚀。在闪蚀过程中，由于蚀刻的化学铜层非常薄，蚀刻时间非常短，对线路侧蚀比较小。

它克服了减成法、全加成法在精细线路制作方面的缺陷，成为目前生产精细线路的主要方法，适合制作10/10~50/50 μm之间的精细线宽线距。随着小型化、轻量化需求增加，半加成法（MSAP）将成为未来的发展趋势。

与半导体行业、液晶面板类似，PCB产业也经历着从欧美到亚洲的产业转移。随着PCB产业向亚洲转移，中国台湾地区厂商凭借成本优势迅速崛起，根据IEK资料，1999年至2005年，中国台湾地区PCB产值占全球产值的比重从10.19%上升至19.43%，诞生了欣兴、华通、健鼎等PCB巨头。

2006年，鸿海集团（富士康母公司）成立臻鼎，布局PCB赛道，并在日后成为全球龙头。

借助鸿海与诺基亚、惠普及索尼等电子产业巨头的合作，臻鼎获得了稳定的下游客户资源。甚至在2009年金融危机背景下，凭借客户及产能保障，实现逆势增长，PCB板出货量保持增加，营业收入同比上升36.6%。

2010年6月，iPhone4问世，开启智能手机快速增长时代，并首次将普通HDI板升级到柔性电路板（FPC）。稳定的产能与先进的FPC软板技术，使臻鼎科技顺利进入了苹果手机FPC供应链，并成为稳定的供应商。

2011年，臻鼎成为全球第四大PCB厂商，同时具备FPC、R-PCB、HDI及IC载板等全产品线量产能力，当年在中国台湾地区证券交易所上市。

为顺应PCB产能向大陆转移的趋势，臻鼎先后在江苏淮安、深圳松岗、辽宁营口、河北秦皇岛布局产能。

2014年，iPhone6在指纹识别模块应用FPC，2016年iPhone7双摄像头的应用，苹果手机每一次的硬件升级都为FPC带来新的增长空间。

2017年，iPhone X零组件全面升级，以OLED全面屏、3D成像、无线充电为代表的功能创新，使其FPC数量达到了20片以上，单机价值量从30美元提升到40美元以上。

2017年，臻鼎首次超过日本旗胜，成为全球PCB行业龙头。

此处，值得一提的是，排名靠前的臻鼎、日本旗胜、TTM科技等厂商，以及深南电路、沪电股份，下游应用领域均为通信行业。

一个重要的区别是：臻鼎、日本旗胜的产品主要应用于通信设备终端（手机等）以及消费电子，而深南电路产品应用于通信设备前端的基站等。

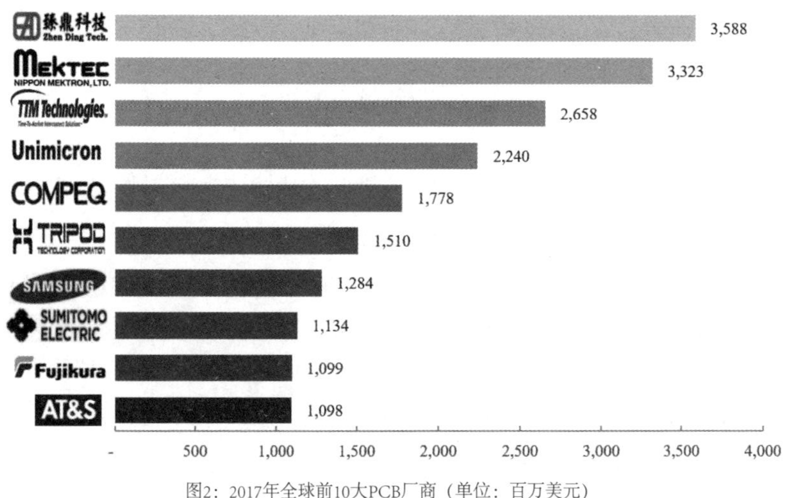

图2：2017年全球前10大PCB厂商（单位：百万美元）
来源：招股书

回到本案，2018年9月，臻鼎整合其PCB业务，装入鹏鼎控股，并在深交所挂牌上市。

梳理下来，鹏鼎控股成为PCB龙头的关键在于：（1）背靠鸿海，享受优质客户资源；（2）聚焦产品研发，打入苹果供应链。

当然，从这一点，也能看出一个逐步进行中的趋势：富士康，正在由传统的代工厂，进化成为消费电子领域的“平台级公司”，未来或许会沿着“平台+应用”的方向越走越深。

2

这生意，赚钱效应怎样?

鹏鼎控股，第一大股东为美港实业，占比66.38%，第二大股东为集辉国际，占比6.44%，控股股东为臻鼎控股。

臻鼎控股第一大股东为鸿海集团全资子公司Foxconn（Far East），但因在七名董事会成员中仅占一席，因此鸿海集团未对臻鼎控股进行并表，仅进行权益法核算，臻鼎无实际控制人，故本案鹏鼎控股也没有实控人。其主业为印制电路板（PCB），2018年9月在深交所上市。

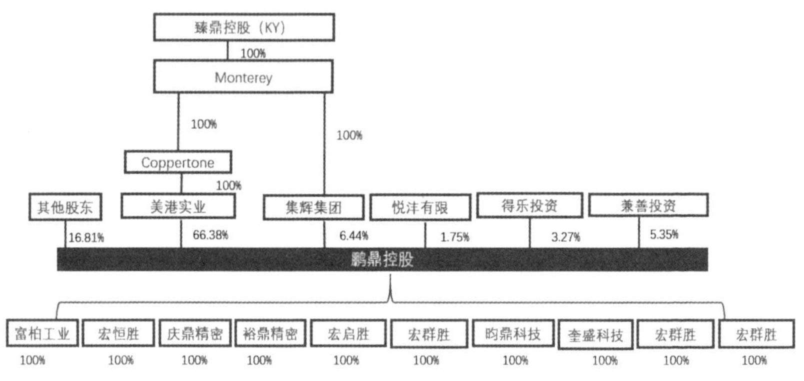

图3：股权结构（单位：%）
来源：国盛证券

需要重点注意的是，鹏鼎控股的流通股名单中，兴全基金几只明星产品赫然在列，比如兴全合宜、兴全轻资产、兴全合润、兴全社会责任。我们来看一下这几只基金的基础数据：

证券代码	证券简称	基金经理(现任)	近3年回报 [是否年化] 否 [交易日期] 最新 [单位] %	近5年回报 [是否年化] 否 [交易日期] 最新 [单位] %	近1年回报 [是否年化] 否 [交易日期] 最新 [单位] %	成立年限 [单位] 年	基金规模 [单位]亿元
163417.SZ	兴全合宜	谢治宇			2.814029	1.3205	324.7504
163406.OF	兴全合润分级	谢治宇	40.531092	213.184767	3.990312	9.0822	54.4354
163412.SZ	兴全轻资	董理	33.375262	188.214443	-3.047851	7.1260	57.4273
340007.OF	兴全社会责任	董承非,季文华	23.693953	115.246958	-18.773636	11.0603	64.9287

表1：基金基础数据
来源：并购优塾

谢治宇，曾在2014年12月至2018年5月，管理“兴全轻资产”基金。而这只基金，是优塾投研团队列入“全市场一级跟踪清单A+级”的基金产品，其多年来跑赢大盘，并且期间跑赢大盘的比率，在全市场范围内可列入前五名。谢治宇曾经管理的兴全轻资产、目前管理的兴全合宜、兴全合润，都对本案有持仓。

回到鹏鼎控股，其产品主要为刚性PCB、柔性PCB（FPC）、HDI（高密度连接板）以及SLP（类载板）。

（1）刚性PCB——由不易弯曲、具有一定强韧度的刚性基材制成，优点是可以为附着其上的电子元件提供一定的支撑。

（2）柔性PCB——相对于刚性PCB，又被称为“软板”，核心层一般为聚酰亚胺（PI）、聚酯薄膜等柔性基材。特点是轻薄、可弯曲、配线度高，达到了元器件装配和导线连接一体化的效果。要求经过数百万次的折弯，都不影响设备的电路性能，以及在非常温条件（例如-50℃到80℃）下正常工作。

（3）HDI——全称为高密度互联印刷电路板，即通过提升布线密度，减少主板占用空间，根据通过盲孔直接连接的相邻层数不同，可将

HDI分为一阶HDI、二阶HDI、高阶HDI等。

按照下游应用领域，其业务分为通讯用板、消费电子及计算机用板两大块，其中，通讯用板主要应用于手机、路由器和交换机等通信产品，收入占比78%；消费电子及计算机用板主要应用于平板电脑、可穿戴设备、电脑等领域，收入占比20%。

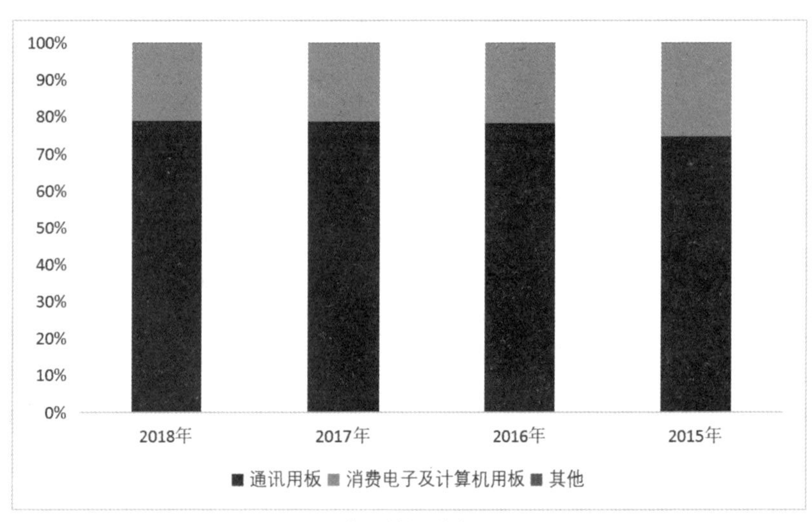

图4：收入结构（单位：%）
来源：并购优塾

从毛利贡献来看，通讯用板毛利贡献占比77%，消费电子及计算机用板占比22%。

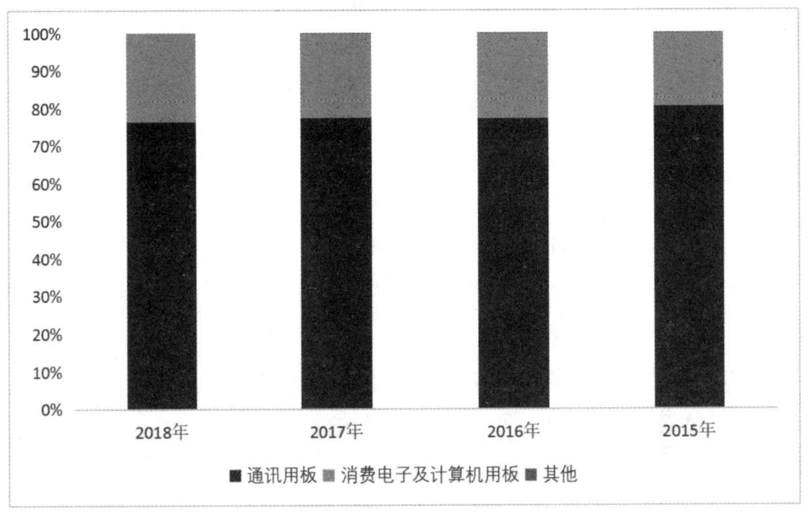

图5：毛利结构（单位：%）
来源：并购优塾

从资产负债表结构来看——以2018年为例，其资产项中，占比较大的科目为固定资产（28.63%），其次为货币资金（26.7%）、应收账款（19.69%）；负债项中占比较大的科目为应付账款（51.51%）、短期借款（21.69%）。

从利润表结构来看——2018年营业收入54.97亿元，营业成本占比76.81%，其次在管理费用方面花了3.52%、研发费用花掉4.73%，此外投资收益0.39%，最终，净利率为10.72%。

从PCB所处产业链来看，上游原材料主要为覆铜板（又称铜箔基板，占比37%）、半固化片（占比13%）、铜箔、铜球（占比5%）、金盐（占比8%）、油墨、干膜材料和蚀刻液等，可见覆铜板占比最大，且铜箔、铜球、金盐等受相关金属价格影响。而从产业链倒推，在上游覆铜板的成本构成中，铜箔成本占比30%至50%，玻纤布成本占比25%至40%，树脂成本占比25%至30%。

覆铜板领域，集中度相对高（全球CR5为50%，CR10为73.5%），议价能力强，成本变动较易向PCB产业传递，代表有建滔积层板（毛利率29.25%）、生益科技（毛利率21.47%）、罗杰斯（高端产品,毛利率35%）、松下电工、泰康利、伊索拉等。

在铜箔赛道，受铜价影响较大，代表公司有南亚塑料（毛利率16%）、三井金属（毛利率19%）、长春石化、安徽铜冠、福田金属等。

鹏鼎控股的上游供应商主要有苹果公司、Lumileds集团、Qorvo集团、永丰集团、村田电子等，前五名供应商采购额占比35%左右，集中度较低。

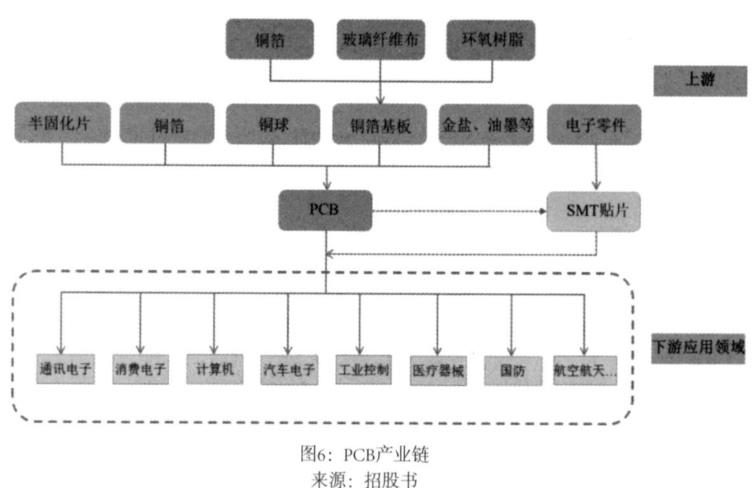

图6：PCB产业链
来源：招股书

中游PCB生产商集中度较低，典型的百舸争流型格局。根据N.T.Information的统计，全球PCB厂商CR5仅为20.84%，CR10为32.21%。考虑到细分产品较多，产业链格局多为各家占据一到两个细分赛道。

全球前十大PCB厂商所侧重的领域各有不同，在FPC领域，龙头厂商包括臻鼎（毛利率22%）、日本旗胜（毛利率17%）、住友；多层板领域有TTM科技（毛利率16%）、健鼎（毛利率18%）和华通（毛利率14%）；HDI领域龙头有华通、欣兴电子；封装基板领域龙头包括欣兴电子、三星和永丰、揖斐电等。

下游主要客户有苹果（毛利率38%）、鸿海集团、OPPO、步步高、微软等，前五大客户收入占比80%以上。第一大客户为苹果，收入占比70%左右，集中度很高。

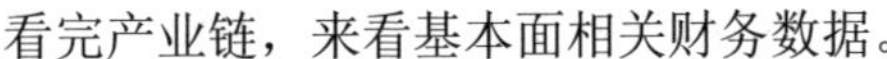

看完产业链，来看基本面相关财务数据。

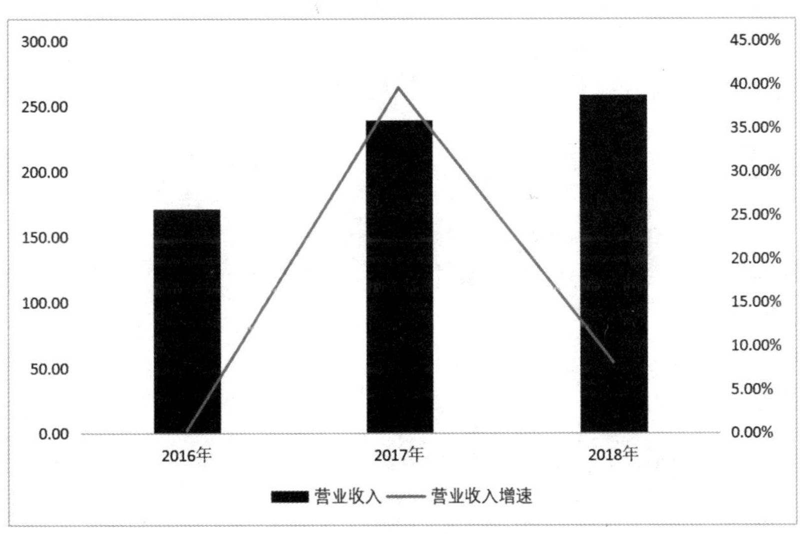

图7：营业收入、营业收入增速（单位：左：亿元、右：%）
来源：并购优塾

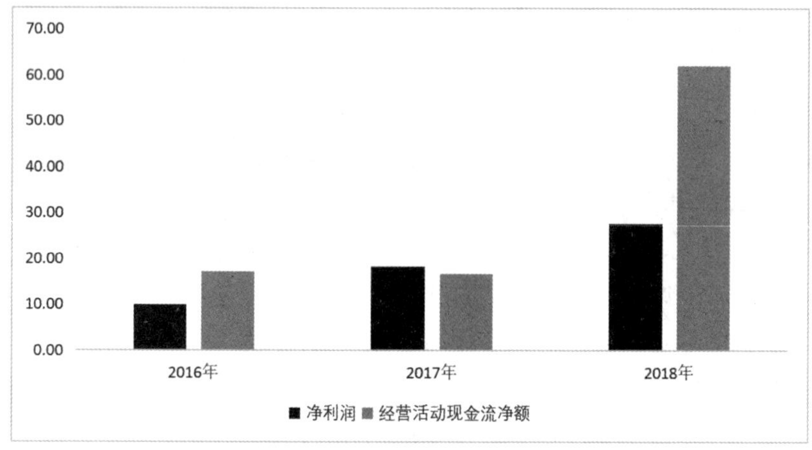

图8：净利润、经营活动现金流净额（单位：亿元）
来源：并购优塾

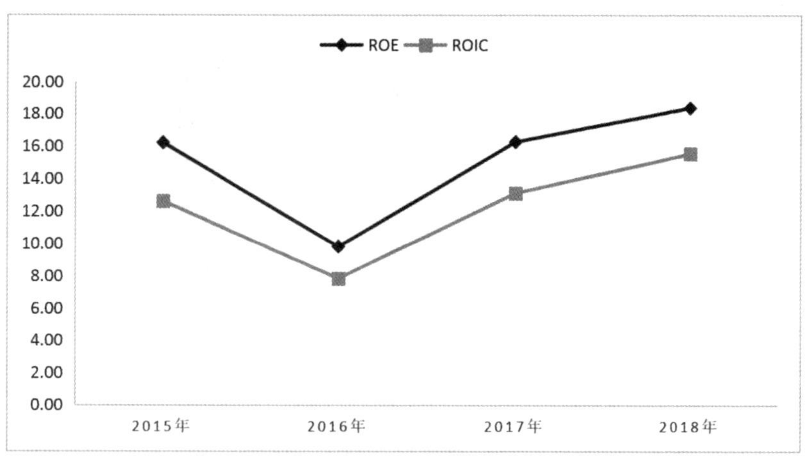

图9：ROE、ROIC（单位：%）
来源：并购优塾

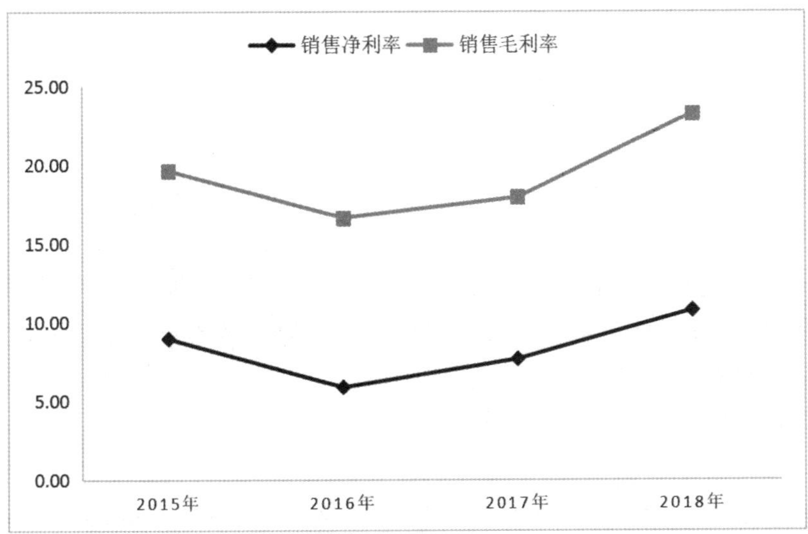

图10：销售净利率、销售毛利率（单位：%）
来源：并购优塾

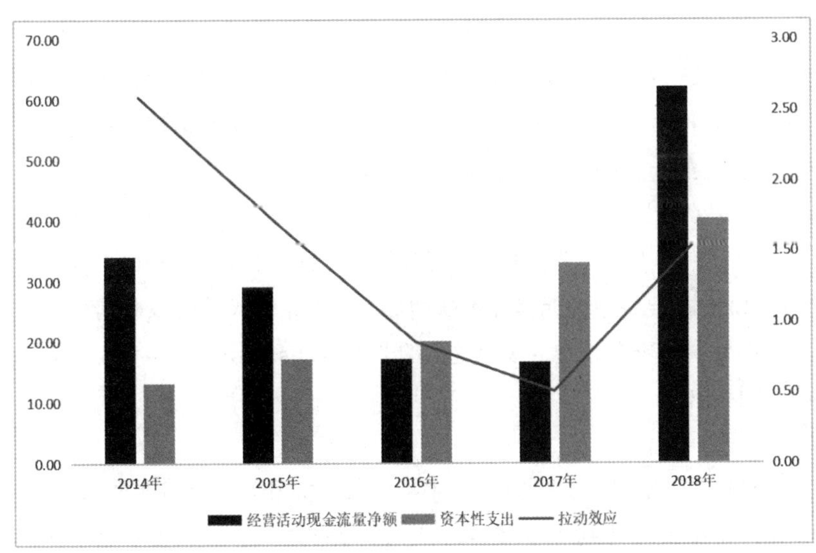

图11：Capex对现金回报的拉动效应（单位：左：%、右：亿元）
来源：并购优塾

梳理下来，如果让你经营这门生意，你认为护城河在哪里？

3

护城河，到底在哪?

首先，是技术研发。

PCB是电子产品的基础组件，质量好坏直接关系到手机、平板电脑等电子产品的功能和寿命。因此，下游客户尤其是大型客户，对PCB品质要求很高。业内一般采用“合格供应商认证制度”，认证程序严格复杂，涉及产品性能、质量和稳定性等多项指标。

通过认证后，涉及具体型号的产品生产时，下游客户往往需要PCB厂商同步参与设计研发，通过反复打样、性能测试，最终实现量产。

本案在高密度、薄型化、高频高速、功能模组、汽车电子、高阶任意层等研发方向上均有布局，通过与主要客户合作研发、参与先期产品开发与设计，产品均价从2015年的3632.76元/平方米提升至2018第一季度的5003.87元/平方米，复合年增长率达11.91%。

由于智能手机、平板电脑和可穿戴设备等向小型化、功能多样化发展，PCB上需要搭载的元器件不断增加，但要求的尺寸却不断缩小。于是，堆叠层数更多、线宽线距更小的SLP（substrate-like PCB，类载板）顺势出现。

SLP，即高阶HDI，通过使用半加成法（MSAP），可将线宽/线距从HDI的40/40μm缩短到30/30μm，为电子产品腾出更多空间发展新硬件。

2017年，iPhone8、iPhone8Plus和iPhoneX开始使用类载板SLP，代替高密度互联板HDI，2018年延用SLP。以iPhoneX为例，可以在保留所有芯片情况下将PCB体积减少至原来的70%。

目前本案已经拥有SLP的量产能力，其产品最小孔径可达0.025mm，最小线宽可达0.025mm。

除了进入苹果SLP供应链，它也已经通过了华为供应商认证。要想获得大客户认证，研发实力自然不能含糊。

2016年至2018年，其研发投入分别为6.86亿元、7.54亿元、10.22亿元、12.23亿元，占营业收入的比率分别为4.01%、4.4%、4.27%、4.73%，未资本化。截至2018年末，累计取得的国内外专利共计609件。

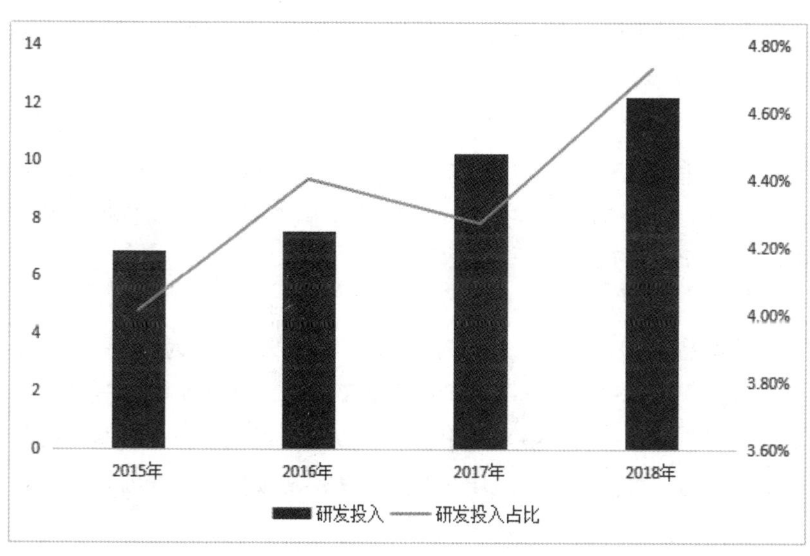

图12：研发投入、研发投入占比（单位：左：亿元、右：%）
来源：并购优塾

我们来看看，可比公司处于什么水平。

（1）健鼎科技——2015年至2018年，研发投入分别为0.33亿元、0.36亿元、0.37亿元、0.4亿元，占营业收入的比率分别为0.35%、0.38%、0.37%、0.35%。

其研发重点为汽车用板、高阶HDI，客户比较分散，单一客户及行业依赖度较低，比如显示屏方面客户有友达、三星、LG，HDI客户主要有小米、三星等。

（2）台郡科技——2015年至2018年，研发投入分别为1.63亿元、1.97亿元、2.19亿元、2.64亿元，占营业收入的比率分别为4.14%、4.74%、3.89%、4.53%。

其产品以手机、平板电脑FPC为主，车用、医疗为辅，主要客户有苹果（占比约60%）、广达、仁宝电脑、纬创、友达光电、群创光电等。

（3）华通电脑——2015年至2018年，研发投入分别为0.57亿元、0.65亿元、0.82亿元、1.87亿元，占营业收入的比率分别为0.59%、0.66%、0.7%、1.69%。

其产品包括PC、通信设备、消费电子等，以2017年为例，手机、PC收入占比分别为39%、27%，客户有苹果（占比20%左右）、摩托罗拉、诺基亚、小米、华为、中兴等手机厂商以及平板电脑厂商，具有类载板制程能力，可提供30/30μm细线路任意层薄板到40层200mil高信赖度厚板。

（4）沪电股份——2015年至2018年，研发投入分别为1.13亿元、1.48亿元、1.89亿元、2.42亿元，占营业收入的比率分别为3.36%、3.91%、4.09%、4.42%。

其产品主要是通讯板，研发方向是5G的无线接入网、承载网、核心网的PCB等，客户有华为、诺基亚、思科、中兴等通讯运营商。

（5）崇达技术——2015年至2018年，研发投入分别为0.93亿元、1.20亿元、1.32亿元、1.70亿元，占营业收入的比率为5.31%、5.37%、4.24%、4.65%。

其产品主要是小批量板，应用于通信设备、工业控制、医疗仪器等，客户有艾默生、博世、施耐德、霍尼韦尔、3M、飞利浦等，5G客户方面有烽火通信、普天等。其产品70%以上出口，前五大客户销售额占比25.22%，比较分散。

（6）深南电路——2015年至2018年，研发投入分别为1.98亿元、2.31亿元、2.93亿元、3.47亿元，占营业收入的比率为5.64%、5.02%、5.15%、4.56%，未资本化。

其研发方向主要是通信基站用PCB，客户主要有华为、中兴、诺基亚、霍尼韦尔、GE医疗、博世等。

（7）TTM科技——未披露研发投入情况。

2016年，东山精密以45亿元收购美国FPC大厂MFLX（全球排名第五），进入FPC（柔性电路板）领域，MFLX主要客户有苹果、微软、小米等，跨境并购仍处于整合阶段，且东山精密还有触控面板、LED等业务，暂不做对比。

对比下来，本案研发投入力度更大，其次是深南电路。那么，接下来又一个问题来了：在PCB领域，鹏鼎控股和深南电路，谁更好？

不过，实际上深南电路与鹏鼎控股，由于下游不同，并不能直接对比。

从手机PCB领域来看，技术要求更高的客户为苹果，2010年，iPhone4首次将普通HDI板升级到FPC板后，苹果就成了FPC技术的推动者。作为苹果供应商，其SLP技术实现量产。

因此，在技术部分，我们可以明确，鹏鼎控股的技术，在行业内属于领先位置。拥有研发实力，下一步要实现大批量供货能力。

然而，PCB属于重资产赛道，自行生产意味着持续高额的资本支出，本案的产能储备如何？

4

它背后，有什么特殊之处?

PCB 属于典型的资本密集型行业，产能建设有以下几个特点：

（1）项目建设成本高、持续投入大。PCB生产线及配套设备的投入成本较高，新建年产能百万平方米以上的生产线至少需要数亿元，为了保持产品的持续竞争力，必须不断对设备、工艺进行升级改造，具有一定的资金壁垒。

（2）定制化生产。PCB厂商需要为不同客户，或者同一客户的不同产品制订不同的生产计划、选用不同的生产设备。

（3）快速供货和交付能力要求高。这意味着PCB厂商需要在不同客户的生产集中地，选址建设产能。

目前，本案制造基地分布于深圳、秦皇岛、淮安及营口等城市，服务半径覆盖中国、日本、韩国、美国及越南等国家。

2015年至2018年，其资本性支出分别为17.22亿元、20.14亿元、33.08亿元、40.38亿元，占收入的比率分别为10.07%、11.75%、13.83%、15.62%。

截至2018年底，其产能（含固定资产、在建工程等）为106.74亿元，其中，2015年至2018年，固定资产分别为56.45亿元、59.78亿元、68.99亿元、78.30亿元，固定资产周转率分别为3.01、2.95、3.71、3.51，整体呈上升趋势。

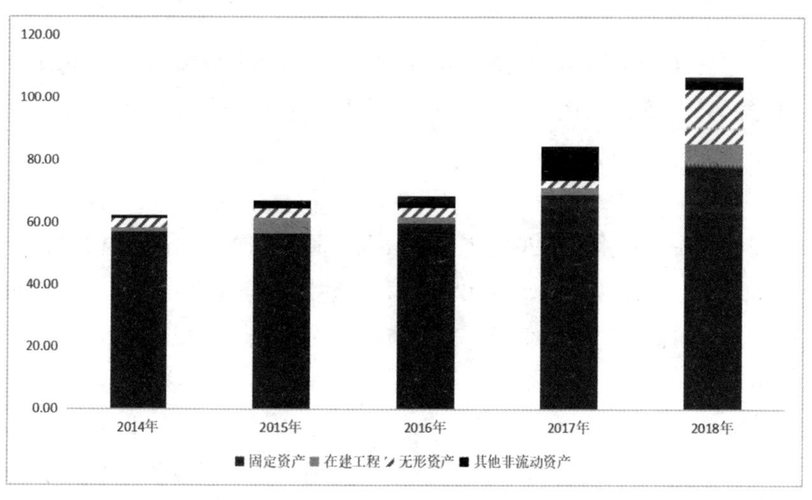

图13：产能情况（单位：亿元）
来源：并购优塾

其上市募集资金用途主要是：（1）30亿元新建FPC生产线，年产能133.8万平方米；（2）24亿元新建高阶HDI生产线，年产能33.4万平方米，建设期3年。

我们来对比一下同行企业，看看大家水平到底如何。

（1）沪电股份——2015年至2018年，固定资产分别为27.40亿元、25.71亿元、25.66亿元、24.25亿元，在建工程分别为3.74亿元、2.76亿元、1.40亿元、2.56亿元，固定资产周转率分别为1.28、1.43、1.8、2.2。

（2）深南电路——2015年至2018年，固定资产分别为27.45亿元、27.86亿元、28.54亿元、34.66亿元，在建工程分别为1.15亿元、1.09亿元、2.53亿元、3.29亿元，固定资产周转率为1.55、1.66、2.02、2.4。

（3）健鼎科技——2015年至2018年，固定资产分别为27.76亿元、23.57亿元、32.46亿元、33.19亿元，固定资产周转率分别为2.94、3.47、3.55、3.34。

（4）崇达技术——2015年至2018年，固定资产分别为8.12亿元、14.39亿元、17.72亿元、19.62亿元，在建工程分别为2.75亿元、2.30亿元、3.04亿元、2.83亿元，固定资产周转率分别为2.26、2、1.93、1.96。

（5）TTM科技——2015年至2018年，物业、厂房及设备分别为71.42亿元、67.06亿元、69.06亿元、72.2亿元，固定资产周转率分别为2.26、2.45、2.63、2.7。

（6）华通电脑——2015年至2018年，固定资产分别为49.4亿元、51.14亿元、55.75亿元、58.64亿元，固定资产周转率分别为2.05、1.97、2.2、1.93。

再来看一下折旧政策，各家企业的折旧率情况如下：

单位	房屋及建筑物	机器设备	运输工具	计算机及电子设备	其他设备
沪电股份	2.57%-9.00%	7.50%-15.00%	18.00%	未披露	未披露
健鼎科技	2.22%-20.00%	12.50%-33.33%	20.00%	未披露	20.00%-100.00%
TTM科技	2.00%-14.29%	8.33%-33.33%	未披露	未披露	未披露
华通电脑	2.86%-20.00%	10.00%-16.67%	20.00%	12.50%-33.33%	6.67%-33.33%
鹏鼎控股	1.87%-20.00%	9.90%-50.00%	9.90%-50.00%	9.90%-50.00%	6.60%-33.33%
台郡科技	2.86%-50.00%	6.67%-100.00%	未披露	未披露	10.00%-33.33%

表2：同行企业折旧率对比（单位：%）
来源：并购优塾

即使把通信PCB列入可比范围，鹏鼎控股产能仍然更大，且固定资产使用效率更高，折旧政策与同行业差异不大。

看完产能后，可以明确，鹏鼎控股的产能目前为业内最高，有了产能后，下一步，就是采购。

5

B/S模式，怎么回事？

有了产能，就可以接受订单，进行生产，之后从采购原材料到半成品、库存商品均反映在存货中。在这个环节，有两个问题值得关注：（1）采购过程对上游的话语权如何；（2）存货周转速度如何。

先看第一个问题：PCB上游原材料中，铜箔基板（覆铜板）对成本影响最大，而铜箔基板行业企业规模相对较大，集中度较高，所以议价能力及成本转嫁能力更强。本案对上游的话语权如何，我们通过应付账款来看。

2015年至2018年，其应付账款分别为30.71亿元、41.29亿元、57.14亿元、48.76亿元，占营业成本的比率分别为22.35%、28.89%、29.09%、24.55%，应付账款周转天数分别为88.07天、90.68天、90.20天、95.98天，付款周期在延长。

而且，其原材料采购模式包括直接采购和B/S（Buy-and-Sell）模式两种，其中以直接采购为主，但占比有下降趋势（91%降至80%）。

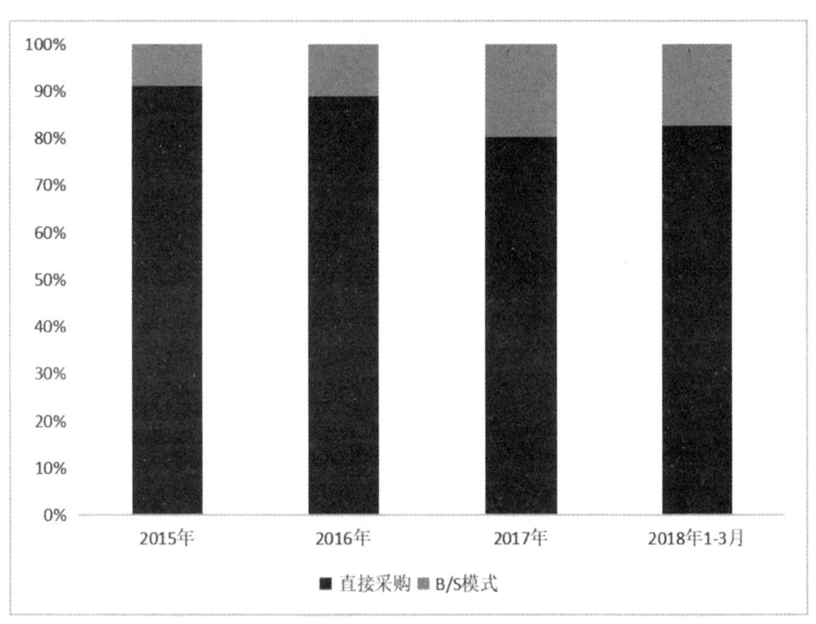

图14：采购模式结构（单位：%）
来源：并购优塾

其中，B/S模式，主要在与苹果的相关业务中采用，基于其产品所用原材料的保密性、专用性和供应及时性的考虑，具体交易过程中，苹果先向电子零件供应商采购原材料，再将原材料销售给鹏鼎控股，待制成PCB组件后再销售给苹果。因而，在这种模式下，苹果既是供应商也是客户。

注意，此处是一个调研点：其他下游客户是否需要原材料保密，是否影响技术研发？

与B/S模式对应的是委托加工，因此两者主要出现在代工性质的业务中，典型的就是富士康（B/S模式），而深南电路与华为的“电子装联业务”中采用Consign模式，只收取加工费，属于普通代工模式。

B/S模式，体现了产业链上下游之间的博弈关系，那么，一个关键问题：它会对报表以及ROE产生什么样的影响？

这样的模式之下，呈现的财务特征主要是：（1）存货较高，B/S模式下，存货所有权属于代工厂，需要承担跌价风险；（2）高应收、高应付；（3）毛利率较低。所以，两种模式下，整体报表结构截然不同。

不过，它们的ROE差异其实并不大。我们以优塾“吃瓜”店为例，假设期初资产50元，负债30元，权益20元，现在采用两种模式生产。

（1）普通模式——客户带着西瓜过来，“吃瓜”店给他榨汁后收加工费10元，其中成本5元，确认收入10元，毛利率50%。

（2）B/S模式——从客户手中采购50元西瓜，榨成果汁后，加上加工费10元，确认收入60元，毛利率8.33%。

不考虑其他成本费用，毛利率视同净利率的情况下，简单推算的ROE结果均为22.22%（当然，此处为简单抽象模型，没有考虑话语权等问题，实际结果可能存在差异）。

项目	普通模式	B/S模式
收入	10	60
成本	5	55
毛利率	50.00%	8.33%
应收账款	10	60
应付账款	5	55
总资产周转率	0.18	0.75
权益乘数	2.44	3.56
净利率	50.00%	8.33%
ROE	**22.22%**	**22.22%**

表3：模式对比
来源：并购优塾

回到本案，作为PCB生产商，它并非简单的代工厂，在B/S模式下，与正常经营相比，只是供应商被锁定，变成了苹果，不能随便选择，影响的是主要是话语权。

从数据上看，它的付款周期在放缓，那么生产、出货速度，到底如何呢？

6

出货速度，怎么这么快？

从发货的角度看，其销售模式同样分两种：发货仓模式（俗称HUB仓）、工厂直销模式。其中，以发货仓模式为主。

在这种模式下，其根据客户订单备货并组织生产，将完工产品运送至HUB仓，一般会委托货代管理HUB仓。客户未领用的产品货权未转移，仍属于公司的库存商品。直到客户领用产品后，货物所有权上的主要风险和报酬转移，其根据领货情况确认收入。

2015年至2018年第一季度，其HUB仓库库存商品（类似于我们之前研究过的发出商品）分别为2.64亿元、5.08亿元、10.87亿元、5.54亿元，占存货的比率分别为22.52%、33.35%、44.70%、33.30%。

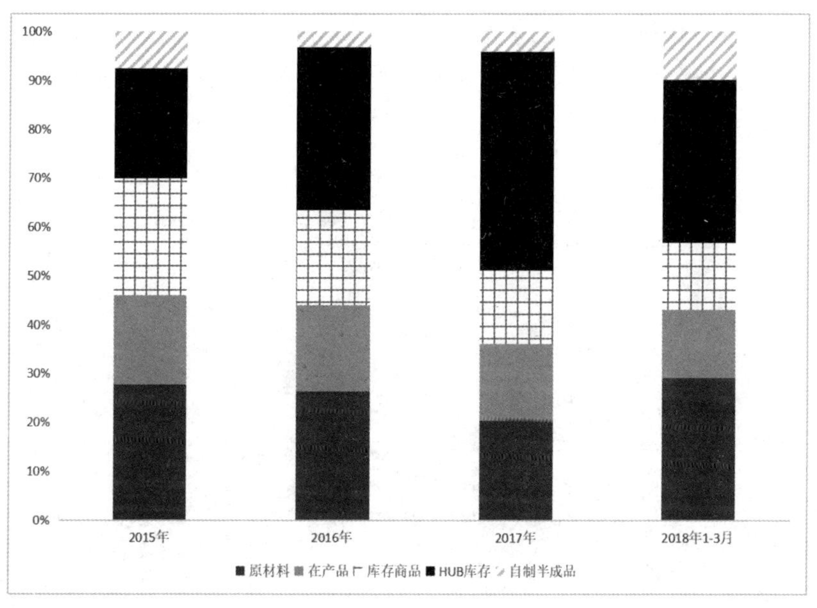

图15：发货模式结构（单位：%）
来源：并购优塾

这样的发货方式下，2015年至2018年，其存货分别为11.74亿元、15.23亿元、24.32亿元、22.3亿元，存货周转率分别为11.68、10.6、9.93、8.52，逐年下降。

那么，这样的周转率下降，是否意味着东西不好卖了呢？其实并不是。

本案生产环节采用以销定产模式，随着订单增加、HUB仓库库存商品占比增加，存货周转率呈下降趋势，与上述应付账款周转速度变化一致。

在这样的模式下，随着下游订单增加，采购量增加，存货、应付账款随之增加，而存货周转率无法真实反映经营状况。相反，存货周转率降低反而意味着订单量增长，未来业绩确定性更高。

对比同行企业来看，鹏鼎控股存货周转速度尽管在下滑，但仍然快于同行，其中2018年TTM科技周转速度大幅上升，主要是期末存货余额减少所致。

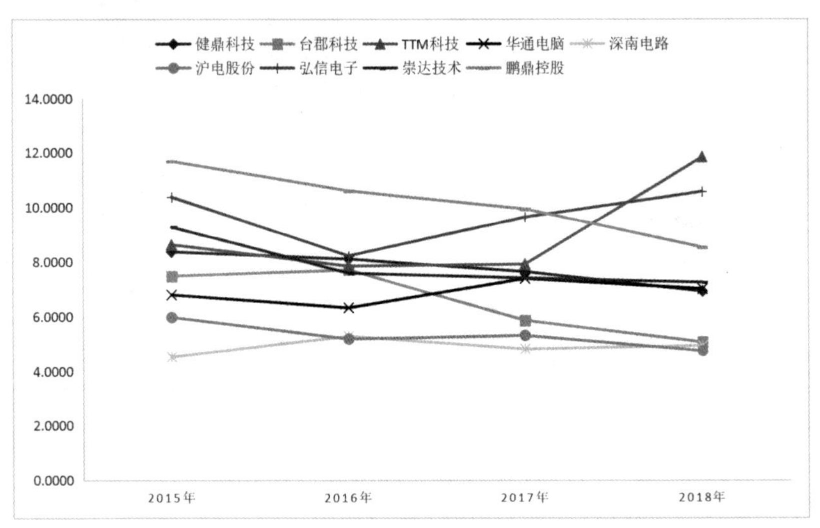

图16：存货周转率（单位：次）
来源：并购优塾

值得注意的是，存货周转率最小的是深南电路、沪电股份（5左右），同样是以销定产，为什么差距这么大？

这大概与其下游应用领域相关。鹏鼎控股的客户集中度较高，产品应用于通信设备终端——手机产业链，而深南电路下游是通信设备，用于基站建设。

前者技术迭代更快，且对出货速度和生产响应能力要求更高。这也与优塾团队之前研究的服装行业类似，快时尚品牌的存货周转速度，往往较运动服装品牌更快。

到这里，销售已经完成。可还有一个问题没有解决：如何回款？回款情况到底怎样？

7

产业链地位，到底如何？

鹏鼎控股的下游客户对供应商认证程序严格复杂，考察周期一般在一年左右，而一旦确认合作关系，不会轻易改变。目前，其客户主要有苹果、微软、谷歌、诺基亚、索尼、OPPO、vivo等品牌厂商。其中，2015年至2018年，第一大客户苹果贡献收入占比分别为53.91%、61.32%、63.3%、70.28%。

对下游的话语权，我们可以通过应收账款来看。

2015年至2018年，其应收账款分别为31.72亿元、40.72亿元、66.40亿元、53.86亿元，占收入的比率分别为18.56%、23.76%、27.76%、20.83%，应收账款周转率分别为4.66、4.73、4.47、4.29，波动不大，但是随着苹果的收入占比增加，应收账款回款期在变长。

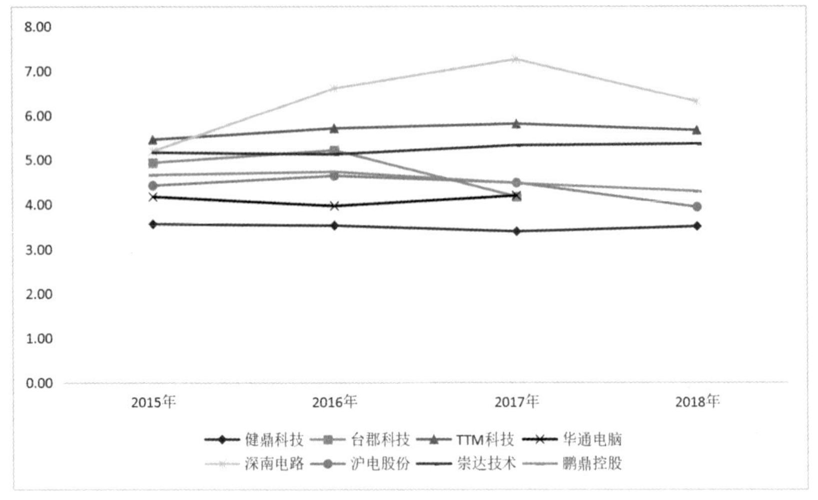

图17：应收账款周转率（单位：次）
来源：并购优塾

对比下来，鹏鼎控股的回款速度处于居中位置，其中最高的是深南电路，理论上应收账款周转率与下游客户结构、集中度相关。不过，参考上文深南电路、沪电股份客户结构，两者前几大客户均为华为、诺基亚等，差异主要在集中度，但是深南电路应收账款周转率明显高于沪电股份，此处可以作为一个调研点。

看完回款情况，产业链整体话语权，还要看现金周转天数。

现金周转天数，是指企业从购买商品原材料，到产成品出售所需要的天数。这个指标越低，说明供应链管理的效率越高，话语权越强，占用营运资金越少，自由现金流越多。

其中，现金周转天数=存货周转天数+应收账款周转天数-应付账款周转天数。

在整个手机产业链上，话语权最强的恐怕要数苹果，2016年至2018年，其现金周转天数分别为-68.84天、-87.67天、-85.35天，大额为负，且越来越小，说明话语权在不断放大。

PCB代表公司中，运营效率更高的是崇达技术，其次是鹏鼎控股。主要是崇达技术产品是定制化程度较高的小批量板，具有“多品种、小批量、短交期”特点，由于销售、采购比较分散，对上下游议价能力比较强。缺点是没有上量的大客户，订单分散，规模提升比较慢。

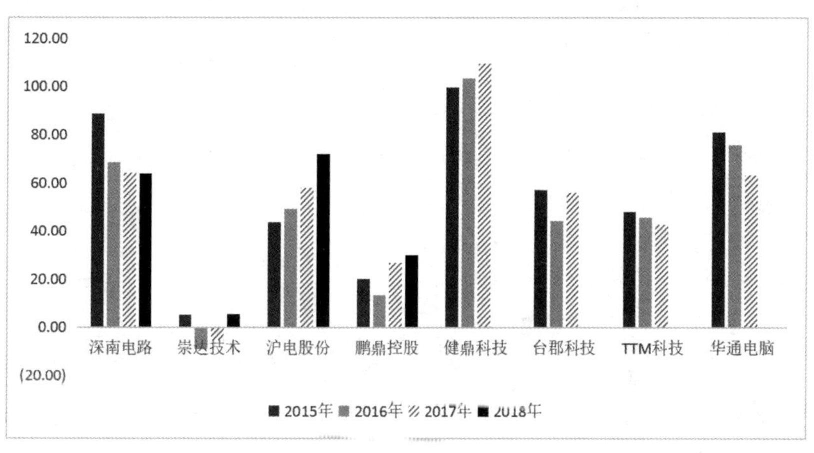

图18：现金周转天数（单位：天）
来源：并购优塾

综合来看，本案应收账款周转天数基本不变，存货周转天数上升，应付账款周转天数上升，整体现金周转天数上升。这意味着，订单增加，存货占用资金增加，尽管对上游欠款可以拖得更久，但对上下游整体话语权在减弱。

生意流程看完，鹏鼎控股目前的ROE处于怎样的水平，以及未来的驱动力有哪些？

8

未来，ROE如何推演？

其ROE、ROIC在2016年出现下滑，之后稳步上升至18.37%。

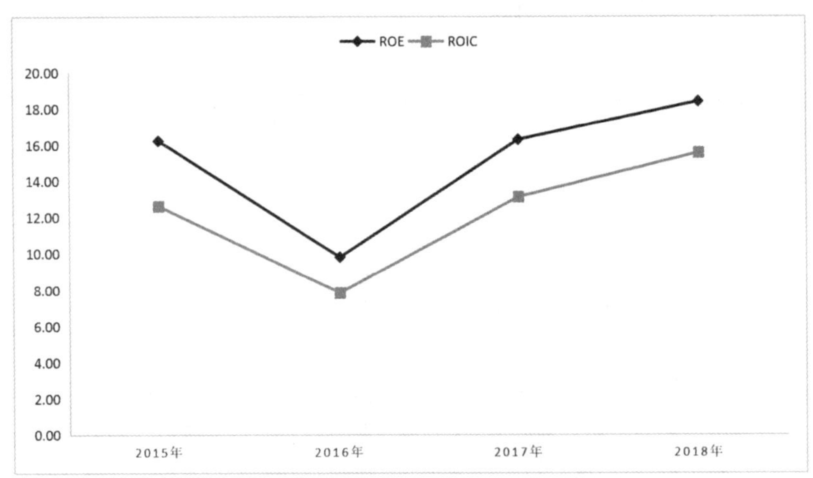

图19：ROE、ROIC（单位：%）
来源：并购优塾

与同行业几家代表企业对比来看，其总资产周转率更大、权益乘数较小，净利率水平居中。

2018年	ROE(%)	销售净利率(%)	权益乘数	总资产周转率
沪电股份	15.22	10.48	1.68	0.86
深南电路	20.24	9.27	2.32	0.94
崇达技术	20.64	15.51	1.82	0.73
TTM科技	15.51	6.10	2.79	0.91
健鼎科技	12.15	7.36	2.25	0.74
鹏鼎控股	18.37	10.78	1.68	1.02

表4：同行企业ROE对比（单位：%）
来源：并购优塾

注意，2018年其IPO上市募资，总资产周转率、权益乘数均出现下滑，但是ROE并没有下降，原因在于净利率的驱动力更大，而净利率主要受毛利率影响。

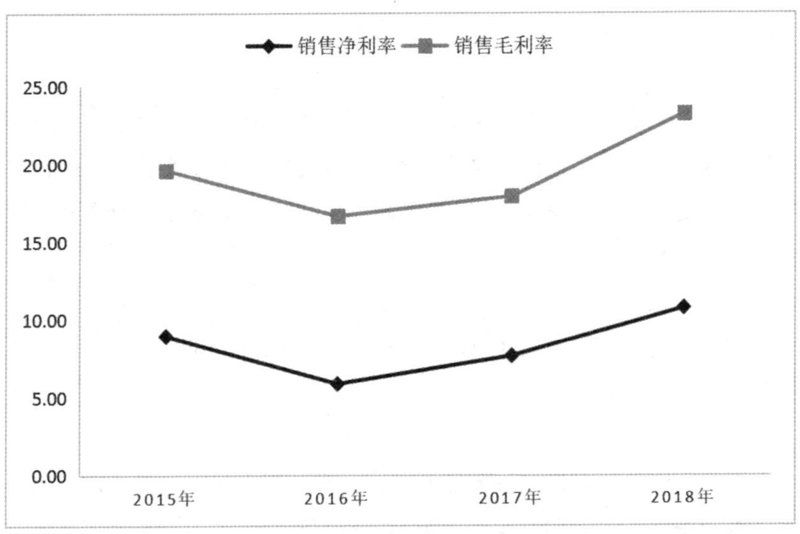

图20：销售毛利率、销售净利率（单位：%）
来源：并购优塾

那么，从企业经营角度来分析，未来ROE水平应该如何提升，以提升企业价值？

首先是权益乘数——假设股权投资保持稳定，随着规模增加，其有望通过增强对上游的话语权，且目前其有息负债占投入资本的比率为10%，存在增加债务融资，优化资本结构的空间，进而提升权益乘数。

其次是净利率——主要看毛利率：2016年，毛利率下降，主要是下游手机销量不及预期，加上部分零件导致成本上涨，而价格上涨幅度有限；2018年，毛利率上升，自动化水平提升，人员减少12.48%，人工成本随之下降。

因此，其毛利率提升更多的来自成本端（材料、人工、折旧）下降，但是原材料价格一旦上涨，从2016年的数据来看，其向下游转嫁的空间不会太大；而依靠自动化水平提升来降低人力成本，也不具有持续性。而实现规模效应，降低成本的另一个重要因素，就是产能利用率，这直接取决于下游需求。

最后是总资产周转率——主要看营业收入增速和资产增速，作为资本密集型行业，其历史资本性支出逐年上升，且IPO募资用途也是新增产能，固定资产周转率保持在3次左右，未来资本支出转化为收入的能力首先要看苹果。

因为苹果作为第一大客户，贡献收入的70%以上，从历史数据看，年度以及季度业务呈现一定的苹果周期。

其一，营业收入存在季节性波动，上半年属于淡季，营业收入主要来自第四季度，主要跟苹果新品通常在9月发布有关。（本案刚上市，没有季度数据，暂取臻鼎报表数据）

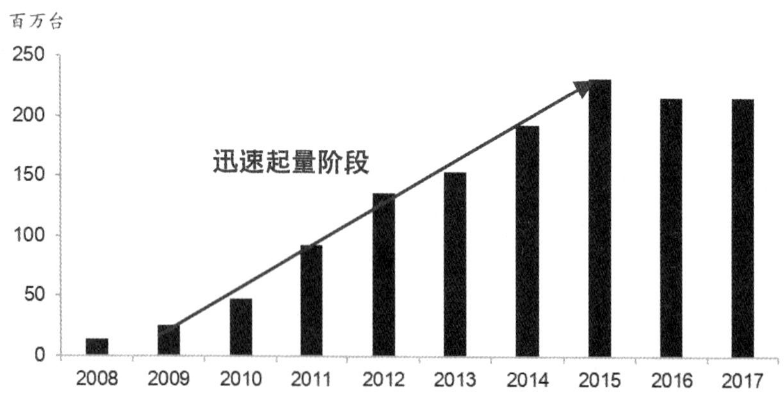

图21：苹果手机出货量（单位：百万台）
来源：广发证券

其二，与苹果新品创新力度相关，比如，2015年发行的iPhone6s使用15片FPC，但是iPhone7在FPC的创新较小，导致2016年其营业收入下滑。2017年，iPhoneX采用FaceID、全面屏和双电芯等设计，FPC用量达到21片，2017第三季度臻鼎增速大幅上升。

机型	iPhone 4	iPhone 5S	iPhone 7	iPhone 7S	iPhone 8	iPhone X	iPhone XS
单机FPC用量（片）	10	13	14-16	15-17	16-18	20-22	24-26

表5：苹果手机FPC用量
来源：天风证券

那么，未来鹏鼎控股业绩驱动力有哪些看点？

9

短期业绩，看什么？

业绩方面，我们从价格和数量两方面来看。

首先，价格提升主要看LCP-FPC（柔性电路板）、类载板SLP。

（1）LCP-FPC（柔性电路板）。2020年，5G通讯即将商用，智能手机将迎来换机潮。从技术方面而言，因阵列天线和射频等元器件大幅增加，5G智能手机内部空间被挤占，大量的技术要求需要靠FPC板实现，从而加大FPC需求量。

而传统FPC电路板基材主要是聚酰亚胺（PI），而LCP（液晶聚合物）材料由于传输损耗极小，在高频高速模式下性能优于PI基材，被视为5G射频前端模块首选材料，从而提高FPC的单价。

据产业界的拆解，iPhoneX首度使用2个基于LCP-FPC的天线，iPhone8、iPhone8Plus同样使用，以便提高终端天线的高频高速性能，减小组件的空间占用。iPhoneX的单根LCP天线价值约为4至5美元，两根合计8至10美元，而iPhone7的独立PI天线单机价值约为0.4美元，从PI天线到LCP天线单机价值提升约20倍。

（2）类载板SLP。2017年，苹果发布iPhone8、iPhone8Plus和iPhoneX中，使用类载板SLP代替了高密度互联板HDI，2018年继续延续使用SLP。

另外，三星最新发布的GalaxyS9也使用了类载板，SLP用量有望进一步渗透。据Yole，预计到2023年，产量将从2017年的2700万单元上升到4.4亿单元，年复合增长率达到59.4%，产值上升至22亿美元。

其次，数量主要看手机出货量。

根据IDC统计，全球手机出货量由2011年的17.18亿部，增长至2018年的18.91亿部，出货金额由2011年的3049亿美元，增长至4950亿美元，复合增速分别为1.38%、7.17%。

随着5G时代的到来，预计2019年至2022年，全球手机年平均出货金额预计将提升至近6000亿美元。

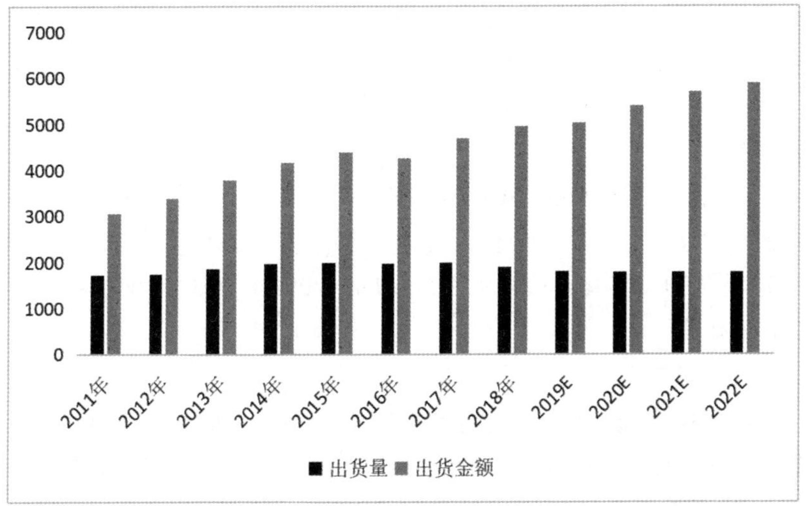

图22：2011年至2022年全球手机出货量及出货额统计及预测（单位：百万部、亿美元）
来源：传音控股招股书

近三年来，全球出货量增速放缓，2016年至2018年，全球手机出货量增速分别为-3.03%、9.84%、5.79%，2018年起，苹果不再公布产品销量数据，不过，根据研究机构Canalys的数据，苹果2018年出货量下降23%，而华为出货量增加50%。

这样的背景下，重度依赖苹果是否足以支撑业绩增长，多少存在疑问。因此，还要考虑开拓新用户。

本案已经通过华为供应商认证，所以未来还要看能否拿到更多华为、小米等客户的订单。目前，华为手机PCB供应商主要有华通、嘉联益，小米手机PCB供应商主要有柏承、欣兴电子、华通、健鼎、东山精密。

看完短期增长看点（主要还是5G手机替换需求，以及新增客户认证），再来看长期业绩，应该看什么？

10

长期业绩，看什么?

从行业天花板来看，PCB应用领域广泛，天花板较高。根据Prismark数据，2018年，全球PCB产值约为623.96亿美元，同比增长约6%，预计2018年至2023年复合增长率约为3.7%，2023年全球PCB产值将达到747.56亿美元。

PCB下游的通讯电子市场主要包括手机、基站、路由器和交换机等。据Prismark统计，2018年全球通讯电子领域PCB产值预估达137亿美元，占全球PCB产业总产值的21.9%，而PCB下游通讯电子产品产值在2019年约为5710亿美元，2019年至2023年复合增速将达到4.6%。

考虑手机出货量增速放缓，我们重点来看集中度。

根据Prismark的数据，全球前十大PCB厂商市场占有率只有32.55%，由于细分应用领域较多，PCB行业大而分散，竞争激烈，集中度很低。未来集中度提升，主要靠三个方面：

（1）技术迭代——手机等下游终端一直在追求轻薄、小巧，在新技术的创新、使用上更加大胆，对资金实力、研发水平、供应链、加工工艺提出更高的要求，而技术实力强、能保证快速响应、及时规模量产的PCB厂商会更受欢迎，有望拿到更多订单，而小厂在这样的压力下日渐式微。

（2）环保政策——随着国内各地环保政策不断出台，“限排”政策压缩小厂生存空间，加速产业内落后产能的淘汰，平均每年5%的小厂出清。据Prismark统计，2017年前后，国内PCB行业关闭了近200家环保不达标的小型企业。

同时，PCB上游部分原材料生产制造环节同样涉及污染源，在环保要求日益严格趋势下，原材料生产成本加大，使PCB厂商面临较大的成本压力，中小厂家议价权低，利润空间将被挤压。

（3）上游原材料价格波动——PCB行业上游铜箔等原材料价格波动较大，但成本转嫁能力较强，而PCB行业对上下游议价能力都较弱，部分中小厂商逐渐出清。

基本面分析到这里，鹏鼎控股作为行业龙头，上市时间不久，且处于5G风口。目前，很多机构都在关注：它的估值情况，到底处于什么样的水平？是贵了，还是便宜了？

11

估值，到底如何测算？

鹏鼎控股属于资本密集型行业，资产结构中，固定资产、在建工程等资本支出科目占比较大，且与通信行业发展周期相关，因此相对估值法采用PB、EV/EBITDA。

其上市时间不久，历史PB区间为2.5倍至4倍，EV/EBITDA为9倍至12倍。

来看可比公司的估值区间。

PB估值：

臻鼎科技（台股）PB区间为：1.5倍至3倍，中位数为1.9倍；
迅达科技（TTM，美国股市）PB区间为：1倍至2倍，中位数为1倍；
健鼎科技（台股）PB区间为：1倍至2倍，中位数为1.6倍；
华通电脑（台股）PB区间为：1倍至1.5倍，中位数为1.2倍；
AT&S（外股，维也纳）PB区间为：0.6倍至1.2倍，中位数为0.9倍；
兴森科技（A股）PB区间为：2倍至5倍，中位数3.3倍；
景旺电子（A股）PB区间为：5倍至7倍，中位数为6倍；
崇达技术（A股）PB区间为：4倍至6倍，中位数为5倍；
深南电路（A股）PB区间为4倍至7倍，中位数为6倍。

其中，A股深南电路、景旺电子、崇达技术等上市时间较短，且规模较小，加上5G概念，估值较高。而美国股市、台股代表公司，因行业发展及市场更成熟，以及产业转移影响，估值水平相对较低。

鹏鼎控股的规模以及资本开支更大，但估值区间低于A股同行。结合其历史估值区间，取剔除3家A股PCB公司后6家PB中位数均值，即1.65倍作为低位区间，以自身PB高点4倍作为高位区间合理PB区间。PB区间大约为1.65倍至4倍。

EV/EBITDA估值：

臻鼎科技（台股）历史区间为：4倍至8倍，中位数为5倍；
迅达科技（TTM，美国股市）历史区间为：5倍至7倍，中位数为6倍；
健鼎科技（台股）历史区间为：4倍至6倍，中位数为5倍；
华通电脑（台股）历史区间为：3倍至5倍，中位数为4倍；
AT&S（外股，维也纳）历史区间为：3.5倍至6倍，中位数4倍；
兴森科技（A股）历史区间为：15倍至30倍，中位数为24倍；
景旺电子（A股）历史区间为：18倍至22倍，中位数为20倍；
崇达技术（A股）历史区间为15倍至18倍，中位数为16倍；

深南电路（A股）历史区间为：20倍至25倍，中位数为22倍。

行业估值水平与PB逻辑一样，其自身EV/EBITDA低于A股同行业，剔除3家A股PCB公司后6家公司的EV/EBITDA中位数均值8.16倍作为低位区间，以自身高点12倍作为高位区间。

因此，PB对应的市值测算下来为298亿元至724亿元，EV/EBITDA对应市值为405亿元至596亿元。

不过，这样的对比毕竟比较粗略，不具备参考价值。因而，我们必须再结合DCF贴现，对估值进一步做交叉验证。

12

自由现金流估值

现金流贴现，关键假设如下：

（1）参考行业整体增速（3.2%）、历史增速（14.69%）、机构预测增速（10%）、再投资率（12%），乐观增速参考历史增速取14.69%，悲观增速参考机构预测增速10%；

（2）参考历史平均营业利润率水平，取值10%；

（3）预测期前三年，资本支出结合IPO募资情况及历史水平，以其占收入的比率12%确定，之后参照固定资产周转率水平确定资本支出金额。2014年至2018年，其固定资产周转率均值约为3.2.

（4）折旧占收入的比率，参考历史水平，前五年取值6%，之后与收入增速同步，永续期资本支出占折旧的比率取值100%；

（5）参考历史数据，营运资本占营业收入的比率取值12%；

（6）资本成本WACC取值9.3%。

综上，可以测算各期的自由现金流，其中乐观预测下的自由现金流如下。

所以，对应的区间为309亿元至516亿元。

以上三种估值方法，做个交叉印证：

PB估值法—298亿元至724亿元，对应PB为1.65倍至4倍；
EV/EBITDA估值——405亿元至596亿元，对应的PB为2.2倍至3.2倍；
DCF估值法—309亿元至516亿元，对应PB为1.7倍至2.8倍。

目前，鹏鼎控股估值为620亿元，PB为3.42倍。值得一提的是，任何人在任何时间任何地点，对任何公司都不可能做出绝对准确的估值，因为本案仅作方法讨论，具体数据不具备任何参考价值，更不做任何建议。

本文发布于2019年5月10日

					现金流预测						
	基期	*1*	*2*	*3*	*4*	*5*	*6*	*7*	*8*	*9*	*10*
收入增速		14.69%	14.69%	14.69%	13.02%	11.35%	9.68%	8.01%	6.34%	4.67%	3.00%
折旧增速		10.00%	10.00%	10.00%	10.00%	10.00%	9.68%	8.01%	6.34%	4.67%	3.00%
收入金额	258.55	296.53	340.09	390.05	447.35	498.12	546.34	590.10	627.52	656.82	676.53
1-息税前利润率	86.76%	86.76%	86.76%	86.76%	88.00%	88.00%	88.00%	88.00%	88.00%	88.00%	88.00%
营业成本费用	224.32	257.27	295.07	338.41	393.67	438.35	480.78	519.29	552.21	578.00	595.34
EBIT	34.23	39.26	45.03	51.64	53.68	59.77	65.56	70.81	75.30	78.82	81.18
税率	25.00%	25.00%	25.00%	25.00%	25.00%	25.00%	25.00%	25.00%	25.00%	25.00%	25.00%
EBIT (1-t)	25.67	29.44	33.77	38.73	40.26	44.83	49.17	53.11	56.48	59.11	60.89
折旧摊销	15.54	17.09	18.80	20.68	22.75	25.03	27.45	29.65	31.53	33.00	33.99
资本支出	40.38	35.58	40.81	46.81	31.15	50.48	34.14	52.13	33.99	50.08	33.99
营运资本变动	(7.80)	4.56	5.23	6.00	6.88	6.09	5.79	5.25	4.49	3.52	2.36
自由现金流	8.63	6.40	6.53	6.61	24.99	13.28	36.69	25.37	49.53	38.52	58.52

表6：乐观预测自由现金流
来源：并购优塾

法律声明